全国卫生高等职业教育规划教材

供临床医学类专业用

皮肤性病学
第 4 版

主　　编　张建中

副 主 编　陆　洁　吕新翔
　　　　　　　晁　青　王淑安

主编助理　李厚敏

编　　委（按姓名汉语拼音排序）

常明亮（山西医科大学汾阳学院）　　陆　洁（承德医学院）

晁　青（菏泽医学专科学校）　　　　吕新翔（内蒙古医科大学）

胡　珊（江西医学高等专科学校）　　王淑安（哈尔滨医科大学大庆校区）

李保强（承德医学院）　　　　　　　王晓彦（首都医科大学）

李厚敏（北京大学医学部）　　　　　张建中（北京大学医学部）

北京大学医学出版社

PIFUXINGBINGXUE

图书在版编目（CIP）数据

皮肤性病学 / 张建中主编. —4 版. —北京：
北京大学医学出版社，2015.4（2021.6 重印）
 ISBN 978-7-5659-0976-4

Ⅰ. ①皮…　Ⅱ. ①张…　Ⅲ. ①皮肤病学　②性病学
Ⅳ. ①R75

中国版本图书馆 CIP 数据核字（2014）第 249779 号

皮肤性病学（第 4 版）

主　　编：张建中
出版发行：北京大学医学出版社
地　　址：（100191）北京市海淀区学院路 38 号　北京大学医学部院内
电　　话：发行部 010-82802230；图书邮购 010-82802495
网　　址：http://www.pumpress.com.cn
E - m a i l：booksale@bjmu.edu.cn
印　　刷：莱芜市圣龙印务有限责任公司
经　　销：新华书店
责任编辑：韩忠刚　刘云涛　　责任校对：金彤文　　责任印制：李　啸
开　　本：787 mm×1092 mm　1/16　　印张：13.25　　插页：7　　字数：350 千字
版　　次：1995 年 9 月第 1 版　2015 年 4 月第 4 版　2021 年 6 月第 4 次印刷
书　　号：ISBN 978-7-5659-0976-4
定　　价：32.00 元
版权所有，违者必究
（凡属质量问题请与本社发行部联系退换）

全国卫生高等职业教育规划教材修订说明

　　北京大学医学出版社于1993年和2002年两次组织北京大学医学部和8所开办医学专科教育院校的老师编写了临床医学专业专科教材（第1版和第2版），并于2000年组织编写了护理专业专科教材（第1版）。2007年同时对这些教材进行了修订再版。因这两套教材内容精炼、实用性强，符合基层卫生工作人员的培养需求，受到了广大师生的好评，并被教育部中央广播电视大学选为指定教材。"十一五"期间，这两套教材中有24种被教育部评为**普通高等教育"十一五"国家级规划教材**，其中3种入选**普通高等教育精品教材**。

　　进入"十二五"以来，专科教育已归入职业教育范畴。为适应新时期我国卫生高等职业教育发展与改革的需要，在广泛调研、总结上版教材质量和使用情况的基础上，北京大学医学出版社启动了临床医学、护理专业高等职业教育规划教材的修订再版工作，并调整、新增了部分教材。本套教材有22种入选"十二五"职业教育国家规划教材，修订和编写特点如下：

　　1. 优化编写队伍　在全国范围内遴选作者，加大教学经验丰富的从事卫生高等职业教育工作的作者比例，力求使教材内容的选择具有全国代表性、贴近基层卫生工作人员培养需求，提高适用性；遴选知名专家担纲主编，对教材的科学性、先进性把关。

　　2. 完善教材体系　针对不同院校在专业基础课设置方面的差异，对部分专业基础课教材实行双轨制，如既有《人体解剖学》《组织学与胚胎学》，又有《人体解剖学与组织胚胎学》《正常人体结构》教材，便于广大院校灵活选用。

　　3. 锤炼教材特色　教材内容力求符合高等职业学校专业教学标准，基本理论、基本知识和基本技能并重，紧密结合国家临床执业助理医师、全国护士执业资格考试大纲，以"必需、够用"为度；以职业技能和岗位胜任力培养为根本，以学生为中心，使教材更适合于基层卫生工作人员的培养。

　　4. 创新编写体例　完善、优化"学习目标"；教材中加入"案例""知识链接"，使内容与实践紧密结合；章后附思考题，引导学生自主学习。力求体现专业特色和职业教育特色。

　　5. 强化立体建设　为满足教学资源的多样化需求，实现教材立体化、数字化建设，大部分教材配套实用的学习指导和数字教学资源，实现教材的网络增值服务。

　　本套教材主要供三年制高等职业教育临床医学、护理类及相关专业用，于2014年陆续出版。希望广大师生多提宝贵意见，反馈使用信息，以逐步修改和完善教材内容，提高教材质量。

临床医学专业教材目录

说明：1. "十二五"："十二五"职业教育国家规划教材（"十二五"含其辅导教材）。
   2. "十一五"：普通高等教育"十一五"国家级规划教材。
   3. " * "：普通高等教育精品教材。
   4. 辅导教材名称：《主教材名称+学习指导》，如《内科学学习指导》。

序号	教材名称	版次	十二五	十一五	辅导教材	适用专业
1	医用基础化学	4		✓	✓	临床医学、护理类及相关专业
2	人体解剖学与组织胚胎学	2				临床医学类
3	人体解剖学	4	✓	✓	✓	临床医学、护理类及相关专业
4	组织学与胚胎学 *	4	✓	✓	✓	临床医学、护理类及相关专业
5	人体生理学	4	✓		✓	临床医学、护理类及相关专业
6	医学生物化学	4			✓	临床医学、护理类及相关专业
7	病原生物与免疫学	1				临床医学类
8	医学免疫学与微生物学	5	✓	✓	✓	临床医学、护理类及相关专业
9	医学寄生虫学 *	4	✓	✓	✓	临床医学、护理类及相关专业
10	医学遗传学	3	✓	✓	✓	临床医学、护理类及相关专业
11	病理学与病理生理学	1				临床医学、护理类及相关专业
12	病理学	4	✓		✓	临床医学、护理类及相关专业
13	病理生理学	4	✓	✓	✓	临床医学、护理类及相关专业
14	药理学	4			✓	临床医学、护理类及相关专业
15	诊断学基础	4	✓	✓	✓	临床医学类
16	内科学	4	✓	✓	✓	临床医学类
17	外科学	4		✓		临床医学类

续表

序号	教材名称	版次	十二五	十一五	辅导教材	适用专业
18	妇产科学	4	✓	✓	✓	临床医学类
19	儿科学	4				临床医学类
20	传染病学	4	✓	✓	✓	临床医学类
21	眼耳鼻喉口腔科学	2				临床医学类
22	眼科学	2	✓			临床医学类
23	耳鼻咽喉头颈外科学	2	✓			临床医学类
24	口腔科学	2	✓			临床医学类
25	皮肤性病学	4				临床医学类
26	康复医学	2	✓			临床医学类
27	急诊医学	2	✓			临床医学类
28	中医学	3				临床医学类
29	医护心理学*	3		✓		临床医学、护理类
30	全科医学导论	1				临床医学类
31	预防医学	4		✓	✓	临床医学类

全国卫生高等职业教育规划教材编审委员会

顾　　问　王德炳
主 任 委 员　程伯基
副主任委员（按姓名汉语拼音排序）
　　　　　曹　凯　付　丽　黄庶亮　孔晓霞　徐江荣
秘 书 长　王凤廷
委　　员（按姓名汉语拼音排序）
　　　　　白　玲　曹　凯　程伯基　付　丽　付达华
　　　　　高晓勤　黄庶亮　黄惟清　孔晓霞　李　琳
　　　　　李玉红　刘　扬　刘伟道　刘志跃　马小蕊
　　　　　任云青　宋印利　王大成　徐江荣　张景春
　　　　　张卫芳　章晓红

序

近十余年来，随着国家教育改革步伐的加快，我国职业教育如雨后春笋般蓬勃发展，在总量上已与普通教育并驾齐驱，是我国教育体系构成的重要板块。卫生高等职业教育同样取得了可喜的成绩。开办卫生高等职业教育的院校与日俱增，但存在办学、培养不尽规范等问题。相应的教材建设也存在内容与职业标准对接不紧密、职教特色不鲜明、呈现形式单一、配套资源开发不足，不少是本科教材的压缩版或中职教材的加强版，不能很好地适应社会发展对技能型人才培养的要求等问题。

进入"十二五"以来，独立设置的高等职业学校（含高等专科学校）、成人教育学校、本科院校和有关高等教育机构举办的高等职业教育（专科）统称为高等职业教育，由教育部职业教育与成人教育司统筹管理。教育部发布了**《教育部关于"十二五"职业教育教材建设的若干意见》**等重要文件，陆续制定了各专业教学标准，对学制与学历、培养目标与规格、课程体系与核心课程等10个方面做出了具体要求。职业教育以培养具有良好职业道德、专业知识素养和职业能力的高素质技能型人才为根本，以学生为中心、以就业为导向。教学内容以"必需、够用"为度，教材须图文并茂，理论密切联系实际，强调实践实训。卫生高等职业教育有很强的特殊性，编好既涵盖卫生实践所要求具备的较完整知识体系又能体现职业教育特点的教材殊为不易。

北京大学医学出版社组织的临床医学、护理专业专科教材，是改革开放以来该专业我国第二套有较完整体系的教材，历经多年的教学应用、修订再版，得到了教育部和广大院校师生的认可与好评。斗转星移，转眼间距离2008年上一轮教材修订已5年，随着时代的发展，这两套教材中部分科目需要调整、教学内容需要修订。在大量细致调研工作的基础上，北京大学医学出版社审时度势，及时启动了这两套教材的修订再版工作，成立了教材编审委员会，组织活跃在卫生高等职业教育教学和实践一线的专家学者召开教材编写会议，认真学习教育部关于高等职业教育教材建设的精神，结合当前高等职业教育学生的特点，经过充分研讨，确定了教材的编写原则和编写思路，统一了教材的编写体例，强化了与教材配套的数字化教学资源建设，为使这两套教材成为优秀的立体化教材打下了坚实的基础。

相信经过本轮修订，在北京大学医学出版社的精心组织和全体专家学者对教材的精雕细琢下，这两套教材一定能满足新时期我国卫生高等职业教育人才培养的需求，在教材建设"百花齐放、百家争鸣"的局面中脱颖而出，真正成为好学、好教、好用的精品教材。

本轮教材修订工作得到了各参编院校的高度重视和大力支持，众多专家学者投入了极大的热情和精力，在主编带领下克服困难，以严肃、认真、负责的态度出色地完成了编写任务，谨在此一并致以衷心的感谢！诚恳地希望使用本套教材的广大师生能不吝提出建议与指正，使本套教材能与时俱进、日臻完善，为我国的卫生高等职业教育事业做出贡献。

感慨系之，欣为之序！

前言

全国卫生高等职业教育规划教材《皮肤性病学》(第4版)是在第3版的基础上修订的。在过去的几年中,皮肤性病学取得了巨大的进步,新理念、新方法、新技术不断涌现,对临床实践产生了深刻的影响,如皮肤镜的广泛应用推动了某些皮肤病的诊断进步;光动力疗法的出现和应用,改变了一些疾病的治疗策略。这些进步在新版教科书中都有所反映,本版在总论中增加了皮肤镜和皮肤外科的介绍。

随着时代的变迁,我国皮肤性病谱也在发生着变化,一些过去少见的疾病,现在已经成为常见病,而一些过去的常见病目前已少见。本版在各论部分对疾病进行了适当调整,如在细菌性皮肤病中增加了非结核性分枝杆菌病一节,在红斑鳞屑性皮肤病一节中增加了硬化性苔藓,在自身免疫病一节中增加了移植物抗宿主病。此外,还增加了血管炎及血管病一章。因为性病均为感染性疾病,将其分别置于相应感染性皮肤病章节,而不单列。软下疳、性病性淋巴肉芽肿因已非常少见,故未再列入。疱疹样皮炎在我国罕见,也未列入。对一些疾病的名称进行了修订使其更规范化,如将"湿疹样癌"更改为"佩吉特病"。本版教材对部分图片也进行了调整。

在本书的编写中,承德医学院陆洁及李保强、菏泽医学专科学校晁青、哈尔滨医科大学大庆校区王淑安、内蒙古医科大学吕新翔及首都医科大学附属北京天坛医院王晓彦、山西医科大学汾阳学院常明亮、江西医学高等专科学校胡珊等各位老师都付出了辛苦劳动。北京大学人民医院李厚敏副教授作为主编助理在本教材的专家沟通、编写进度、质量审核等方面做出了很大贡献。责任编辑韩忠刚在本书的整体安排、专家沟通和全书校对方面做了大量工作,在此一并感谢。由于作者水平有限,难免存在不足或错误,希望使用该教材的老师和同学批评指正。

目录

第一章 皮肤解剖、组织及生理 … 1
第一节 皮肤的解剖 … 1
第二节 皮肤组织学 … 2
  一、表皮 … 2
  二、真皮 … 4
  三、皮下组织 … 4
  四、皮肤附属器 … 4
  五、皮肤的血管、淋巴管、肌肉及神经 … 5
第三节 皮肤的生理功能 … 7
  一、保护功能 … 7
  二、感觉功能 … 7
  三、体温调节功能 … 7
  四、分泌和排泄功能 … 7
  五、吸收功能 … 7
  六、代谢功能 … 8
  七、免疫功能 … 8

第二章 皮肤病的诊断 … 10
第一节 病史 … 10
  一、主诉 … 10
  二、现病史 … 10
  三、既往史 … 10
  四、个人史 … 10
  五、家族史 … 10
第二节 皮肤病的症状与体征 … 11
  一、自觉症状 … 11
  二、皮肤损害 … 11
第三节 皮肤病的体检和实验室检查 … 13
  一、体检 … 13
  二、实验室检查 … 14
  三、皮肤试验 … 15

第三章 皮肤病的治疗 … 17
第一节 系统药物治疗 … 17
  一、抗组胺药 … 17
  二、糖皮质激素 … 18
  三、抗生素 … 20
  四、抗真菌药物 … 20
  五、抗病毒药物 … 21
  六、免疫抑制剂 … 21
  七、生物制剂 … 22
  八、维生素 … 23
  九、维A酸类 … 23
  十、其他药物 … 24
第二节 外用药物治疗 … 24
  一、外用药物的性能 … 24
  二、外用药物的剂型 … 28
  三、治疗原则和注意事项 … 29
第三节 物理治疗 … 29
  一、紫外线 … 29
  二、激光 … 30
  三、光动力治疗 … 30
  四、放射性核素 … 30
  五、X线 … 30
  六、冷冻 … 31
  七、电解、电灼 … 31
  八、水疗 … 31
第四节 皮肤外科 … 31

第四章 病毒性皮肤病 … 33
第一节 单纯疱疹 … 33
第二节 水痘 … 34

目录

第三节 带状疱疹……………… 35
第四节 手足口病……………… 36
第五节 疣……………………… 37
第六节 传染性软疣…………… 39
第七节 病毒性发疹性皮肤病… 39
第八节 艾滋病………………… 40

第五章 细菌性皮肤病………… 44
第一节 脓疱疮………………… 44
第二节 金黄色葡萄球菌性烫伤样皮肤
综合征………………… 45
第三节 毛囊炎、疖及疖病…… 46
第四节 丹毒…………………… 47
第五节 淋病…………………… 47
第六节 类丹毒………………… 49
第七节 皮肤结核……………… 50
第八节 非结核性分枝杆菌病… 52
第九节 麻风…………………… 53

第六章 真菌性皮肤病…………… 57
第一节 头癣…………………… 57
第二节 体癣和股癣…………… 59
第三节 手足癣………………… 60
第四节 甲真菌病……………… 61
第五节 花斑癣………………… 62
第六节 念珠菌病……………… 62
第七节 孢子丝菌病…………… 63
第八节 着色芽生菌病………… 64

第七章 螺旋体、衣原体所致
皮肤病………………… 66
第一节 梅毒…………………… 66
一、获得性梅毒………………… 67

二、胎传梅毒………………… 69
第二节 生殖道沙眼衣原体感染…… 71

第八章 寄生虫、昆虫及其他动物
所致皮肤病…………… 73
第一节 丘疹性荨麻疹………… 73
第二节 疥疮…………………… 74
第三节 虱病…………………… 75
第四节 匍行疹………………… 76
第五节 隐翅虫皮炎…………… 77
第六节 蜂蜇伤………………… 77
第七节 蝎蜇伤………………… 78
第八节 毒蛇咬伤……………… 78

第九章 变态反应性皮肤病……… 81
第一节 接触性皮炎…………… 81
一、原发刺激性接触性皮炎…… 81
二、变态反应性接触性皮炎…… 82
第二节 湿疹…………………… 84
第三节 特应性皮炎…………… 87
第四节 自敏性皮炎…………… 89
第五节 脂溢性皮炎…………… 90
第六节 汗疱疹………………… 91
第七节 药物性皮炎…………… 91
第八节 荨麻疹及血管性水肿… 96

第十章 瘙痒性皮肤病…………… 101
第一节 神经性皮炎…………… 101
第二节 痒疹…………………… 102
第三节 皮肤瘙痒症…………… 103

第十一章 自身免疫性皮肤病…… 105
第一节 红斑狼疮……………… 105

第二节	硬皮病	108
第三节	皮肌炎	110
第四节	口-眼-生殖器综合征（白塞综合征）	111
第五节	移植物抗宿主病	113
第六节	天疱疮	114
第七节	大疱性类天疱疮	116
第八节	线状IgA大疱性皮肤病	116

第十二章 红斑鳞屑性皮肤病 … 119

第一节	银屑病	119
第二节	副银屑病	123
第三节	玫瑰糠疹	124
第四节	毛发红糠疹	125
第五节	白色糠疹	126
第六节	多形性红斑	126
第七节	扁平苔藓	128
第八节	线状苔藓	129
第九节	光泽苔藓	130
第十节	硬化性苔藓	130
第十一节	毛发苔藓	132
第十二节	红皮病	133

第十三章 血管炎及血管病 … 135

第一节	过敏性紫癜	135
第二节	变应性皮肤血管炎	137
第三节	结节性红斑	138
第四节	坏疽性脓皮病	139
第五节	色素性紫癜性皮肤病	140

第十四章 遗传性皮肤病 … 142

| 第一节 | 鱼鳞病 | 142 |
| 第二节 | 着色性干皮病 | 143 |

第三节	色素失禁症	144
第四节	神经纤维瘤病	145
第五节	结节性硬化	146
第六节	大疱性表皮松解症	146
第七节	家族性良性慢性天疱疮	147
第八节	口周色素沉着-肠息肉综合征	148

第十五章 角化性皮肤病 … 149

第一节	汗孔角化病	149
第二节	掌跖角化病	150
第三节	对称性进行性红斑角化病	150

第十六章 物理性皮肤病 … 151

第一节	火激红斑	151
第二节	日光性皮炎	152
第三节	多形性日光疹	152
第四节	慢性日光性皮肤损伤	153
第五节	夏季皮炎	153
第六节	痱子	154
第七节	冻疮	155
第八节	手足皲裂	155
第九节	鸡眼、胼胝	156
第十节	摩擦性苔藓样疹	156
第十一节	擦烂	157

第十七章 皮肤附属器疾病 … 158

第一节	寻常痤疮	158
第二节	酒渣鼻	160
第三节	斑秃	161
第四节	雄激素性秃发	162
第五节	多汗症	162
第六节	臭汗症	162

第十八章　色素性皮肤病 ………… 164

第一节　白癜风 …………………… 164
第二节　无色素痣 ………………… 166
第三节　贫血痣 …………………… 166
第四节　黄褐斑 …………………… 167
第五节　雀斑 ……………………… 167
第六节　黑变病 …………………… 167

第十九章　皮肤良性增生及肿瘤 ………………………………… 169

第一节　表皮痣 …………………… 169
第二节　色素痣 …………………… 170
第三节　表皮样囊肿 ……………… 171
第四节　粟丘疹 …………………… 171
第五节　角化棘皮瘤 ……………… 171
第六节　皮脂腺痣 ………………… 172
第七节　脂溢性角化 ……………… 172
第八节　多发性脂囊瘤 …………… 173
第九节　汗管瘤 …………………… 173
第十节　血管瘤 …………………… 173
第十一节　血管球瘤 ……………… 174
第十二节　化脓性肉芽肿 ………… 174
第十三节　淋巴管瘤 ……………… 175
第十四节　瘢痕疙瘩 ……………… 175
第十五节　皮肤纤维瘤 …………… 175
第十六节　皮赘 …………………… 175
第十七节　脂肪瘤 ………………… 176

第二十章　皮肤癌前期病变及恶性肿瘤 ………………………… 177

第一节　日光性角化 ……………… 177
第二节　黏膜白斑 ………………… 178
第三节　基底细胞癌 ……………… 179
第四节　鳞状细胞癌 ……………… 180
第五节　鲍恩病 …………………… 181
第六节　佩吉特病 ………………… 182
第七节　恶性黑素瘤 ……………… 183
第八节　蕈样肉芽肿 ……………… 185

第二十一章　营养及代谢性皮肤病 ………………………………… 187

第一节　烟酸缺乏症 ……………… 187
第二节　肠病性肢端皮炎 ………… 188
第三节　卟啉症 …………………… 188
第四节　黑棘皮病 ………………… 189
第五节　黏液性水肿 ……………… 190
第六节　黄瘤病 …………………… 190
第七节　皮肤淀粉样变性 ………… 191
第八节　糖尿病性皮肤病 ………… 191

中英文专业词汇索引 ……………… 194

主要参考文献 ……………………… 198

彩图 ………………………………… 199

第一章

皮肤解剖、组织及生理

学习目标

1. 了解皮肤的结构，掌握表皮及真皮的细胞组成。
2. 了解皮肤的各种生理功能。

第一节 皮肤的解剖

皮肤（skin）是覆盖于人体表面的重要器官，在眼、鼻、口、外生殖器及肛门部位移行为黏膜。成人皮肤面积为 1.5～2.0m^2，厚度（不包括皮下组织）为 0.5～4mm，平均为 2.1mm。眼睑、包皮处最薄，为 0.5～1mm；掌跖、颈、臀部最厚，为 2～5mm。表皮与真皮的重量约占体重的 5%，包括皮下组织可达体重的 16%。皮肤的颜色因种族、年龄、性别、部位而不同，主要由三种元素构成：黑色由黑素颗粒的数量决定，黄色取决于角质层的厚薄，红色与微血管的疏密及血流量有关。

皮肤表面有许多肉眼可见的细小沟纹和隆起称为皮沟（groove）和皮嵴（ridge）。皮沟的深浅、走行不一，颜面、掌跖、阴囊及关节处较深。皮沟将皮面划分成许多三角形、菱形或多角形的皮野。皮嵴上有许多凹点为外泌汗腺开口。指（趾）末端屈面平行排列的细嵴与浅沟称乳头嵴，亦称指（趾）纹（fingerprint），由遗传决定，具有个体差异且终生不变。

皮肤由表皮、真皮、皮下组织及皮肤附属器（包括毛发、甲、皮脂腺、外泌汗腺、顶泌汗腺）组成，皮肤有丰富的神经、血管、淋巴管及肌肉（图 1-1）。

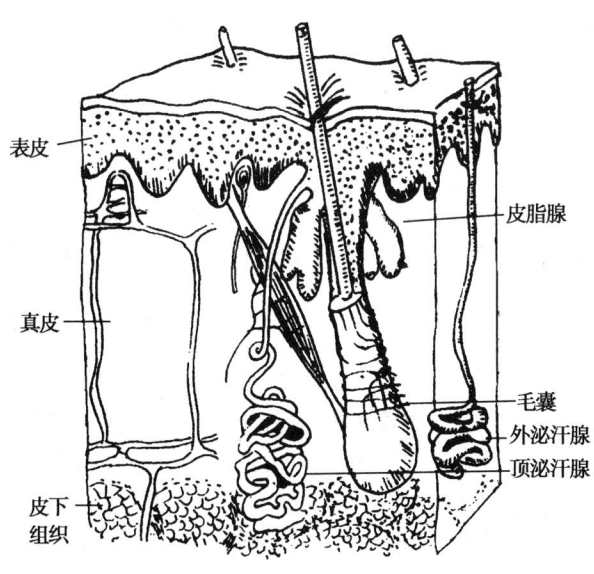

图 1-1 皮肤结构模式图

第二节 皮肤组织学

一、表皮

表皮（epidermis）位于皮肤最外层，来源于外胚层，属复层鳞状上皮，主要由角质形成细胞及少量黑色素细胞、朗格汉斯细胞和默克尔细胞组成。

（一）角质形成细胞

角质形成细胞（keratinocyte），占表皮内细胞总数的80%以上，代谢活跃，不断地进行分化和更新。在其分化、成熟的不同阶段，细胞的形态、大小及排列均有变化。根据角质形成细胞各发展阶段的特点，可将表皮分为四层（图1-2）。

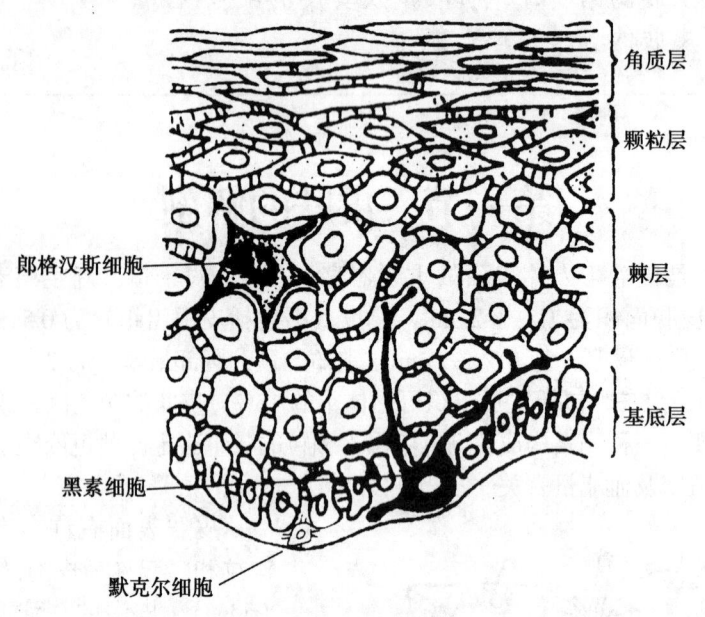

图1-2 表皮组织模式图

1．基底细胞层（stratum basal） 位于表皮最底层，为单层柱状细胞，与皮肤表面垂直，排列成栅栏状。基底细胞核卵圆浓染，核仁明显，胞质嗜碱性。相邻细胞之间及与上方棘细胞之间靠桥粒连接，与下方的基底膜带则以半桥粒连接。

基底细胞代谢活跃，与棘细胞层及颗粒细胞层构成生发层。基底细胞分裂周期约19天，新生的细胞从基底细胞层进入棘层，逐渐上移到颗粒层顶端，此过程约需14天。到达角质层并脱落又需14天。这样新生细胞由基底层至从角质层脱落大约为28天，此即角质形成细胞的表皮通过时间（transit time）；从开始形成新的角质形成细胞至从角质层脱落约需47天，称表皮更新时间（turnover time）。

2．棘细胞层（stratum spinosum） 由4～8层多角形细胞组成。细胞间靠桥粒相互连接。非桥粒处的细胞膜回缩使桥粒处呈棘突状，故称棘细胞。初离基底层的棘细胞仍有分裂功能，可参与表皮损伤后的修复。接近颗粒层的棘细胞则渐成扁平状，核亦变小，核质浓缩，张力微丝增多呈束状。

3．颗粒层（stratum granulosum） 一般为2～4层扁平状细胞。胞核固缩并开始解体，胞质中含许多大小不等、形状不规则、强嗜碱性的透明角质颗粒。

4．角质层（stratum corneum） 位于皮肤最外层，由5～15层扁平无核的细胞组成。角质细胞无生物活性，含水仅约15%，胞质内充满角质蛋白。角质细胞上下重叠排列，紧密结合成板层状结构，非常坚韧，对物理、化学及微生物等外界刺激具有防护作用，构成人体重要的保护屏障。

角质层及颗粒层在经常受到摩擦的部位如手掌、足跟处明显增厚。有时在HE染色的切片中，角质层下还可见一薄层均匀的嗜酸性带，称为透明带。

表皮与真皮的交界处呈波浪状，由表皮伸入真皮的表皮脚与真皮突入表皮的真皮乳头相互镶嵌组成。PAS染色后表皮与真皮之间显示0.5～1μm厚的红染带，称基底膜带（basement membrane zone）。电镜下，基底膜带从上到下由基底细胞的胞膜、透明板（lamina lucida）、致密板（lamina densa）和致密板下带（sublamina densa zone）构成，是连接表皮与真皮的重要结构（图1-3）。

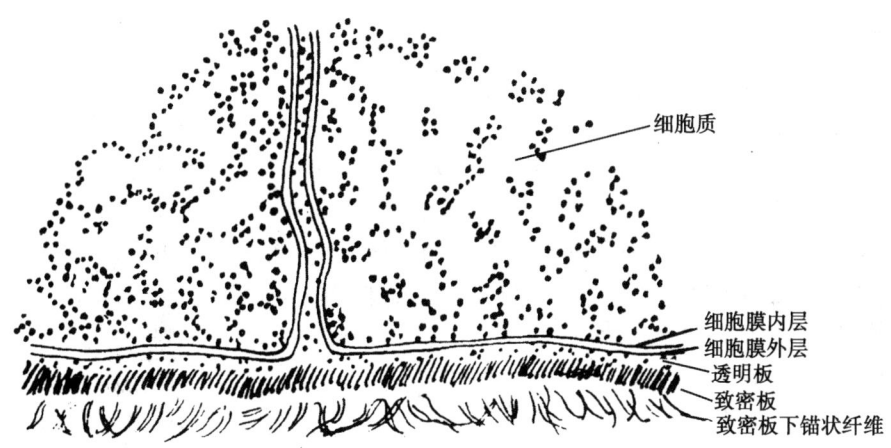

图1-3 基底膜带模式图

（二）黑色素细胞

黑色素细胞（melanocyte）是合成与分泌黑色素的细胞，起源于神经嵴，占基底细胞的4%～10%。面部、乳晕、腋窝及外生殖器部位数目较多。HE染色下胞质透明，核较小，嗜碱性深染。每个黑色素细胞的树枝状胞质突与周围大约36个角质形成细胞相连接，形成表皮黑色素单位（epidermal melanin unit）。黑色素细胞通过树枝状突起将黑素颗粒输送到基底细胞与毛基质细胞中。基底细胞中的黑色素颗粒呈伞形聚集于胞核上部，对紫外线起到防护作用。

（三）朗格汉斯细胞

朗格汉斯细胞（langerhans cell）源于骨髓，属单核-巨噬细胞系统。细胞形态呈树枝状，多位于表皮棘层，约占表皮细胞的4%。HE染色切片中呈透明状，而用氯化金染色呈树枝状。电镜下见胞核呈分叶状，胞质中有杵状或网球拍状的小体，又称为Birbeck颗粒。朗格汉斯细胞具有吞噬功能，可识别、处理及呈递抗原，参与免疫反应及同种异体移植的排斥反应，是一种具有重要功能的免疫细胞。

（四）默克尔细胞

默克尔细胞（merkel cell）位于基底细胞间，可能来源于外胚叶的神经嵴细胞，有绒毛状胞质突。电镜下可见胞内含有神经内分泌颗粒，被认为是一种皮肤神经内分泌细胞，与感觉神经纤维构成细胞轴突复合体，可能是一种触觉感受器。

二、真皮

真皮（dermis）来源于中胚层，厚1～5mm，主要由成纤维细胞及其产生的纤维、基质构成，并有血管、淋巴管、神经、皮肤附属器及其他细胞成分。真皮可分为两层，靠近表皮下方部分称为乳头层，乳头层的下方称为网状层，前者较薄，后者较厚，两者大致以浅层血管丛为界。

（一）纤维

1. 胶原纤维（collagen） 由胶原蛋白构成，直径2～15μm，多呈束状，是真皮纤维中的主要成分，约占95%。乳头层的胶原纤维较细，排列疏松，方向不定；网状层胶原纤维变粗，集成粗束，与皮肤表面平行交织成网。胶原纤维耐拉力，赋予皮肤张力和韧性。

2. 网状纤维（reticular fibers） 是幼稚的胶原纤维，直径0.2～1.5μm，可见于表皮下、毛囊、汗腺、皮脂腺和毛细血管周围，在肉芽组织中可大量增生。

3. 弹力纤维（elastic fibers） 由无定形弹力蛋白与微原纤维构成，直径1～3μm，呈细束，多与胶原纤维交织缠绕在一起，并环绕于皮肤附属器与神经末梢周围。乳头层的弹力纤维与表皮呈垂直走向。弹力纤维可使胶原纤维束经牵拉后恢复原状而赋予皮肤弹性。

（二）基质

基质（matrix）是一种无定形均质状物质，由透明质酸、硫酸软骨素等黏多糖和蛋白质组成的复合物——蛋白多糖构成，充填于纤维及纤维束间隙和细胞间，具亲水性，是各种水溶性物质与电解质等交换代谢的场所。幼年皮肤基质成分较多，年老时则较少。

（三）细胞

真皮中的细胞主要为成纤维细胞（fibroblast），产生胶原纤维、弹力纤维、网状纤维和基质；其次为肥大细胞、组织细胞、淋巴细胞等。

三、皮下组织

皮下组织（subcutaneous tissue）又称皮下脂肪，来源于中胚层，由疏松结缔组织和脂肪小叶构成；其间含有血管、淋巴管、神经和汗腺、毛囊等。皮下组织的厚度随部位、性别、年龄、营养而异，并受内分泌调节。其主要功能为能量储备、缓冲外力冲击，并参与脂肪代谢。

四、皮肤附属器

皮肤附属器均来源于外胚层，包括皮脂腺、外泌汗腺、顶泌汗腺、毛囊、指（趾）甲。

1. 皮脂腺（sebaceous glands） 是一种全浆分泌腺，合成和分泌皮脂。除掌跖外遍布全身，但以头皮、面部、胸背部较密集（每平方厘米400～900个，其他部位约每平方厘米100个），故头皮、面部、胸背部称脂溢区。皮脂腺多位于真皮毛囊与立毛肌的夹角内，开口于毛囊上部。亦有独立存在者，如唇红、乳晕、外阴部黏膜等处的皮脂腺可直接开口于皮肤表面。皮脂腺腺体呈分叶状，由多层细胞构成，外围为一薄层基底膜和结缔组织。成熟的腺细胞内含有较大的脂肪滴，核固缩或消失。腺细胞破碎后释放出脂肪滴，与细胞碎片组成皮脂，经毛囊开口排至皮肤表面。皮脂内 50% 是三酰甘油（甘油三酯）和二酰甘油（甘油二酯），其次是胆固醇、蜡酯及鲨烯。皮脂的分泌主要受雄激素和肾上腺皮质激素的影响，具有润滑皮肤和毛发的功能。胎儿时由于受母体雄激素的影响，可分泌皮脂，称胎脂。

2. 外泌汗腺（eccrine glands） 又称小汗腺，是局部分泌腺，合成和分泌汗液。人体有 300 万～500 万个小汗腺，除唇红、龟头、包皮内板、阴蒂和小阴唇外，其他部位均有外泌汗腺，而以掌跖、腋窝、前额等处较多。外泌汗腺腺体位于真皮深层及皮下组织，由单层细胞排列成管状，盘绕如球形，外有肌上皮细胞及较厚的基底膜。导管由两层立方形细胞构成，呈螺旋状上升开口于皮嵴，汗液即由此排至皮面。汗液无色、无味、低渗，99% 为水，其余为溶质，如钠、钾、氯化物、尿素等。外泌汗腺的分泌受胆碱能交感神经支配，肌上皮细胞受交感神经支配。排汗可调节体温，有助于机体代谢产物的排泄。

3. 顶泌汗腺（apocrine glands） 又称大汗腺，合成与分泌乳样液。主要分布于腋窝、乳晕、肛门、脐窝及外生殖器等处。顶泌汗腺位于皮下组织，由一层立方形或柱形细胞排列成管状，盘绕成团，外有肌上皮细胞及较厚的基底膜。导管由两层细胞组成，呈螺旋状上升，开口于毛囊。顶泌汗腺分泌一种无菌无味的乳样液，除水分外，还有蛋白质、糖类和脂肪酸，在皮肤表面被细菌分解后可产生臭味。有些遗传性臭汗症患者，其顶泌汗腺分泌液具有一种特殊臭味，俗称狐臭。顶泌汗腺的分泌受性激素影响，青春期分泌旺盛。

4. 毛发（hair）与毛囊（hair follicle） 人体除唇红、掌跖、指（趾）末节伸侧、乳头、龟头包皮内板、阴蒂及阴唇内侧无毛外，其余均为有毛皮肤。毛发分为长毛、短毛、毳毛三种。长毛如头发、胡须、阴毛、腋毛，短毛如眉毛、睫毛、鼻毛，毳毛分布于全身光滑皮肤。胎儿期毛发细软色淡，称胎毛，在出生前即脱落。

毛囊可分为三部分：毛囊口至皮脂腺开口处称毛囊漏斗部；皮脂腺开口处至立毛肌附着处称毛囊峡部；以下为毛囊下部，下端膨大称毛球，是毛发与毛囊的生长区。毛球底部向内突入部分称毛乳头，内有神经、血管与结缔组织，为毛发与毛囊提供营养物质。

毛发的生长呈周期性，分为生长期、退行期、休止期（图 1-4）。处于生长期的头发每日生长 0.27～0.40mm，生长期一般持续 3～4 年，然后进入退行期，此时头发停止生长，易于脱落，退行期 2～3 周，此后进入为期 3～4 个月的休止期，直至下一个新的毛囊周期开始。正常人有 6 万～10 万根头发，每日可脱落 50～100 根，同时也有大致相同数量的新发长出。不同部位毛发生长期的长短不同，如眉毛、睫毛的生长期仅约 2 个月，故较短。

5. 甲（nail） 位于指（趾）末端伸侧，是角化细胞形成的硬角蛋白性板状结构物。露出部分称甲板；近端半月形淡白色区称甲半月；甲板近侧和两侧的皮肤皱襞称后甲壁和侧甲壁；后甲壁覆盖的部分称甲根；甲板下组织是甲床；甲根后下部组织是甲母，是甲的生长区。甲的生长呈持续性，正常成人指甲每日生长约 0.1mm（图 1-5）。

五、皮肤的血管、淋巴管、肌肉及神经

1. 血管 皮下组织中有较大的血管丛，分支供给该层各种组织的营养。分支进入真皮的血管分深浅两层血管丛，其深层的血管丛分支供给各腺体、毛囊等的营养；进入乳头层的浅血管丛，形成袢状毛细血管进入每个真皮乳头，表皮的营养物质由此供给。

在指（趾）、甲床、耳郭及鼻尖部，真皮深层有许多特别形式的动静脉短路吻合体，称血管球（glomus body）。外界温度明显变化或在交感神经支配下，球体可扩张或收缩，调控血流量从而调节体温。

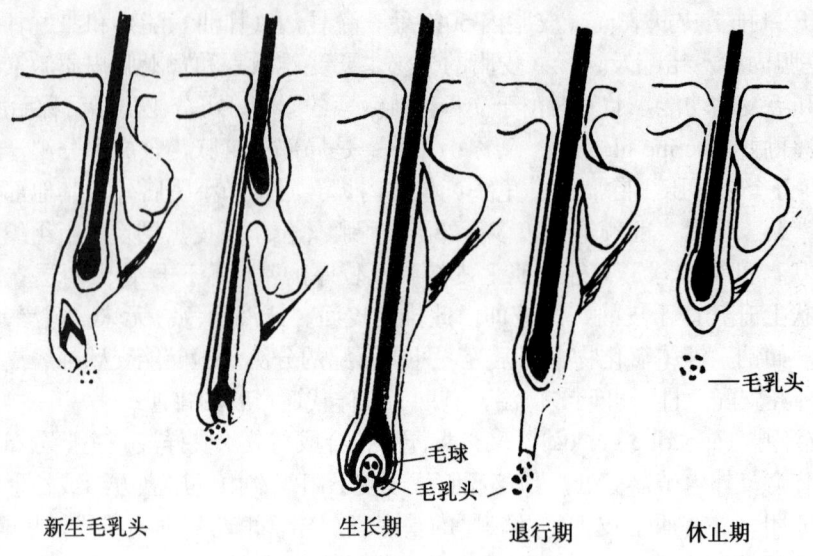

图 1-4 毛发生长周期

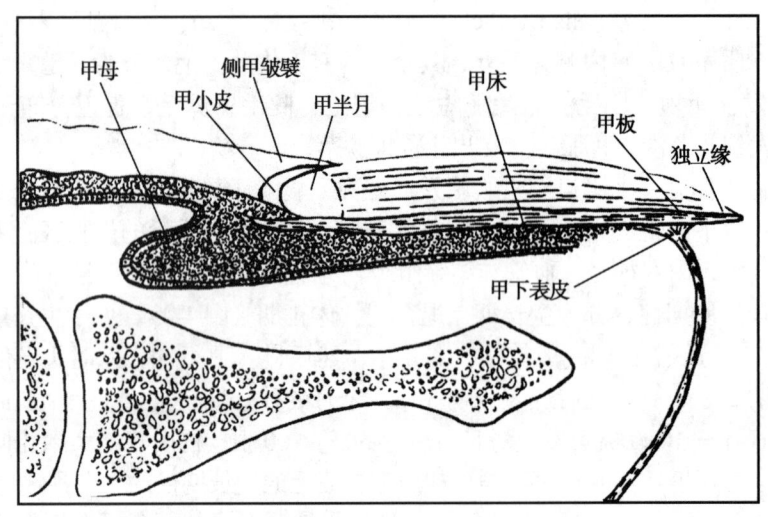

图 1-5 甲的结构

2．淋巴管　真皮与皮下组织中含有淋巴管网，并与血管丛伴行。毛细淋巴管的盲端起源于真皮乳头内，向下逐渐汇集成淋巴管网，并与所属淋巴结连接。皮肤淋巴系统具有辅助血循环及参与免疫的重要作用，如皮肤中的游走细胞、病理产物及细菌等均可进入淋巴管而达淋巴结，在淋巴结内被滤去或消灭。

3．肌肉　皮肤的肌肉主要是平滑肌，如毛囊旁的立毛肌、阴囊肌膜、乳晕和血管壁平滑肌及腺体周围的肌上皮。面部表情肌为横纹肌。

4．神经　皮肤神经分感觉神经和运动神经两大类。皮肤上的感觉分五种，即触觉、痛觉、温觉、冷觉、压觉。位于真皮乳头层下部的麦氏小体和默克尔感受器主要接受触觉，位于皮下组织的环层小体主要接受压觉。

第三节 皮肤的生理功能

一、保护功能

皮肤覆盖人的整个体表，是人体的天然屏障，作为机体的第一道防线，既能保护体内器官和组织免受外界机械性、物理性、化学性和微生物等有害因素的伤害，又能防止体内营养物质、水分和电解质的丢失。表皮角质层致密而坚韧，真皮纤维具有韧性和弹性，皮下组织柔软而具有缓冲作用，故能防止机械性摩擦与冲击；完整而干燥的角质层能阻止水分的通过、防止微生物侵入；角蛋白和黑色素细胞有折射和吸收紫外线的作用，可减少紫外线对机体的损伤；成年人皮肤表面皮脂偏酸性（pH 4.5～7.0），可抑制微生物生长。

二、感觉功能

皮肤是人体主要的感觉器官之一，能感受外界各种刺激，通过神经传导和大脑皮质的分析，产生冷、热、触、压、痛、痒等感觉；还可以由不同感受器或神经末梢共同感知经大脑综合分析后产生多种复合感觉，如潮湿、干燥、平滑、粗糙、柔软、坚硬及形体觉、两点辨别觉、定位觉、图形觉等。

三、体温调节功能

皮肤是体温调节的重要器官，人体热量大部分经皮肤发散。当外界温度升高时，皮肤血管扩张，汗液分泌增多，以利散热；外界温度下降时，皮肤血管收缩，汗液减少，防止体内热量外散。皮下脂肪有隔热作用，可防止体内热量的散失和外部热量的传入。

四、分泌和排泄功能

1. **汗液的分泌** 汗液主要由外泌汗腺（小汗腺）分泌。在正常室温下，只有少数外泌汗腺处于活动状态，汗液分泌较少。成人每24h分泌约500ml汗液，不易被察觉，称不显性出汗。当外界温度高于30℃，或精神紧张、焦虑、恐惧、食辛辣食物时，汗液分泌可增多，称显性出汗。汗液的分泌和排泄，利于调节体温并有助于机体代谢产物的排出。

2. **皮脂的分泌** 皮脂由皮脂腺分泌。当人体进入青春发育期，体内雄激素及糖皮质激素含量增高时，皮脂分泌增多，在皮肤表面与汗液混合形成乳化膜，有滋润皮肤和毛发的功能，并能防止水分蒸发或渗入、中和碱性物质、抑制细菌和真菌的繁殖，对人体具有重要保护功能。

五、吸收功能

皮肤能防止水分及其他化学物质进入体内或从体内通过皮肤丢失，但皮肤不是绝对无通透性的组织，它具有一定吸收外界物质的能力，这对治疗皮肤病有着重要的意义。皮肤的吸收途径有角质形成细胞、细胞间隙及毛囊、皮脂腺和汗腺导管。吸收的能力与角质层厚度、角质层含水量、单位面积内皮肤附属器数量及药物的种类、剂型、浓度等有关。黏膜无角质层，吸收作用强；婴儿角质层较薄，吸收作用较成人强；掌跖部角质层最厚，且无毛囊和皮脂腺，吸收能力最弱。不同部位的皮肤吸收能力依次是，阴囊＞前额＞大腿内侧＞上臂屈侧

＞前臂＞掌跖。皮肤损伤可增加吸收作用，因此大面积皮肤损伤时，要谨防外用药物大量吸收引起中毒及不良反应。

六、代谢功能

1. 水代谢　皮肤是机体储藏水分的重要器官，含水量占体内水分的18%～20%，且主要贮存在真皮内。机体脱水时，皮肤可提供5%～7%的水分补充血容量。

2. 电解质代谢　皮肤是人体储藏电解质的重要器官，包括钠、钾、氯、钙、铜、锌等。铜与黑色素和角蛋白的形成有关；锌是体内20多种酶的成分之一，与这些酶的活性有关；硫参与角蛋白的合成。

3. 蛋白质代谢　皮肤内蛋白质有纤维蛋白、非纤维蛋白，前者包括角蛋白、胶原蛋白和弹力蛋白，是角质形成细胞、毛发和甲的结构蛋白质，张力微丝是维持细胞内外张力的物质基础；非纤维蛋白多位于真皮基质，与黏多糖结合成黏蛋白。某些皮肤病引起大量鳞屑脱落，可致蛋白质丢失。

4. 糖代谢　皮肤内糖类以糖原、葡萄糖和黏多糖三种形式参与皮肤代谢。皮肤内葡萄糖的主要功能是提供能量。糖尿病患者由于皮肤内糖含量增多，有利于细菌和真菌的繁殖，容易发生皮肤感染。

5. 脂类代谢　人体的脂类是脂肪与类脂的总称。皮肤内脂肪主要存在于皮下组织，为人体提供必要的能量；类脂包括磷脂、糖脂、胆固醇和固醇酯，是构成细胞生物膜的主要成分。表皮内7-脱氢胆固醇经紫外线照射后可合成活性维生素D，促进钙的吸收与利用。

6. 维生素代谢　皮肤中含维生素，其代谢与皮肤的关系密切。如维生素A缺乏时，皮肤干燥、脱屑、毛囊角化、甲营养不良；维生素B族缺乏时，可发生口角炎、舌炎、脂溢性皮炎；维生素C缺乏时，皮肤易发生出血性瘀点、瘀斑以及牙龈炎。

七、免疫功能

皮肤是重要的免疫器官，皮肤内免疫活性细胞主要有朗格汉斯细胞、淋巴细胞、巨噬细胞、肥大细胞等。朗格汉斯细胞表面有IgG受体、补体C3b受体和IgE受体，能结合并处理抗原，将抗原信息传递给其他免疫活性细胞，启动免疫应答。皮肤淋巴细胞的免疫功能有识别与呈递抗原、特异性与非特异性抗感染免疫作用、免疫监视以识别突变细胞等。巨噬细胞有吞噬与清除抗原作用。肥大细胞通过释放炎症介质参与免疫过程特别是变态反应。角质形成细胞自身亦能分泌多种细胞因子，如白介素（IL）1、6、8及黏附分子等，参与皮肤免疫功能。临床上检测过敏原的斑贴试验、点刺试验、结核菌素试验和麻风菌素试验，预防某些传染病的疫苗注射，均需通过皮肤进行。

思考题

【名词解释】

1. 基底膜带
2. 表皮黑色素单位

【简答题】

1．皮肤的生理功能有哪些？试述皮肤的保护作用。
2．真皮由哪些部分组成？
3．试述表皮分层及角质形成细胞不同发育阶段的特点。

第二章

皮肤病的诊断

学习目标

1. 了解皮肤病的诊疗过程,熟悉皮肤科常用检查及其临床意义。
2. 掌握皮肤原发性及继发性损害的定义,并能运用到临床中识别描述各种皮疹。

与其他临床学科一样,皮肤病的诊断需依靠病史、体格检查及实验室检查三个方面,由于皮肤病的病变大多形之于外,看得见,摸得着,其临床表现的直观性使得皮肤病诊断中更注重视诊和触诊,实验室检查取材也方便,因而皮肤病更易做到准确诊断。

第一节 病 史

一、主诉

患者就医的原因,包括病变部位、主要症状和时间。

二、现病史

询问患者皮肤病的初发病因、激发因素、病期、皮损部位、自觉症状、病情发展情况、有无反复、治疗经过及疗效。对过敏性皮肤病须详细询问用药史、接触史,对传染性皮肤病应询问流行病史。

三、既往史

患者过去有无类似皮肤病或相关疾病、传染病史,药物、食物及接触物过敏史。

四、个人史

患者的出生情况、生活饮食习惯、嗜好,发病与职业、环境、精神情绪的关系。女性患者还应了解月经、妊娠、生育情况。

五、家族史

了解患者家族中有无患类似疾病或相关疾病的患者,有无传染病史及遗传病史。

第二节 皮肤病的症状与体征

皮肤病的临床检查应包括症状与体征,是诊断皮肤病的主要依据。症状即患者主观感受到的不适。体征即指客观存在、可以看到或能摸到的皮肤、黏膜或附属器改变。

一、自觉症状

是患者主观所感觉到的症状。瘙痒是皮肤最常见的感觉,是一种使患者产生搔抓或摩擦皮肤欲望的不愉快感觉。其他有疼痛、灼热、麻木、蚁走感及感觉迟钝、感觉丧失等。有些可伴发热、头痛、乏力、关节酸痛、食欲减退等全身症状。自觉症状的轻重程度可因皮肤病的种类、性质、部位、病情及患者的感受性不同而异。

二、皮肤损害

是医师通过视诊或触诊发现的皮肤黏膜的病变,简称为皮损或皮疹。皮肤病不论病变多么复杂,都可通过基本皮损进行描述,因此辨明皮损的特征,掌握其变化规律,对皮肤病的诊断和鉴别诊断极为重要,是诊断皮肤病的主要依据。皮肤损害分原发性损害和继发性损害(图 2-1)。原发性损害指初发性皮损,即由皮肤病理变化直接产生的损害;继发性损害则是由原发损害自然演变或经治疗、搔抓及其他损伤而产生的损害。

(一)原发性损害

1. 斑疹(macule) 简称斑,为局限性的皮肤颜色改变,既不高起,也不凹陷,大小不一,边缘清楚或不清楚。直径大于 1cm 称斑片(patch)。根据斑疹颜色的不同,分为以下几种。

(1)红斑(erythema):为红、淡红或暗红色斑,由毛细血管扩张充血所致,压之退色。红斑可以是炎症性的如固定性药疹,也可以是非炎症性的如毛细血管痣。

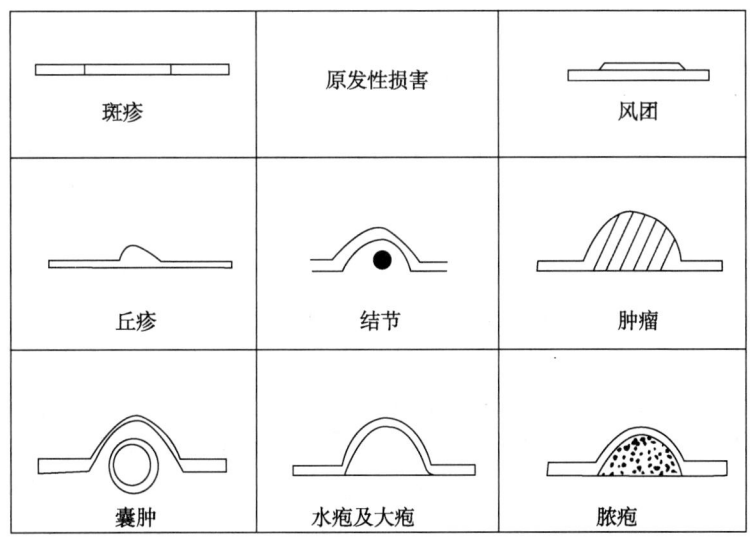

图 2-1 皮肤病的原发损害

(2) 出血斑：为紫红色，是局部血管出血或红细胞外渗所致，压之不退色。直径 2mm 以下称瘀点；较大的称瘀斑，常见于紫癜患者。

(3) 色素减退斑及色素脱失斑：局部皮肤黑色素减少或脱失所致。前者呈灰白色或苍白色，如白色糠疹；后者呈乳白色或瓷白色，如白癜风。

2．丘疹（papule） 为局限性、实质性、高出皮面的皮损，直径小于 1cm。多数是表皮或真皮上部局限性炎症浸润、表皮细胞增生和真皮乳头代谢物聚集所致，如湿疹、皮肤淀粉样变性等。形态介于斑疹与丘疹之间的稍隆起皮面的损害称斑丘疹；丘疹顶端有水疱或脓疱者称丘疱疹或丘脓疱疹；丘疹扩大或相互融合呈扁平隆起，直径在 1cm 以上者称斑块（plaque）；丘疹位于毛囊口者称毛囊性丘疹。

3．结节（nodule） 为局限性、实质性的深在性损害，病变发生在真皮下部或皮下组织。以触诊检查结节更易被查出，如结节性红斑。有时结节可由表皮局限性显著增厚所致，隆起皮面且直径大于 0.5cm，如结节性痒疹。

4．风团（wheal） 为隆起皮肤表面、暂时性、局限性的损害，淡红或粉红色，周围绕以红晕。为真皮血管扩张，一过性水肿所致。风团大小不一，形状不定，常伴瘙痒。风团发生快，一般经数小时消退而不留痕迹。

5．水疱（vesicle） 为局限性、隆起性、含有液体的皮损。疱壁紧张或松弛，疱液清或浑浊，疱周可有红晕。位于表皮下的水疱壁较厚不易破，位于表皮内的水疱壁较薄易破呈糜烂面。疱内含血性液体称血疱。直径大于 1cm 称大疱（bulla）。

6．脓疱（pustule） 为高出皮面含有脓液的疱。疱内脓液浑浊，可稀薄或黏稠，疱周多有红晕。浅在性脓疱破后呈糜烂面，干涸后结成脓性痂，愈后不留瘢痕；深在性脓疱破后呈溃疡面，愈后留有瘢痕。脓疱可为感染性，见于脓疱疮，也可为非感染性，见于脓疱型银屑病。

7．囊肿（cyst） 为含有液体、黏稠分泌物或半固体物质的囊性皮损，多位于真皮或皮下组织。囊肿呈圆形或椭圆形，可隆起或位于皮内，触之有弹性或有波动感，常见的如皮脂腺囊肿、多发性脂囊瘤。

（二）继发性损害

1．鳞屑（scale） 为已死亡、脱落的表皮角质层细胞。正常的表皮角质层细胞不停地随代谢而脱落，不易察觉。病变时，角质形成细胞的更替时间缩短，或角化过程发生异常可形成鳞屑，临床上表现为脱屑。鳞屑可大小不等，菲薄或多层，干燥或油腻，粘连或易脱落。

2．痂（crust） 为皮损的浆液、脓液或血液与脱落的上皮细胞、鳞屑及致病性微生物等干涸而成。由于不同的渗出物而使痂呈淡黄色浆液痂、蜜黄色脓性痂、棕红色血痂。

3．糜烂（erosion） 为表皮或黏膜上皮的缺损，比较浅表，皮损面潮红、湿润。糜烂多由水疱、大疱、脓疱破裂或浸渍后形成，愈后不留瘢痕。

4．溃疡（ulcer） 为皮肤或黏膜缺损达真皮网状层或以下。溃疡大小不一，愈后留瘢痕。

5．瘢痕（scar） 为真皮或深层组织缺损或破坏后，由新生结缔组织修复所致。瘢痕可高出或低于周围正常皮肤，前者称肥厚性瘢痕，后者称萎缩性瘢痕。

6．表皮剥脱（excoriation） 又称抓痕，为搔抓或其他机械性摩擦后致表皮或真皮浅层局限性缺损。多呈条索状或点片状，愈后不留瘢痕。

7．皲裂（fissure） 为皮肤表面出现线条状裂隙，常见于手足、口、关节等处，常伴疼痛。

8．苔藓样变（lichenification） 又称苔藓化，为局部皮肤粗糙增厚，皮沟加深，皮嵴隆起，硬如皮革，边缘清楚。常见于慢性瘙痒性皮肤病经长期搔抓刺激后。

9．萎缩（atrophy） 为皮肤组织变薄凹陷，可发生于表皮、真皮或皮下组织。表皮萎缩为表皮组织变薄，正常皮纹变浅或消失，其下血管较为清晰可见；真皮萎缩为真皮内结缔组织减少所致，皮面凹陷但皮纹正常，且有皮肤附属器萎缩；皮下组织萎缩为皮下脂肪组织减少所致，皮纹正常但明显凹陷。

10．坏死（necrosis） 为皮肤失去血供导致的变化，大的坏死区域皮肤发黑、温度降低、失去知觉。小的坏死灶可形成黑痂，脱痂后形成局部萎缩性瘢痕。

多数皮肤病均有其特征性的皮损表现，因此皮肤损害，尤其是原发性损害的辨认对于皮肤病的诊断是很重要的。临床检查时，除了应辨认皮肤损害，还要注意皮损的大小、数量、形状、颜色、质地等；皮损排列，如线状、环状、带状等；分布是局限性还是全身性，是否对称等。这样，结合病史与其他临床表现及实验室检查，就能对皮肤病做出正确诊断。

检查皮损时，光线应充足，尤以自然光为好。细微难辨处应使用3～5倍放大镜观察。诊室内温度应适宜。检查部位应全面，以免遗漏某些典型或特征性皮损，造成误诊或漏诊。

第三节　皮肤病的体检和实验室检查

一、体检

1．触诊　用手指轻触、挤压或摩擦皮损，以便了解其皮温、皮损的大小、深浅、表面光滑程度、质地、浸润、鳞屑是否容易剥除。对于大疱性皮肤病要检查有无棘层松解征，亦称尼氏征（Nikolsky sign）。方法有：①用手指推压水疱，可使水疱扩大；②稍用力在外观正常的皮肤上摩擦，可致表皮剥脱；③撕拉破损的水疱壁，可将表皮剥离相当长的一段距离。

2．玻片压诊　用玻片或无色有机玻片按压红斑，炎症性充血时压之红色消退，松开红色复现；若为出血性瘀斑则压之颜色不变；寻常狼疮时压之呈苹果酱色。

3．皮肤划痕试验　用钝器尖端稍用力划患者前臂屈侧皮肤，划后1～3min局部出现条状风团，为皮肤划痕症阳性，见于人工性荨麻疹患者。

4．感觉检查　主要检查患者的痛觉、温觉和触觉。①用针尖刺皮肤，患者若无疼痛，为痛觉消失；②用两个试管，一盛冷水，一盛热水，分别先后接触皮损处，患者若不能分辨，即为温觉消失；③用少许棉花纤维划皮损处，若患者不知，为触觉消失。尤其适用于麻风病患者的检查。

5．滤过紫外线灯（Wood灯）检查　在紫外线灯管外面装上一个含氧化镍的紫色石英玻片，使只有320～400nm的长波紫外线通过。在暗室中用滤过紫外线灯照射某些皮肤病的皮损，可见有不同颜色的荧光，如头癣中的白癣呈亮绿色荧光、黄癣呈暗绿色荧光、红癣患者皮损呈珊瑚红色。

6．皮肤镜检查（dermoscopy）　皮肤镜检查是一种将皮损放大的检查方法，可观察皮损细微变化，如表皮、表皮和真皮交界及真皮乳头的颜色变化和部分结构，肉眼往往难以观察到这些颜色和结构。皮肤镜可以显著地提高黑色素细胞性皮损、非黑色素细胞性皮损及毛发病的临床诊断准确率。

二、实验室检查

1．皮肤组织病理检查 对许多皮肤病，尤其是诊断有困难时，皮肤组织病理检查常有助于诊断。

活体组织检查时，应选择典型而未经治疗或有代表性的皮损，同时要包括一部分正常皮肤，以便与病变部位组织作对比。对水疱性皮肤病则选择早期水疱，并保持疱壁的完整。较大的或环形皮损应取其活动性边缘部位。不同皮损同时存在时，则应分别取材检查。

取皮损组织时，若皮损较大、较深，应采用外科手术切取方法；皮损较小者，可采用环钻法取材。

2．真菌检查 临床上一般做直接镜检，必要时做真菌培养。

直接镜检

（1）方法：取真菌病患者皮损处鳞屑、甲屑、病发或分泌物，置载玻片上，加 1 滴 10% 氢氧化钾液，覆以盖玻片，缓慢置酒精灯上加热以加速角质物的溶解。然后用棉棒将盖玻片压紧，驱走气泡并吸去玻片周围多余溶液，置显微镜下检查。先在低倍镜下找到孢子或菌丝，再用高倍镜证实。

（2）临床意义：本法简便有效，可确定皮损内是否有真菌。但多数不能确定菌种，镜检阴性也不能完全排除真菌病的诊断，应综合判断。

（3）注意事项：皮损处取材前应停用抗真菌药物至少一周。取材应选择皮损活动部位，如环形皮损的皮缘处鳞屑，必要时多次或多部位取材检查。必要时，应做真菌培养。

真菌培养

（1）方法：在无菌条件下，将标本接种于沙氏培养基上，浅部真菌置 25℃ 温箱内培养，一般 1 周左右即见菌落生长；深部真菌置 35℃ 下培养，观察 3～4 周。

（2）菌种鉴定：根据菌落的形态、颜色、结构、边缘、生长速度、繁茂程度、下沉现象及显微镜下形态，有时需配合其他鉴别培养基和生化反应才能确定。

（3）临床意义：培养阳性，尤其确定菌种对诊断和治疗均有重要临床意义。

（4）注意事项：无菌操作，避免污染；每份标本培养 3 管或多次培养，以确保菌种的可靠性；菌落生长开始，应每天观察和记录生长情况。

3．疥螨检查

（1）方法：选择疥虫最常侵犯的指缝，在隧道末端或丘疹水疱处用手术刀片刮取丘疹顶部，置于载玻片上，加盖玻片，在低倍显微镜下检查疥虫卵、虫粪或幼虫。

（2）检查所见：疥虫为卵圆扁平形，色黄白或淡黄褐，腹侧有 4 对足。

（3）注意事项：取材要耐心仔细，要寻找隧道或水疱、丘疹。临床症状和体征符合疥疮，找不到疥螨也不能排除疥疮的诊断。应多次取材检查。

4．毛囊蠕形螨检查

（1）方法：选择鼻翼部丘疹、脓疱和毛孔明显扩大处皮损，消毒后，挤出毛囊内皮脂样物，置载玻片上，加 1 滴植物油覆上盖玻片，稍加热，压紧盖玻片，用棉球吸去周围多余油液，低倍镜下检查。

（2）检查所见：毛囊蠕形螨亦称毛囊虫，其虫体长 0.1～0.4mm，躯体前部有腭体和 4 对足，螯肢呈短针状。

（3）临床意义：正常人毛囊内可寄生少数蠕形螨，若镜下查见多数蠕形螨，则应给予治疗。

5．麻风杆菌检查　疑为麻风的患者，均应进行麻风杆菌检查，这对诊断、分型、判定疗效及确定临床治愈标准等均有重要意义。

（1）取材部位：多选择眉弓、颧部、下颌或耳垂，皮损应选浸润明显的红色皮损或结节，一般需多处取材。

（2）取材方法：戴手套，局部消毒后，左手拇指与示指捏紧皮肤并稍提起，右手持手术刀，垂直用刀尖切开皮肤至真皮，一般深2～3mm，长约5mm，用刀尖轻刮切口组织液，涂于玻璃片上成一圆形均匀的薄膜，干燥固定后抗酸染色镜检。

（3）结果：麻风杆菌染为红色，呈火柴棍状，常簇集成堆似扫帚或球状。

（4）临床意义：可疑皮损处查见麻风杆菌，结合病史和体征，可确诊为麻风；查菌阴性者（如结核样型或未定类），不能完全排除麻风。

（5）注意事项：术者在取材时应严格无菌操作，取材后所有器械应严格消毒灭菌。

三、皮肤试验

1．皮肤斑贴试验　用于检查迟发变态反应型接触性皮炎者的接触过敏原。

（1）方法：根据受试物品的性质配制成适当浓度的溶液、软膏作为试剂，放入斑试器内，贴放在前臂屈侧或背部，以胶布固定，48h揭下斑试器，在48、72、96h各观察结果一次，并做记录。

（2）结果：敷贴处无反应，为阴性反应（-）；仅有轻微红斑但无自觉症状为可疑反应（±）；局部有红斑，伴瘙痒为阳性反应（+）；局部水肿性红斑、丘疹，伴瘙痒为强阳性反应（++）；局部显著性红肿、水疱、丘疹，伴痒痛为极强阳性反应（+++）。

（3）临床意义：阴性反应表示患者对受试物无敏感性，阳性反应则显示患者对受试物过敏。要注意原发刺激或其他因素所致的假阳性。

（4）注意事项：受试物浓度不宜过高，原发刺激物不宜做斑贴试验，急性炎症期不做斑贴试验，正确设置对照。

此外，对自身免疫性疾病，可做免疫荧光检查。

2．皮肤光斑贴试验　目的在于发现致病的光敏物，确定光变应原。

（1）方法：测定患者的最小红斑量，将两份标准光斑贴试验变应原分别加入药室内，贴于上背部中线两侧正常皮肤，用不透光的深色织物遮盖。24h后去除两处斑试物，其中一处用遮光物覆盖，避免任何光线照射作为对照，第二处用50%的最小红斑量的长波紫外线（UVA）照射。照射后24、48、72h观察结果，必要时第5、7天再观察。

（2）结果判断：同皮肤斑贴试验。

（3）临床意义：未照射区皮肤无反应，照射区有反应提示光斑贴试验阳性，考虑光变应性反应；两处均有反应且程度相同考虑变应性反应；两处均有反应但照射区反应程度大，则考虑为变应性及光变应性反应共存。

（4）注意事项：受试前服用糖皮质激素及抗组胺药物均会对试验结果产生影响；结果判断中，需要注意使用不适当光源引起物理性损伤的假阳性反应。

3．皮内试验　测定被试者对某种物质是否过敏，用于荨麻疹、特应性皮炎等，对高度敏感者具有一定危险性，试验时必须做好处理严重反应的急救准备。

（1）方法：前臂内侧或上臂外侧皮肤消毒后，皮内注射 0.1ml 适当浓度的变应原，使成直径 0.3～0.4cm 大小的丘疹；多种变应原试验时，两个注射部位之间应有 4～5cm 的距离。

（2）结果：分即刻反应和迟发反应两种，前者 15～30min 内出现反应，通常为风团；迟发反应通常于几小时或 24～48h 后才出现反应，多为浸润性结节。

4．点刺试验　是皮内试验的改良。

（1）方法：上肢屈侧皮肤消毒后，将少量测试液滴在皮肤上，用锐针垂直通过该液刺破表皮 2～3mm 深。如需多点点刺，则各点之间间隔 2～3cm，生理盐水阴性对照。

（2）结果：15min 后观察结果，观察红斑与风团大小。无红斑或风团为阴性（-），红斑直径小于 1cm，无风团为可疑（±），红斑直径大于等于 1cm 伴轻度风团为阳性（+），红斑直径约 2cm 伴风团为阳性（++），红斑直径大于 2cm，风团出现伪足为阳性（+++）。

 思 考 题

【名词解释】

1．斑疹

2．丘疹

3．风团

4．糜烂

5．结节

6．苔藓样变

7．皮肤划痕症

【简答题】

1．试述皮肤损害有哪些？

2．糜烂与溃疡有何不同？

第三章

皮肤病的治疗

> **学习目标**
> 1. 了解皮肤科的常用系统药物及其适应证。
> 2. 掌握皮肤科外用药物的剂型及使用原则。
> 3. 熟悉皮肤科物理治疗方法,了解各种治疗的适应证。

皮肤病的治疗和其他各科疾病的治疗原则相同,包括病因治疗和对症治疗。主要治疗方法有系统药物治疗、局部外用药治疗、物理治疗和手术治疗。由于皮肤病变位于体表,所以更注重外用药的治疗,物理治疗如紫外线疗法、激光及皮肤外科等在皮肤科也有广泛应用。

第一节 系统药物治疗

一、抗组胺药

组胺可使毛细血管扩张、血管通透性增加、平滑肌收缩、腺体分泌增加、血压下降,临床上可产生红斑、风团、瘙痒、哮喘、腹痛,甚至休克等症状。抗组胺药(antihistamines)通过与组胺竞争效应细胞上的组胺受体而发挥作用。由于作用的受体不同,可将抗组胺类药物分为 H_1 受体拮抗剂和 H_2 受体拮抗剂。

1. H_1 受体拮抗剂 可以和组胺竞争 H_1 受体,使组胺不能发挥生物学作用,有减少渗出、减轻炎症和平滑肌痉挛、止痒等作用。第 1 代按组胺药易于通过血脑屏障,可降低中枢神经兴奋性,有镇静作用。常见的副作用有头晕、困倦、乏力、口干等,对高空作业者、驾驶员以及肝肾功能不全者慎用。新一代 H_1 受体拮抗剂由于很少通过血脑屏障,所以无困倦作用或作用很轻。抗组胺药主要用于治疗荨麻疹、湿疹瘙痒性皮肤病。

2. H_2 受体拮抗剂 本组药物与 H_2 受体有较强的亲和力。具有收缩血管、减少炎症及抑制胃酸分泌等作用,用于荨麻疹、痤疮等疾病的辅助治疗。

常用抗组胺药物见表 3-1。

表 3-1 常用抗组胺药物

药名	剂量	用法	副作用
1. 第一代 H_1 受体拮抗剂			
氯苯那敏（扑尔敏）(chlorpheniramine)	每次 4~8mg，3~4 次/天 每次 10mg，1~2 次/天	口服 肌内注射	困倦
苯海拉明 (diphenhydramine)	每次 25~50mg，3 次/天 每次 20mg，1~2 次/天	口服 肌内注射	困倦、长期服用可致贫血。青光眼慎用
赛庚啶 (cyproheptadine)	每次 2~4mg，3~4 次/天	口服	困倦、口干、头晕
酮替芬 (ketotifen)	每次 1mg，2 次/天	口服	困倦、口干
异丙嗪 (promethazine)	每次 12.5~25mg，3~4 次/天 每次 25~30mg，1~2 次/天	口服 肌内注射或静脉点滴	困倦、肝肾功能减退及青光眼慎用
去氯羟嗪 (decloxizine)	每次 25mg，3~4 次/天	口服	头晕、困倦、乏力、口干
多塞平 (doxepin)	每次 25~50mg，2~3 次/天	口服	轻度困倦、口干、便秘等孕妇、儿童及忌用
2. 第二代抗组胺类药			
西替利嗪 (cetirizine)	每次 10mg，1 次/天	口服	孕妇、哺乳期妇女慎用
氯雷他定 (loratadine)	每次 10mg，1 次/天	口服	2 岁以下禁用
地洛他定 (desloratadine)	每次 5mg，1 次/天	口服	严重高血压或冠心病患者禁用
咪唑斯汀 (mizolastine)	每次 10mg，1 次/天	口服	严重肝病、心脏病患者禁用
奥洛他定 (olopatadine)	每次 5mg，2 次/天	口服	轻微困倦
阿伐斯汀 (acrivastine)	每次 8mg，2~3 次/天	口服	肾功能不全者、孕妇、驾驶员或操作机器者慎用；小儿不用
非索非那定 (fexofenadine)	每次 120mg，1 次/天	口服	肾功能不全者需调整剂量
依巴斯汀 (ebastine)	每次 10mg，1 次/天	口服	严重肝功能受损者禁用

二、糖皮质激素

糖皮质激素（glucocorticoids）是皮肤病治疗中的常用药物。

1. 药理作用　这类药物的药理作用广泛，主要有

（1）抗炎作用：能抑制多形核白细胞的趋化性、黏附性及溶酶体的释放，可减轻水肿渗出及细胞浸润。

（2）抗过敏作用：能抑制组胺和其他介质的形成，减少致敏淋巴细胞与抗原的反应。

（3）抗毒素和抗休克作用：能增强机体对各种细菌内毒素的耐受力，大剂量时可有血管解痉、改善微循环和保护缺氧细胞的作用。

（4）免疫抑制作用：长期系统用糖皮质激素可使淋巴组织抑制、抗体形成减少，易于继

发感染，特别是机会性感染。

2．适应证　变态反应性疾病如重症药疹、接触性皮炎、过敏性休克、重症多形红斑等；自身免疫性疾病如系统性红斑狼疮、皮肌炎、天疱疮和类天疱疮等；肉芽肿性疾病如结节病；血管炎性疾病及增生性疾病，还可用于严重感染的辅助治疗如带状疱疹。

3．副作用　长期大量应用可继发感染如机会性感染如结核复发、发生消化性溃疡或合并出血及穿孔、骨质疏松、股骨头无菌性坏死、高血压、糖尿病、精神障碍、月经紊乱、低钾血症，此外还可引起满月脸、痤疮、多毛和萎缩纹。

4．禁忌证　活动性消化性溃疡、严重糖尿病、活动性肺结核、骨质疏松、严重高血压和肾功能不全等。

5．制剂及用法　见表3-2。

表3-2　常用系统用糖皮质激素

药名	效价	等效剂量	成人剂量
氢化可的松（hydrocortisone）	低效	20	100～400mg/d，静滴
泼尼松（prednisone）	中效	5	15～60mg/d，口服
泼尼松龙（prednisolone）	中效	5	15～60mg/d，口服
曲安西龙（triamcinolone）	中效	4	8～16mg/d，口服
甲泼尼龙（methylprednisolone）	中效	4	16～40mg/d，口服，40mg皮损内注射
地塞米松（dexamethasone）	高效	0.75	1.5～12mg/d，口服或2～20mg/d，静脉点滴、肌内注射
倍他米松（betamethasone）	高效	0.5	1～4mg/d，口服或6～12mg/d，肌内注射

6．临床使用方法

（1）系统用药：使用糖皮质激素系统治疗时，应先用足够的剂量控制病情。用药剂量可根据病变的性质、病情轻重等因素而定，病情控制后根据病情减量或停药。短期用药可分为治疗和减量阶段，长期用药可分为治疗、减量和维持三个阶段。短期用药者可快速减量或停药；长期用药者则应缓慢减量，而后给予适当的维持量治疗，以免病情复发或加重。常用方法有：常规疗法、早晨单剂量疗法、隔日疗法和冲击疗法。常规疗法适用于各种皮肤病，特别是重症患者，如系统性红斑狼疮和天疱疮等。以泼尼松为例，轻者20～30mg/d，较重者40～60mg/d，重者80～120mg/d，分2～3次口服。早晨单剂量疗法适用于短期用药且可以迅速停药者，即将每日的总剂量，于早晨8点一次服用。隔日疗法适用于长期用药准备减量的患者，多用于减量或维持阶段，即将两天的剂量并为一次，每隔一日早晨8点给予。冲击疗法仅适用于重症自身免疫性疾病常规疗法治疗无效者，如有严重内脏损害的系统性红斑狼疮患者，常用甲泼尼龙0.5～1g，静脉点滴，每日一次，可连用三日，以后改为常规疗法。采用此法需住院治疗，慎重选择适应证并密切观察病情。

（2）皮损内注射法：用皮质激素做皮损内注射可治疗斑秃、神经性皮炎、瘢痕疙瘩和结节性痒疹等疾病。常用的有2.5%醋酸泼尼松龙悬液（25mg/ml）、1%的曲安西龙混悬液（10mg/ml）及复方倍他米松注射液等。

三、抗生素

抗生素（antibiotics）用于原发性或继发性皮肤细菌感染。选用抗生素主要根据致病菌及药物的敏感性而定。

1．青霉素类　主要用于革兰阳性菌引起的感染和梅毒等。使用前需询问有无过敏史并进行常规皮试，以防过敏性休克等严重反应。

2．头孢菌素类　主要用于耐青霉素金黄色葡萄球菌与一些革兰阴性杆菌感染。对青霉素过敏者应注意与本药物的交叉过敏。

3．氨基糖苷类　用于杆菌感染。此类药物有耳、肾毒性，需慎用。

4．四环素类　主要用于痤疮丙酸杆菌、支原体、衣原体和淋球菌等的感染。儿童长期应用四环素可使牙齿黄染。米诺环素有时可引起眩晕。

5．大环内酯类　用于淋病及生殖道沙眼衣原体感染等。

6．喹诺酮类　主要用于细菌性皮肤病和支原体、衣原体感染。

7．磺胺类　对细菌、衣原体、奴卡菌有效，部分患者可引起过敏反应。

8．抗结核药　除对结核杆菌有效外，也用于治疗某些非结核性分枝杆菌感染。此类药物往往需联合用药和较长疗程用药。

9．抗麻风药　用于麻风的治疗。主要不良反应有贫血、粒细胞减少、高铁血红蛋白血症、畸形、周围神经炎。

10．其他　还有去甲万古霉素、克林霉素、多黏菌素等。有时需要2～3种抗生素联合治疗，可根据病情选用。

四、抗真菌药物

常用于较重的浅部真菌感染及深部真菌感染，常用的抗真菌药有以下几种：

1．灰黄霉素（griseofulvin）　内服用于治疗浅部真菌病，尤其是头癣。成人口服每日0.6～0.8g，小儿15～20mg/（kg·d），偶有药疹、光敏、胃肠道反应、白细胞减少及肝损害等。

2．多烯类（polyenes）　主要有制霉菌素、两性霉素B等。这类药物水溶性及稳定性差，口服吸收不好，两性霉素B耐受性差，常发生较严重反应。

（1）制霉菌素（nystatin）：对念珠菌和隐球菌有抑制作用。口服用于消化道念珠菌感染。成人口服200万～400万U/d，分3～4次口服，儿童每日每千克体重5万～10万U。副作用可有轻微胃肠道反应。制霉菌素栓剂可治疗阴道念珠菌感染。

（2）两性霉素B（amphotericin B）：对深部真菌，如隐球菌、念珠菌、着色真菌等有较好的抑制作用，而对皮肤癣菌无效。0.1～1mg/（kg·d），每日1次，静脉点滴，需避光。

3．唑类　唑类药抗菌谱广，副作用小，现已成为治疗系统性真菌感染及浅表真菌感染的主要药物。

（1）氟康唑（fluconazole）：为合成的三唑类抗真菌药，有广谱抗真菌作用。主要用于念珠菌病、隐球菌病。口服，一次150～200mg，1日1次。长期服用需注意查肝功能。

（2）伊曲康唑（itraconazole）：是一种广谱抗真菌药，有高度亲脂、亲角质的特性。对皮肤癣菌、酵母菌、曲霉菌属等有效。适用于外阴阴道念珠菌病、花斑癣、浅部及深部真菌病、甲癣和口腔念珠菌病。本药宜饭后立即服用。短期治疗者可能出现恶心、腹痛、头痛、头晕和消化不良，偶有不良反应如瘙痒、皮疹，长期服用应注意肝功能。

4．丙烯胺类（allylamine） 临床应用的有特比萘芬和萘替芬，后者仅作为外用药。特比萘芬（terbinafine）口服吸收好、有较好的亲脂和亲角质性。主要对皮肤癣菌、曲霉菌等杀菌效果好，对念珠菌及酵母菌的活性不如咪唑类药。主要不良反应为胃肠道反应。

5．棘白菌素类（echinocandins） 属于新型抗真菌药物，作用靶点为真菌细胞壁，特异性抑制细胞壁 β-1,3-D 葡聚糖的合成，破坏真菌细胞壁的完整性最终导致细胞溶解。由于哺乳动物无细胞壁，故药物不良反应少，患者耐受性好。

（1）卡泊芬净（caspofungin）：第一个上市的棘白菌素类药物，主要用于治疗念珠菌、曲霉菌、卡氏肺孢菌等的治疗；需要静脉给药，常见不良反应包括头疼、发热等，剂量大时可出现转氨酶升高，少见不良反应有静脉炎、溶血性贫血等。

（2）米卡芬净（micafungin）：粉针剂，主要用于目前治疗手段难以治愈的真菌感染患者以及预防造血干细胞移植患者的系统性真菌感染。不良反应少。

6．其他 碘化钾（potassium iodide）治疗孢子丝菌病等深部真菌病。主要不良反应为胃肠道反应，少数患者可发生药疹。

五、抗病毒药物

抗病毒药物主要从不同环节抑制病毒的复制。

1．利巴韦林（病毒唑，ribavirin） 是一种广谱抗病毒药。口服成人每次 0.1～0.2mg，每日 3 次，5 天为一疗程。静脉点滴，10～15mg/(kg·d)，也可肌内注射。不良反应为口渴、白细胞减少等，妊娠早期禁用。

2．阿昔洛韦（acyclovir，ACV） 阿昔洛韦能在病毒感染的细胞内转化为三磷酸阿昔洛韦，与病毒的 DNA 多聚酶结合，从而干扰病毒 DNA 的合成，对正常细胞几乎无影响。对疱疹病毒有效。静脉点滴 2.5～7.5mg/kg，每 8h1 次，共 5～7 天；口服成人每次 200～800mg，每日 5 次。对复发性单纯疱疹可连服 3～6 个月以防止复发。不良反应有注射处静脉炎、暂时性血清肌酐升高，因本药经肾排泄，故肾病患者慎用。

3．伐昔洛韦（万乃洛韦，valaciclovir） 为 ACV 的左旋缬氨酸酯，为 ACV 的前体，口服后在胃肠道吸收转化为 ACV，可提高 ACV 的生物利用度 3～5 倍。口服成人每次 0.3g，每日 2 次。

4．泛昔洛韦（famciclovir） 口服吸收好，组织浓度高，半衰期长，生物利用度高。每次 250mg，每日 3 次。适应证类似阿昔洛韦。

5．更昔洛韦（ganciclovir） 为阿昔洛韦的衍生物，对巨细胞病毒抑制作用较阿昔洛韦强，可用于免疫缺陷并发巨细胞病毒感染者的治疗。

六、免疫抑制剂

这类药物对机体的免疫系统有抑制作用，可抑制免疫反应，还有非特异性抗炎作用等。一般用于结缔组织病、大疱性皮肤病及皮肤肿瘤等。可与糖皮质激素联合应用，提高疗效，减少激素用量。副作用有胃肠道反应、骨髓抑制、肝损害、致畸等。长期应用易伴发各种感染或诱发肿瘤。常用的有下列几种：

1．环磷酰胺（cyclophosphamide，cytoxin，CTX） 可抑制淋巴细胞 DNA 合成，抑制免疫反应。可用于各种自身免疫性皮肤病和皮肤肿瘤等。可口服亦可静脉注射，剂量及用法视病情而定。为减少对膀胱黏膜的毒性，用药期间应大量饮水。

2. 甲氨蝶呤（methotrexate，MTX）　能抑制淋巴细胞和上皮细胞增生。可用于各种自身免疫性疾病、毛发红糠疹、蕈样肉芽肿和中重度银屑病等。常用剂量为5～15mg，口服或肌内注射，每周1次。

3. 硫唑嘌呤（azathioprine，AZP）　可用于各种自身免疫性疾病和蕈样肉芽肿。成人剂量为50～100mg/d，口服，可逐渐加至2.5mg/(kg·d)，以发挥最佳疗效。用药初期应每周查血象。

4. 环孢素A（cyclosporin A）　是一种选择性作用于T细胞的免疫抑制剂，主要用于器官移植。现用于治疗自身免疫性疾病和一些难治性炎症性皮肤病。皮肤科主要用于治疗自身免疫病、银屑病、白塞病、重症扁平苔藓、特应性皮炎以及斑秃、蕈样肉芽肿等。副作用可有恶心、呕吐及尿素氮、肌酐、尿酸升高和高血压、高血脂、高血钾等。成人剂量为3～5mg/(kg·d)口服，1～2周后逐渐减量。

5. 他克莫司（tacrolimus）　属大环内酯类抗生素，其免疫抑制作用机制类似环孢菌素，作用为其10～100倍。可用于治疗特应性皮炎、红斑狼疮和重症银屑病等。成人剂量为0.3mg/(kg·d)，分2次口服。

6. 霉酚酸酯（mycophenolate）　是一种新型免疫抑制剂，可选择性抑制淋巴细胞的增殖。可用于治疗系统性红斑狼疮等自身免疫性疾病。

7. 雷公藤多苷　有显著抗炎作用，对体液免疫和细胞免疫均有抑制作用。可用于自身免疫性疾病和变态反应性疾病等。与糖皮质类固醇合用，可增加疗效，降低用量。每日口服30～60mg，分3次服用。副作用可有月经减少或闭经，精子活力降低、数目减少。偶有胃肠道反应、白细胞减少、血小板减少及转氨酶异常等。

七、生物制剂

生物制剂是指用病原微生物（细菌、病毒、立克次体）及其代谢产物的有效抗原成分、动物毒素以及动物和人血液或组织等加工而成，可作为预防、治疗和诊断疾病的生物制品。广义的生物制剂包括用于防治传染病的生物制品可分为人工自动免疫制品（疫苗和类毒素等）和人工被动免疫制品（丙种球蛋白、白喉抗毒素、破伤风毒素等）。目前，临床应用的生物制剂包括干扰素、白介素及细胞因子激动剂或拮抗剂。

1. 干扰素（interferon，INF）　干扰素是机体正常细胞被病毒感染后分泌的一种糖蛋白，对DNA病毒和RNA病毒均有抑制作用。此外，还有抗肿瘤及调节免疫的作用。适用于单纯疱疹、带状疱疹、各种病毒疣、恶性黑素瘤及其他免疫功能异常性皮肤病。

2. 白介素（interleukin）　白介素是一组内源性可溶性介质，被用作治疗炎症性皮肤病、恶性肿瘤及感染。

3. 细胞因子激动剂及拮抗剂　近年来，随着对疾病发病机制的深入了解，临床开发了很多针对淋巴细胞活化、细胞因子产生或细胞因子作用等途径的激动剂或拮抗剂，广泛用于治疗重症自身免疫性疾病、常规治疗无效的炎症性疾病及肿瘤等疾病，皮肤科的生物制剂主要用于治疗重症银屑病、特应性皮炎、大疱性皮肤病、移植物抗宿主病、皮肤T细胞淋巴瘤等。常见的生物制剂按照其作用机制，可分为以下几类（表3-3）。

表 3-3 皮肤科常用生物制剂的作用位点、名称及适应证

作用位点	制剂名称	适应证
干扰 T 细胞活性	阿法赛特、依法珠单抗	中重度斑块型银屑病
干扰 T 细胞转运	依法珠单抗	中重度斑块型银屑病
阻断 TNF-α	依那西普、英夫利西、阿达木单抗	类风湿性关节炎、银屑病性关节炎、中重度银屑病、强直性脊柱炎等
结合 IL-1 受体	阿那白滞素	类风湿性关节炎
阻断 B 细胞 CD20	利妥昔单抗	非霍奇金 B 细胞淋巴瘤、类风湿性关节炎、天疱疮、类天疱疮等

八、维生素

维生素（vitamins）是参与机体代谢不可缺少的成分，它与某些皮肤病有密切关系。皮肤科常用的维生素主要有维生素 C、A、B_6、B_{12}、E 等。

1. 维生素 C　参与糖代谢及氧化还原反应，能减少毛细血管渗透性，提高机体的抗病力。常用于变态反应性皮肤病和出血性疾病等。可口服每日 300～600mg，静脉注射或静脉点滴，每日 0.5～3g。

2. 维生素 A　可调节皮肤正常角化，常用于鱼鳞病及掌跖角化病等。治疗剂量为每次 2.5 万～5 万单位，每日 3 次，饭后服。

3. 维生素 B_6　可参与氨基酸、脂肪代谢，常用于痤疮、酒渣鼻及脂溢性皮炎等。口服每次 10～20mg，每日 3 次。肌内注射或静脉点滴 50～100mg，每日 1 次。

4. 维生素 B_{12}　参与核酸、胆碱、蛋氨酸的合成和脂肪、糖的代谢。用于巨幼细胞性贫血，在皮肤科还可用于急性期银屑病及带状疱疹等。肌内注射或口服 0.1～0.5mg，每日或隔日 1 次。

5. 维生素 E　有抗氧化作用和抗衰老功能，对生殖功能和脂代谢有影响。大剂量时可减少毛细血管通透性，改善微循环，抑制胶原酶，增强对寒冷的防御作用。常用于角化性皮肤病、紫癜性皮肤病及末梢血管功能障碍性疾病等。小剂量治疗每天口服 30～60mg，大剂量治疗每天口服 100～300mg，分 3～4 次饭后口服。

九、维 A 酸类

维 A 酸类（retinoids）药物是一组与天然维生素 A 结构类似的化合物。本组药物可调节上皮细胞和其他细胞的生长和分化，对恶性细胞生长有抑制作用，还可调节免疫和炎症过程等。主要不良反应有致畸、高甘油三酯血症、高血钙、骨骼早期闭合、皮肤黏膜干燥、肝功能异常等。根据分子结构的不同可分为三代：

1. 第一代维 A 酸　是维 A 酸的天然代谢产物，主要包括全反式维 A 酸（all-trans retinoic acid）、异维 A 酸（isotretinoin）和维胺脂（viaminate）。全反式维 A 酸外用可治疗痤疮，后两者口服用于治疗结节囊肿性痤疮、角化性疾病等。

2. 第二代维 A 酸　为单芳香族维 A 酸，主要包括阿维 A 酯（etretinate）、阿维 A（acitretin）及维 A 酸乙酰胺的芳香族衍生物。阿维 A 酯主要用于重症银屑病、各型鱼鳞病、

掌跖角化病等，与糖皮质激素、PUVA 联用可用于治疗皮肤肿瘤。阿维 A 用量较小，半衰期较短，因而安全性较阿维 A 酯显著提高。本组药物不良反应比第一代维 A 酸轻。

3．第三代维 A 酸　为多芳香族维 A 酸。芳香维 A 酸乙酯（arotinoid ethylester）可用于银屑病、鱼鳞病、毛囊角化病等。成人剂量为 0.03mg/d，晚餐时服，维持量为 0.03mg，隔天 1 次。阿达帕林（adapalene）和他扎罗汀（tazarotine）为外用制剂，可用于治疗痤疮和银屑病。

十、其他药物

1．钙剂（calcium）　钙剂能改善毛细血管通透性，有消炎和抗过敏作用。用于湿疹、荨麻疹和药疹等。可用 10% 葡萄糖酸钙或溴化钙 10ml 静注，每日 1 次，应缓慢注射，并注意脉搏，以防发生心律不齐和心搏骤停。老年人慎用。

2．硫代硫酸钠（sodium thiosulfate）　具有非特异性抗过敏和解毒作用，用于湿疹、荨麻疹和某些重金属中毒。常用 5% 硫代硫酸钠 10～20ml/d，缓慢静脉注射。

3．氨苯砜（dapsone，DDS）　有抑制麻风杆菌、抑制白细胞趋化因子和稳定溶酶体膜的作用。用于麻风、疱疹样皮炎、类天疱疮和皮肤血管炎等。口服每次 25～50mg，每日 2～3 次。副作用有白细胞减少、溶血性贫血、胃肠道反应及肝、肾损害等，偶有血红蛋白变性而引起发绀现象。

4．氯喹（chloroquine）和羟氯喹（hydroxychloroquine）　能降低皮肤对紫外线的敏感性，稳定溶酶体膜，抑制中性粒细胞趋化、吞噬功能及免疫活性。主要用于红斑狼疮、多形性日光疹、扁平苔藓等。不良反应有胃肠道反应、白细胞减少、药疹、眼损害、肝损害等。用药期间应定期复查血象和眼底。

5．沙利度胺（thalidomide）　又称反应停，属于中枢镇静药，20 世纪 60 年代因其致畸作用一度被禁用，目前由于其对许多难治性皮肤病有效而重新启用。具有非特异性抗炎、抑制中性粒细胞趋化及抗前列腺素、免疫抑制或免疫调节作用、抗血管生成作用等，主要用于治疗麻风反应、多形性日光疹、结节性痒疹、盘状红斑狼疮及移植物抗宿主病等。成人剂量为 100～200mg/d，分 2～3 次口服，最严重的不良反应是致畸作用及多发性神经炎，此外还可出现口干、困倦、胃肠道反应、药疹及颜面部水肿等。妊娠期禁用，驾驶员及高空作业者慎用，服药期间应定期神经科检查。

第二节　外用药物治疗

外用药治疗在皮肤病的治疗中具有特别重要的意义，治疗目的在于加速皮疹的痊愈，尽快消除自觉症状。外用药物的作用取决于外用药物的性能和剂型。

一、外用药物的性能

外用药物的性能及主要作用见表 3-4 及表 3-5。

表 3-4 外用药性能及主要作用

类别	药名举例	浓度	主要作用
清洁剂 cleaning agents	硼酸 boric acid	2%～4%	清洗皮损上的浆液、脓液、血液、污物、痂皮等
	生理盐水 normal saline	0.9%	
	高锰酸钾 pot.permanganate	1∶8 000	
保护剂 protective agents	氧化锌 zinc oxide	10%～50%	润滑、收敛、凉爽、保护
	滑石粉 talc.powder	10%～100%	
	淀粉 amylum	0%～15%	
	植物油 vegetable oil	60%～100%	
止痒剂 antipruritics	樟脑 camphor	5%～10%	清凉止痒
	薄荷脑 menthol	0.5%～2%	
	苯酚（石炭酸）phenol	0.5%～1%	对感觉神经末梢起麻痹作用以止痒
	盐酸达克罗宁 dyclonine hydrochloride	1%～2%	
抗菌剂 antiseptics	氯霉素 chloramphenicol	2%	抑菌和杀菌
	新霉素 neomycin	1%	
	依沙吖啶（利凡诺）ethacridine	0.1%～1%	
	莫匹罗星 mupirocin	2%	
	夫西地酸 fucidic acid	2%	
抗真菌剂 antimycotics	水杨酸 salicylic acid	3%～20%	抑制杀灭真菌
	苯甲酸 benzoic acid	5%～10%	
	克霉唑 clotrimazole	3%～5%	
	咪康唑 miconazole	2%	
	酮康唑 ketoconazole	1%	
	联苯苄唑 bifonazole	1%	
	十一烯酸 undecylenic acid	1%～4%	
	萘替芬 naftifine	1%	
抗病毒剂 antiviral agents	鬼臼毒素 podophyllotoxin	0.5%	尖锐湿疣等疣类
	阿昔洛韦 aciclovir	3%～5%	单纯疱疹、带状疱疹
	酞丁安 ftibamzone	0.1%	单纯疱疹、带状疱疹
	碘苷 idoxuridinum	0.5%～1%	单纯疱疹、带状疱疹

续表

类别	药名举例	浓度	主要作用
抗寄生虫剂 antiparasitic	克罗米通（优力肤）crotamiton	5%～10%	杀灭疥螨、蠕形螨
	升华硫 sublimed sulfur	5%～10%	杀灭疥螨、蠕形螨
角质促成剂 keratoplastics	黑豆馏油 black bean tar	5%～10%	促进真皮血管收缩，减少炎症浸润及渗出，使表皮角质层恢复正常
	糠馏油 pityrol	2.5%～10%	
	鱼石脂 ichthammol	10%～20%	
	地蒽酚 dithranol	0.1%～0.5%	
	水杨酸 salicylic acid	1%～3%	
角质松解剂 keratolytics	水杨酸 salicylic acid	10%～20%	松解角质细胞，使之剥离
	乳酸 lactic acid	10%	
	间苯二酚（雷锁辛）resorcinol	10%～15%	
	尿素 urea	30%～40%	
腐蚀剂 caustics	硝酸银 silver nitrate	纯	腐蚀，去除肉芽组织及赘生物，止血
	苯酚（石炭酸）phenol	纯	
	三氯乙酸 trichloroacetic acid	30%～50%	
收敛剂 astringents	醋酸铅 lead acetate	0.1%～0.5%	收敛、消炎、消除水肿及渗出
	醋酸铝 aluminum acetate	2%～3%	
	硫酸铜 copper sulfate	0.5%～1%	
细胞毒类药物 cytotoxic drugs	氟尿嘧啶 fluorouracil	1%～5%	治疗脂溢性角化、日光性角化、疣等
	氮芥 nitrogen mustard	0.05%	治疗蕈样肉芽肿、白癜风等
遮光剂 sunscreen agents	二氧化钛 titanium dioxide	4%	遮光、防止紫外线透入
	对氨基苯甲酸 para-aminobenzoic acid	5%～15%	
脱色剂 depigmentation agents	氢醌 hydroquinone	3%～5%	脱色，治疗黄褐斑
	壬二酸 azelaic acid	20%	

1．清洁剂 用来清除皮损处的渗出物、分泌物、鳞屑、痂皮和残留药物。常用的有溶液、植物油和液状石蜡等。

2．保护剂 具有减少摩擦、保护皮肤和防止外来刺激的作用。常用的有植物油、氧化锌粉和滑石粉等。

3．止痒剂　主要通过表面麻醉作用和对皮肤的清凉作用而止痒。
4．抗菌剂　具有杀菌或抑菌作用。
5．抗真菌及抗寄生虫剂　具有杀灭或抑制真菌及寄生虫的作用。
6．抗病毒剂　具有抑制病毒复制的作用。治疗各种疣及疱疹。
7．抗炎症剂　具有抗变态反应炎症和止痒作用。常为糖皮质激素、钙调神经磷酸酶抑制剂如他克莫司、吡美莫司等。
8．角质促成剂　具有促进表皮正常角化的作用。

表 3-5　外用糖皮质激素的名称、作用强度和制剂浓度

作用强度	药物名称	常用浓度（%）
弱	醋酸氢化可的松（hydrocortisone acetate）	1.0
	醋酸甲泼尼龙（methylprednisolone acetate）	0.25
中	醋酸泼尼松龙（prednisolone acetate）	0.5
	醋酸地塞米松（dexamethasone acetate）	0.05
	丁酸氯倍他松（clobetasone butyrate）	0.05
	曲安奈德（triamcinolone acetonide）	0.025～0.1
	丁酸氢化可的松（hydrocortisone butyrate）	1.0
	醋酸氟氢可的松（fludrocortisone acetate）	0.025
	氟轻松（fluocinolone acetonide）	0.01
强	丙酸倍氯米松（beclomethasone dipropionate）	0.025
	糠酸莫米松（mometasone furote）	0.1
	氟轻松（fluocinolone acetonide）	0.025
	哈西奈德（halcinonide）	0.025
	二丙酸倍他米松（betamethasone dipropionate）	0.05
超强	丙酸氯倍他索（clobetasol propionate）	0.02～0.05
	哈西奈德（halcinonide）	0.1
	戊酸倍他米松（betamethasone 17-valerate）	0.1
	卤米松（halometasone monohydrate）	0.05
	双醋二氟拉松（diflorasone diacetate）	0.05

注：以上糖皮质激素大多有霜膏、乳膏或软膏剂型，少数有溶剂和硬膏剂型。

9．角质松解剂　能使角化过度的角层细胞松解脱落。
10．腐蚀剂　用以除去肉芽组织及赘生物。
11．收敛剂　具有凝固、沉淀蛋白质的作用，能使渗液减少，促进炎症消退，抑制皮脂和汗腺分泌。
12．脱色剂　能使皮肤色素沉着减轻。
13．遮光剂　有吸收、反射和遮蔽光线作用，防止紫外线对皮肤的损伤。

二、外用药物的剂型

外用药物的疗效除取决于药物的理化性质外,还取决于药物的剂型。剂型不同,其作用和适应证也不同。因此,必须根据皮损性质、部位等因素,选用不同剂型,以取得最佳疗效。否则即使外用药物种类选择正确,剂型使用不当也难以取得良好的疗效,甚至会加重皮损。常用剂型如下:

1．溶液(solution)　是药物的水溶液,有散热、消炎及清洁作用,主要作湿敷用。临床上常用开放性冷湿敷,用 4~6 层纱布浸湿溶液,以不滴水为度,紧贴皮损处或以绷带包扎。一般皮损,每日湿敷 2~3 次,每次 20~30min,经常保持纱布的潮湿及清洁,大面积湿敷要注意预防药物吸收中毒及感冒,需从低浓度开始。溶液适用于急性皮炎伴有渗液及脓性分泌物者,常用的有 2%~4% 硼酸溶液、1∶8 000 高锰酸钾溶液、0.1% 依沙吖啶溶液等。

2．粉剂(powder)　是干燥粉末状药物,有干燥、护肤及散热等作用,适用于急性或亚急性皮炎而无渗液者。常用的有滑石粉、氧化锌粉等。

3．洗剂(lotion)　为不溶性药粉(不超过 30%)与水混合而成,有散热、消炎、干燥、护肤及止痒等作用,适用于急性皮炎无渗液者。常用的有炉甘石洗剂、复方硫黄洗剂等。使用时应充分振荡,故又名振荡剂。不适用于毛发部位。

4．油剂(oil)　是以植物油与矿物油为基质,将药物混在其中而制成的剂型。用于软化和清除痂皮及鳞屑,还可保护和润滑皮肤。适用于渗出不多的急性或亚急性皮炎。

5．酊剂(tincture)和醑剂(spiritus)　为药物的酒精溶液或浸液,挥发性药物的酒精溶液称醑剂,有消炎、杀菌、止痒等作用,适用于慢性皮炎和瘙痒症等。常用的有樟脑醑、薄荷醑、碘酊及百部酊等。皮损破损处及腔口周围忌用。

6．糊剂(paste)　为含有 25%~50% 粉末成分的软膏,有保护、软化痂皮和收敛、消炎等作用,适用于亚急性皮炎有糜烂、结痂损害者。常用的有氧化锌糊。毛发部位不宜使用。

7．乳剂(emulsion)　为油和水经乳化而成。有油包水型乳剂(脂,W/O)和水包油型乳剂(霜,O/W)。有保护、润滑皮肤,软化痂皮和消炎等作用,适用于亚急性及慢性皮炎或瘙痒症等。常用的有皮质类固醇类乳剂,可直接涂擦于患处,易于清洗或封包。

8．软膏(ointment)　为药物(不超过 25%)与油脂基质混匀而成,有保护、润滑皮肤和软化痂皮等作用,穿透作用较乳剂强。适用于慢性皮炎如慢性湿疹、神经性皮炎等。急性或亚急性皮炎有渗出皮损不能用。

9．硬膏(plaster)　药物溶于或混合于黏着性基质中并涂布在裱褙材料如纸、布或有孔塑料薄膜上而成,常用松香或橡胶为基质,有利于软化角质层使药物易穿透皮肤吸收,适用于慢性局限性浸润肥厚性皮肤病。常用的有肤疾宁硬膏、氧化锌硬膏等,加热粘敷,1~2 日更换一次。糜烂渗出性皮损禁用,有毛部位不宜使用。

10．涂膜剂(plastics)　是药物与高分子有机化合物及有机溶剂混合而成的剂型。涂于皮肤后形成一层附着于皮肤的薄膜。有防护、止痒和消炎等作用,适用于慢性无渗出皮损,如神经性皮炎、鸡眼、胼胝等,也用于职业性皮肤病的防护。常用的有哈西奈德涂膜剂等。

11．凝胶(gel)　是以高分子化合物和有机溶剂如丙二醇、聚乙二醇为基质配成的外用药物,外用后可形成一层薄层,凉爽润滑,无刺激性。急、慢性皮炎均可使用。常用的有过氧化苯甲酰凝胶、阿达帕林凝胶等。

12．气雾剂（aerosol） 又称喷雾剂（spray），由药物与高分子成膜材料（聚乙烯醇、缩丁醛）和液化气体（氟利昂）混合制成，从特制的容器中喷射出来成为雾状的制剂。喷涂后药物均匀分布于皮肤表面。可用于治疗急、慢性皮炎或感染性皮肤病。

三、治疗原则和注意事项

1．正确选择药物　根据病因、病理变化、皮损部位、发病季节、患者年龄及性别、用药时间的长短、有无过敏或继发感染等选择或更换不同的药物，作用相似的也可替换或更换使用。如真菌性皮肤病选用抗真菌剂，角化不全皮肤病选用角质促成剂，变态反应性疾病选用糖皮质激素或钙调神经磷酸酶抑制剂及止痒剂等。

2．正确选择剂型　根据皮损性质、患病部位等特点，选择不同的剂型。原则为：

（1）急性皮炎仅有红斑、丘疹而无渗液时可选择用粉剂或洗剂，炎症较重，糜烂、渗出较多时宜用溶液湿敷，有糜烂但渗出不多时可用糊剂；

（2）亚急性皮炎渗出不多者宜用糊剂或油剂，如无糜烂宜用糊剂或乳剂；

（3）慢性皮炎可选用乳剂、软膏、硬膏、酊剂、涂膜剂等；

（4）单纯瘙痒无皮损者可选用乳剂、酊剂等。

3．外用药物注意事项

（1）根据皮损的性质，选用不同的用药方法，如渗出性皮损选用湿敷法；增厚浸润及苔藓样变皮损，可局部涂布加塑料薄膜封包，以促进药物吸收，提高疗效，但不宜久用，因封包易继发细菌感染和真菌感染；对表浅性皮损，外用乳剂或软膏时，可单纯涂擦。

（2）药物浓度要适当，不同浓度的药物，作用亦不同，应由低到高逐渐增加浓度。

（3）用药要考虑患者年龄、性别和患病部位，刺激性强或浓度高的药物不宜用于小儿、妇女以及面部、腔口周围皮肤和黏膜。

（4）外用药的用法应向患者或家属交代清楚，取得他们与医生的配合。如洗剂，用前需摇匀，每日可用多次；软膏每日可用2次；湿敷应做到保持敷料潮湿和清洁等。

（5）用药过程中，如有刺激、过敏或中毒现象，应立即停用并做适当处理。

（6）对于皮肤敏感性强的患者，宜选用温和而刺激性小的药物，或先使用较小面积，如无不良反应，再大面积使用。皮损面积较大者，应选用性质较弱、浓度较低的药物，或将皮损分片治疗。

第三节　物理治疗

一、紫外线

紫外线（ultraviolet）具有杀菌、形成红斑、增加色素、镇痛、止痒和刺激自主神经等作用。皮肤科常用长波紫外线UVA（ultraviolet A，320～400nm）和中波紫外线UVB（ultraviolet B，280～320nm），用于治疗玫瑰糠疹、毛囊炎、疖、丹毒、银屑病、斑秃、白癜风等。对光敏感者、红斑性狼疮、活动性肺结核、甲状腺功能亢进症、肝肾功能不全者禁用。照射一般从亚红斑量开始，逐渐递增。照射时需戴防护眼镜。出现副作用时，应暂停照射，并对症处理。窄波UVB波长为311nm，波长单一，从而防止了紫外线的许多不良反应，治疗作用相对增强，是治疗银屑病、白癜风等疾病的最佳疗法之一。

光化学疗法是应用光敏剂加紫外线照射引起光化学反应来治疗疾病的一种方法。PUVA 是补骨脂素（psoralen）与长波紫外线 UVA 相结合的一种疗法，是目前应用最广泛的光化学疗法，可用于银屑病、特应性皮炎、白癜风、掌跖脓疱疮、蕈样肉芽肿等的治疗。

二、激光

激光（laser）是由激光器产生的单一波长的特殊光束，相干性强、功率高。临床常利用激光的热效应、压力效应、电磁场效应和光化学效应使组织发生凝固性坏死、碳化和气化，引起照射处皮肤破坏，皮损血管阻塞，也可破坏有不同色泽的细胞或色素颗粒，从而达到治疗某些皮肤病的目的。皮肤科应用的激光器有二氧化碳激光器、氦氖激光器、掺钕钇铝石榴石激光器、氩离子激光器等。

1. 二氧化碳激光　是目前使用最普遍的一种激光，也称激光刀（波长 10 600nm，功率 3～300W）。适用于寻常疣、尖锐湿疣、化脓性肉芽肿、皮赘、脂溢性角化症、老年角化症等。局部常规消毒麻醉后，用湿敷料保护好周围正常皮肤，调试光束照射皮损表面，一般采用原光束聚焦烧灼，面积较大者可分区照射。治疗后局部疼痛，略有渗液，3～4 日消失。照射后局部可结痂，痂皮一般于 2～3 周后脱落，可留有色素斑和瘢痕。

2. 氦氖激光　用于斑秃、带状疱疹、玫瑰糠疹等。患处局部照射，每次 5～10min，一周 2～3 次。

3. 可调染料脉冲激光、510nm 染料激光、Q 开关脉冲红宝石激光及脉冲掺钕钇铝石榴石激光和脉冲倍频掺钕钇铝石榴石激光，目前用于治疗色素性皮肤病及血管增生性皮肤病，如太田痣、鲜红斑痣等，对正常皮肤损伤较轻。

三、光动力治疗

光动力治疗（photodynamic therapy，PDT）是利用光动力反应进行疾病诊断和治疗的一种新方法，原理为病变处细胞摄入光敏剂后，在特定光源照射下发生光化学反应，产生氧自由基、单态氧等物质，损伤细胞膜和血管内皮细胞，选择性地杀伤病变细胞而达到治疗目的。光动力治疗选择性好、具有一定的作用深度、对微血管组织损伤作用强、创伤小、美容效果好、可重复治疗和姑息治疗。主要适用于肿瘤性皮肤病如日光性角化、基底细胞癌，非肿瘤性皮肤病如痤疮、病毒疣等。

四、放射性核素

皮肤科常用 β 射线，常用的 β 射线放射源为 ^{32} 磷和 ^{90} 锶，这两种放射性核素有较长的半衰期，特别是 ^{90} 锶，具有较高的能量，对皮肤组织有较强的穿透性，而对深部组织不产生损害。多采用 ^{90} 锶制成敷贴器，可治疗鲜红斑痣、局限性神经性皮炎和慢性湿疹等。^{90} 锶属于高毒性放射性核素，应由专门人员管理和治疗，放射治疗应审慎选择适应证，严格掌握禁忌证和操作规程，掌握剂量，注意防护，避免远期副作用的发生。

五、X 线

皮肤科治疗多用浅层 X 线。X 线能抑制或破坏分化不良或增生的细胞，减少汗腺或皮脂腺的分泌和闭塞微血管。目前主要用于恶性淋巴瘤、蕈样肉芽肿的治疗，也用于不能手术治疗的基底细胞癌、鳞状细胞癌、乳房外湿疹样癌、血管肉瘤等的治疗。治疗时避免过大剂量,注意副作用的发生。

六、冷冻

冷冻(cryotherapy)是皮肤科的一种常用疗法。利用低温使细胞内外冰晶形成、细胞膜破坏,细胞脱水中毒,局部血流淤滞,从而导致组织坏死以达到治疗目的。目前最常用的冷冻剂为液氮,系无色、无臭、无味的液体,温度低(-196℃),具有安全、易购、低廉、使用简单等优点。也可使用二氧化碳雪(-70℃)等。适用于寻常疣、跖疣、扁平疣、传染性软疣、尖锐湿疣、结节性痒疹、草莓状血管瘤、脂溢性角化、化脓性肉芽肿、基底细胞上皮瘤等。常用棉签法、接触法和喷雾法。冷冻时局部发白,数分钟后解冻、疼痛,1~2天内局部发生水疱或大疱,一般于1~2周内可干燥、结痂。2~3周后痂皮脱落而愈。脱痂后局部暂时留有色素沉着或色素减退斑,一般可逐渐消退。严重的寒冷性荨麻疹、冷球蛋白血症、冷纤维蛋白血症、雷诺征患者以及年老、体弱和对冷冻不能耐受者禁用。

七、电解与电灼

包括电解疗法(electrolysis)、电烙疗法(electrocautery)、电凝固法(electrocoagulation)等。电解疗法是利用直流电在阴极附近组织中产生氢氧化钠而达到破坏和去除病理组织的目的。可治疗毛细血管扩张症、蜘蛛痣、局限性多毛症及一些小的皮肤疣赘等。电灼疗法是利用电热破坏或去除病理组织,可治疗各种疣、化脓性肉芽肿、较小的皮肤良性肿瘤等。

八、水疗

水疗法(hydrotherapy)是皮肤病治疗的一种重要辅助疗法。是用不同温度和含有不同药物的水做全身或局部浸浴,亦称药浴。浸浴具有清洁作用、温度作用和药物作用。常用的有温泉浴(含有硫黄及其他物质)、淀粉浴、小苏打浴、高锰酸钾浴、中药浴和盐水浴等。可治疗皮肤瘙痒症、银屑病、泛发性神经性皮炎、特应性皮炎、红皮病、鱼鳞病等。

第四节 皮肤外科

皮肤外科是皮肤病治疗学中的重要组成部分,是采用外科手术等技术手段对某些皮肤病进行治疗,以达到完美治疗效果的皮肤科分支学科。包括皮肤肿瘤切除Mohs显微外科技术、毛发移植、自体表皮移植、腋臭切除、皮肤软组织扩张术、拔甲术、囊肿剥除术、吸脂美容术、颗粒脂肪移植、皮肤磨削术等。

思考题

【名词解释】
1. 抗组胺药
2. 洗剂
3. 酊剂

4．凝胶

【简答题】
1．简述糖皮质激素系统用药的应用原则及适应证。
2．试述皮肤外用药的治疗原则。
3．简述皮肤科常用物理治疗方法。

第四章

病毒性皮肤病

1. 说出本章各种病毒感染性疾病的病原体。
2. 掌握带状疱疹的皮疹分布特点、临床表现及治疗原则。
3. 解释各种病毒感染性疾病的治疗要点。

病毒性皮肤病是由病毒感染引起的皮肤黏膜病变，病毒是感染性皮肤病中常见的病原体之一。由于病毒的性质和种类不同，其所引起皮肤疾病的临床表现亦不相同，如人乳头瘤病毒引起新生物型损害，疱疹病毒可引起疱疹型损害，麻疹病毒等引起发疹型损害等。

第一节 单纯疱疹

【病因及发病机制】

单纯疱疹（herpes simplex）是由单纯疱疹病毒（herpes simplex virus，HSV）感染所引起。根据病毒性质的不同，单纯疱疹病毒可分为Ⅰ型和Ⅱ型，Ⅰ型主要侵犯口、鼻及眼部皮肤黏膜，Ⅱ型主要侵犯生殖器部位的皮肤黏膜。原发感染后病毒潜伏在感觉神经细胞中，HSV-Ⅰ型多在三叉神经节，而 HSV-Ⅱ型多在腰骶后根神经节。原发感染仅少数人发病，90%以上为无症状的隐性感染。HSV 感染后机体不产生永久性免疫力，当发热、过度劳累、胃肠功能障碍、月经、妊娠等使抵抗力降低时，即可复发。有细胞免疫缺陷者单纯疱疹也易复发。

【临床表现】

1. Ⅰ型单纯疱疹 原发型单纯疱疹极少见，主要发生在半岁以上、5岁以下或营养不良的婴儿。疱疹性齿龈炎、口腔炎常见，也可表现为泛发性水疱，常伴高热、局部淋巴结肿大、压痛。

复发型单纯疱疹多见于成人。好发于皮肤黏膜交界处如口角、唇缘、鼻孔附近。初期局部有灼热、瘙痒、紧张感，继而出现红斑，其上出现密集成群的针头至粟粒大小水疱，内容物清亮，后转浑浊，破溃后糜烂，最后干燥结痂而愈，局部淋巴结可肿大（彩图4-1）。病程1～2周，但常在原部位复发。

发生在眼部的疱疹常表现为树枝状角膜炎，愈后可造成角膜薄翳，影响视力。发生在口腔、咽喉部位者易破溃疼痛。

2. Ⅱ型单纯疱疹 是 HSV-Ⅱ型病毒感染泌尿生殖器及肛周皮肤黏膜引起的一种慢性、

复发性疾病。好发于15～45岁性活跃期男女。男性多见于包皮、龟头、冠状沟等处（彩图4-2），女性多见于大小阴唇、阴阜、会阴等处。初次感染潜伏期2～14天，平均3～5天。表现为簇集或散在的小水疱，2～4天后破溃形成糜烂或浅溃疡，之后结痂自愈，部分患者频繁反复发作。自觉疼痛，常伴有腹股沟淋巴结肿痛、发热、头痛、乏力等全身症状。病程一般2～3周。

【诊断】

基本损害为成簇水疱，伴灼热、瘙痒和紧张感。好发于皮肤黏膜交界处。病程有自限性，易复发。

【治疗】

抗病毒，缩短病程；防止继发感染，减少复发。

1. 全身治疗　因本病病程短，有自限性，一般不需要全身治疗。症状严重者，可应用抗病毒药物如阿昔洛韦、伐昔洛韦、泛昔洛韦等，剂量同带状疱疹。

2. 预防和减少复发　对反复发作者，1年复发6次以上，可采用持续抑制疗法，即阿昔洛韦每次400mg，每天3次口服；或伐昔洛韦每次500mg，每天1次口服；或泛昔洛韦每次250mg，每天2次口服。一般需连续口服6～12个月。

3. 局部治疗　外涂3%～5%阿昔洛韦乳膏、1%喷昔洛韦乳膏、0.25%～0.75%酞丁胺搽剂、3%酞丁胺软膏、干扰素凝胶等。如并发细菌感染，可外用抗菌药物软膏，如1%红霉素软膏、2%莫匹罗星软膏、2%夫西地酸霜等。如皮损有较多渗出时，宜选用3%硼酸溶液或1:2 000小檗碱溶液湿敷。

第二节　水　痘

【病因及发病机制】

水痘（varicella）是由水痘 - 带状疱疹病毒引起的一种传染病。好发于儿童，偶见于成年人。经飞沫或直接接触疱液而传染，可造成流行。

【临床表现】

潜伏期为9～23天，平均2周。起病较急，出疹前先有发热、全身倦怠等不适。皮疹先发于躯干，逐渐波及头面部及四肢，呈向心性分布。典型损害为绿豆大小圆形或椭圆形水疱，其周围有红晕，疱液清晰，有的水疱中心微凹，疱壁薄而易破，可有轻度瘙痒，经2～3日水疱干涸结痂，痂脱而愈，一般不留瘢痕。口腔、咽部、眼结膜及外阴部等黏膜常受累。常伴淋巴结肿大，病程2～3周。

【诊断】

1. 基本损害为米粒至绿豆大小圆形水疱、周围有红晕，散在分布。
2. 水疱好发于躯干、面部，呈向心性分布，有的水疱可有脐窝样凹陷。
3. 好发于儿童，常有流行病学史。

【治疗】

1. 一般治疗　对症处理，发热时应卧床休息，加强护理，保持皮肤清洁，防止继发感染，必要时可给退热药降温。

2. 抗病毒药　阿昔洛韦，儿童剂量为10～15mg/（kg·d）；青少年剂量为800mg/d，分4～5次口服，疗程5～7天。对重症有并发症或免疫受损的患者应静脉给药，每次

5～10mg/kg，每8h 1次，滴注1h以上，共5日。成人还可以口服伐昔洛韦和泛昔洛韦。

3. 局部治疗　可外用炉甘石洗剂等。继发感染时，可外涂2%莫匹罗星软膏等。

【预防】

1. 隔离患者直至全部水疱结痂为止。
2. 对有接触史的易感者，应隔离观察3周。
3. 尽量避免易感儿童与水痘患者接触，尤其在托幼机构。患儿的病室、被服和用具可采用紫外线照射、通风、日晒及煮沸等方法消毒。

第三节　带状疱疹

【病因及发病机制】

带状疱疹（herpes zoster）是由水痘-带状疱疹病毒引起。初发或原发感染者为水痘，多见于儿童。感染后病毒随神经进入脊神经或脑神经的感觉神经节中长期潜伏，一般成年后在某种诱发因素的激发后病毒活跃增殖，在相应神经节段分布部位皮肤上形成水疱，并引起神经痛。带状疱疹患者可获得终生免疫，一般不复发。

【临床表现】

典型损害为单侧、沿皮肤节段呈带状分布、数堆群集的水疱，水疱一般如绿豆大小，清亮。有的水疱中央有凹陷，呈脐窝状，疱周有红晕，严重时水疱彼此融合成片，疱内容物可呈血性，有坏死溃疡（彩图4-3）。自觉疼痛，程度因人而异。一般年龄大者疼痛较著，疼痛常在皮疹前数日出现，先表现为皮肤感觉过敏、有刺痛，继之疼痛，有的患者特别是老年患者可疼痛剧烈难忍，病程有自限性，一般从水疱出现到干涸、结痂、消退为2～3周。在皮肤病变愈后疼痛仍持续达到4周以上，称"疱疹后遗神经痛"。若病毒侵及三叉神经，在头面部相应皮肤部位出现皮疹，且常在眼结膜、角膜有疱疹，若不及时处理，可造成角膜溃疡甚至穿孔。如病毒侵及面神经及听神经，可出现耳道或骨膜疱疹。膝状神经节受累同时侵犯面神经的运动和感觉神经纤维时，可出现面瘫、耳痛及外耳道疱疹三联征，称为Ramsay-Hunt综合征。

各种原因引起免疫功能低下者，易发生带状疱疹，且皮疹较重，可以有出血、坏死，皮损的范围较广，甚至可泛发全身，且自觉症状明显。

【诊断】

1. 基本损害为数堆群集的小水疱。单侧，沿皮肤节段呈带状分布。
2. 自觉疼痛，老年者疼痛严重，易形成带状疱疹后遗神经痛。

> **知识链接**
>
> 妊娠期患带状疱疹该怎么办？
> 现认为妊娠后期带状疱疹对胎儿无影响，病程中通常不会出现病毒血症从而给胎儿带来危害。由于带状疱疹是自限性疾病，仅需外用药物及对症治疗，孕妇应多喝水注意休息。

【治疗】

抗病毒，消炎，止痛，局部对症处理。

1．抗病毒药　在病变早期，可给予抗病毒药物，如阿昔洛韦，每次 200～800mg，每 4h1 次，一日 5 次，连用 7～10 日。重症者可静脉滴注，每次 5～10mg/kg，每 8h1 次，滴注 1h 以上，共 7～10 日。也可口服伐昔洛韦，一次 300mg，一日 2 次，共服 7～10 日。或在发疹 72h 内口服泛昔洛韦，一次 500～750mg，一日 3 次，共服 7 日，能缩短病程，使疼痛减轻。阿糖腺苷 15mg/（kg·d），静点 10 日，早期应用可减少急性神经痛和后遗神经痛，加速痊愈。

2．镇静止痛　可口服索米痛片等，或洛芬待因首剂 2 片，每隔 4～6h 服 1 片或普瑞巴林，每次 75～150mg，每天 2 次。也可酌情选用非甾体抗炎药如双氯酚酸钠。肌内注射或口服维生素 B_{12} 及维生素 B_1，有助于神经损害的康复。

3．糖皮质激素　对病情严重和疼痛剧烈者在病变早期（3～5 日内）应用糖皮质激素对减轻炎症和疼痛、预防后遗神经痛的发生有一定的效果。初期可用相当于泼尼松 30～40mg/d 剂量，2～3 周内递减至停药。

4．理疗　早期病变部位照射紫外线，有助于水疱的干涸结痂，可缩短病程。后遗神经痛可照射红外线、半导体激光或超短波等。

5．局部治疗　早期水疱可外用收敛性的炉甘石洗剂，如有坏死溃疡可外用抗生素软膏，有眼部损害者应外用 1% 阿昔洛韦滴眼液和 3% 阿昔洛韦眼膏等，请眼科会诊协同处理。

案例 4-1

患者，男，60 岁，因右侧上腹部疼痛 1 周，红疹 2 天入院。患者既往有胆囊炎、胆结石、高血压病史。此次右上腹针扎样疼痛，疑胆囊炎、胆结石发作，故先去普外科就诊，做 B 超示胆囊炎胆结石未有急性发作征象，近 2 天因皮肤表面出现红疹，普外科建议皮肤科会诊。专科检查：右上腹及右背部单侧分布、带状排列的群集红斑，部分红斑可见簇集性水疱。

请分析可能的诊断及鉴别诊断、治疗原则。

第四节　手足口病

【病因及发病机制】

手足口病（hand-foot-mouth disease）是由柯萨奇病毒 A16 型（coxsachie virus A16）和肠道病毒 71 型（EV71）引起，主要发生于儿童。具有传染性，主要通过消化道、呼吸道和分泌物密切接触等途径传播。可在托儿所、幼儿园或小学校中流行。

【临床表现】

患者多为婴幼儿及儿童，一年四季均可发病，以春秋季多发，可在幼儿园中发生流行。潜伏期 3～6 天。病情轻微，前驱症状为低热、不适、腹痛等，然后在口腔黏膜、咽部、口唇，继之在手掌、指腹及指侧、足跖等出现皮疹，典型损害为周围绕以红晕的小水疱，呈卵圆形、薄壁，有时排列成线形，数目从几个到几十个不等，几天后水疱干涸、结痂，一般7～10天自愈，不留痕迹（彩图4-4，4-5，4-6），愈后极少复发。病情重者，多由EV71感染引起，有手足口病的临床表现，同时伴有肌阵挛、脑炎、急性弛缓性麻痹、心肺衰竭、肺水肿等。

【实验室检查】

末梢血白细胞总数　一般病例白细胞计数正常，重症病例白细胞计数可明显增高，分类淋巴细胞增多，可从患者粪便、咽拭子、血液和疱液里分离出柯萨奇病毒A16和肠道病毒EV71。

【诊断】

1．手、足、口腔黏膜有小水疱。

2．自觉症状轻微。

3．好发于婴幼儿及儿童，常有流行病学史。

4．重者可出现神经系统受累、呼吸及循环衰竭等；末梢血白细胞增高、血糖增高及脑脊液改变，脑电图、磁共振、胸部X线有异常。

【治疗】

由于本病有自限性，一般只需对症治疗，加强护理，注意隔离，避免交叉感染。出疹期间多喝水，多吃清淡易消化的流食或半流食，口腔用生理盐水擦拭或漱口，防止继发感染。对溃疡重者，可涂养阴生肌散和锡类散，皮损处可外用炉甘石洗剂。必要时可口服抗病毒药物如利巴韦林，清热解毒中药如夏枯草、板蓝根等。重症患者必要时请儿科或传染科会诊协同处理。

第五节　疣

【病因及发病机制】

疣（verruca，warts）是人乳头瘤病毒（human papilloma virus，HPV）所引起的表皮新生物。临床上常见的有寻常疣、跖疣、扁平疣及性病尖锐湿疣等。人乳头瘤病毒是一种DNA病毒，近年利用核酸杂交等技术，可将HPV分为100余型。不同类型的HPV与疣的临床表现有一定关系。人是唯一的宿主，对任何其他动物无致病性。

疣主要由直接接触传染，亦可通过污染器物而间接传染。潜伏期为1～20个月，平均4个月。病毒存在于表皮棘细胞核内，复制引起细胞增生，形成疣状损害。病程慢性，通常在数年后可自行消退。

【临床表现】

1．寻常疣（verruca vulgaris）　初起损害为针头大小的扁平隆起性丘疹，经数周或数月后逐渐增大至黄豆大或更大，表面角化粗糙，触之坚硬，呈污黄色至污褐色（彩图4-7）。单发或多发，散在分布，一般无自觉症状。皮疹好发于青少年的手背或手指及足缘等处。发生在甲缘者称为甲周疣，常向甲下蔓延，有触痛。寻常疣亦可呈单一柔软细长丝状突起，顶端为角质物，正常皮色或棕灰色，称为丝状疣，常发于眼睑、颈部，以中年女性多见。若为一簇集多个参差不齐的指状突起称指状疣，好发于头皮，亦可发生于趾间、面部。

2．跖疣（verruca plantaris）　寻常疣发生于足底者称为跖疣，发病与压迫、摩擦、外伤、多汗等因素有关。由于足底处于受压状态，使皮损不突出皮面。皮损初起为米粒大小角质性丘疹，逐渐增大，表面角化，粗糙不平，皮纹消失，中央稍凹陷，边缘绕以稍高增厚的角质环。用小刀削去表面角质层时，可见疏松的乳白色角质软芯，其上有散在的小黑点，此系乳头层毛细血管破裂后微量血液外渗所致。单发或多发。有时损害较多，且互相聚集融合称为镶嵌疣。跖疣捏挤痛甚于按压痛。

3．扁平疣（verruca plana） 皮损多为米粒至绿豆大小的扁平坚实丘疹，略高出皮面，表面平滑，呈圆形、椭圆形或略带不规则形，正常皮色或灰褐色，散在或群集性分布，搔抓可引起自身接种，出现数个丘疹沿抓痕呈串珠状排列（彩图4-8）。好发于面部、手背、前臂，多见于青少年。一般无自觉症状或偶有微痒，在皮疹消退前疣基底部常出现炎症反应，瘙痒加重。

4．尖锐湿疣（condyloma acuminatum） 潜伏期一般为1～8个月，外生殖器及肛门周围皮肤黏膜为好发部位，男性多见于龟头、冠状沟、包皮系带、尿道口，女性多见于大小阴唇、阴道口、阴蒂、阴道、宫颈等（彩图4-9），为单个或多个散在淡红色小丘疹，质地柔软、顶端尖锐，互相融合可呈乳头状、菜花状、鸡冠状及蕈状，多无自觉症状。可通过性关系及日常接触传染。

【鉴别诊断】

跖疣与鸡眼、胼胝的鉴别诊断见表4-1。

表4-1 跖疣与鸡眼、胼胝的鉴别

	跖疣	鸡眼	胼胝
临床特点	灰黄或褐色角质斑，用刀削后中心有角质软芯及散在小黑点	单个淡黄色角质栓，外围透明黄色环，形似鸡眼	蜡黄色角质斑，中央略高，边缘不齐，其上皮纹正常
好发部位	足缘或足趾压迫部	多在足跖第4、5趾间	掌跖着力的部位
数目	多发，大小不一	单发或数个	少数
压痛	两侧挤压痛明显	垂直压痛明显	压痛不明显
原因	病毒所致	挤压所致	长期压迫、摩擦所致

尖锐湿疣需要与假性湿疣、发生于生殖器的汗管瘤、Ⅱ期梅毒的扁平湿疣鉴别。

【治疗】

疣是一种良性表皮新生物，常可自行消退，一般采用局部治疗。

1．局部治疗 ①外用药：可选用3%～4%甲醛溶液、2.5%～5% 5-氟尿嘧啶、10%水杨酸软膏等。尖锐湿疣可用0.5%鬼臼毒素酊、5%咪喹莫特乳膏。②局部注射：如0.1%博来霉素生理盐水溶液注射于寻常疣或跖疣基底部，隔日一次，共2～3次。

2．物理疗法 寻常疣数量少者，可用：①刮匙刮除，然后涂以5%～10%甲醛溶液，压迫止血包扎。②冷冻治疗，液氮点涂或喷射法用于扁平疣；对跖疣应先削去表面增厚的角质层，或先（局麻后）剪除疣状角化物，再行冷冻，每2周冷冻1次。③电凝、电烧灼、CO_2激光疗法，适用于寻常疣、跖疣及丝状疣。

3．光动力治疗常用艾拉光动力治疗 适合于疣体较小者、尿道口尖锐湿疣及采用物理治疗或外用药物去除疣体后复发者的治疗，每周1次，一般3～5次。

4．系统治疗 多发者或免疫功能缺陷者，可全身给药：①聚肌胞肌内注射，每次

1～2mg，每周2次，4周为一疗程。②左旋咪唑，每日50～150mg，分次口服，连服3天停11天，6周为一疗程。

第六节　传染性软疣

【病因及发病机制】

传染性软疣（molluscum contagiosum）是由痘病毒中的传染性软疣病毒所引起。系直接接触传染，可自体接种，也可通过媒介物间接感染。

【临床表现】

潜伏期为2～3周。多见于儿童及中青年女性。典型损害为米粒至绿豆大半球形丘疹，正常皮肤色，表面有蜡样光泽，典型皮损中央有脐窝。可以从中挑出或挤出乳白色乳酪样物质，即软疣小体（彩图4-10）。损害数目多少不定，散在分布。自觉微痒，好发于躯干、颈部、上肢及面部等处。本病可因搔抓而继发细菌感染，造成局部红肿化脓。儿童集体单位发现患者时应及时治疗，勿共用浴巾以避免互相传染。

【诊断】

1．好发于儿童及青年女性。

2．皮损散在不融合。

3．半球形丘疹，表面呈蜡样光泽，中心有脐窝。

【治疗】

本病局部治疗即可，以除去软疣小体为原则。可消毒后用注射针头将乳酪样的软疣小体挑破挤出，亦可用小镊子或弯止血钳将软疣小体夹破挤出，压迫止血，后涂以2%碘酊。挤出的软疣小体应焚毁。患者内衣应消毒。其他方法如液氮冷冻、电干燥法均可使用，若合并继发感染，则可同时用抗生素治疗。

第七节　病毒性发疹性皮肤病

多种病毒感染均可引起发疹性皮肤损害，皮疹是病毒血症后进入皮肤直接引起的损害。有些皮疹发生的确切机制不完全清楚，可能是病毒感染后引起机体的自身免疫反应所致。因此，诊断病毒性发疹性皮肤病的关键是了解病史与临床经过、仔细辨认皮疹特点，结合必要的实验室检查。这类疾病一般具有自限性，治疗上侧重于对症处理和对并发症的处理。

病毒性发疹性皮肤病归纳于表4-2。

表4-2　病毒性发疹性皮肤病

病名	年龄	潜伏期	前驱期	好发部位	皮疹特点	黏膜损害	病程
麻疹	6个月～5岁	9～11天	通常3天，体温逐渐上升，其他症状明显	耳后→面颈→胸背腹→四肢	玫瑰色斑疹、丘疹，疹间可见正常皮肤	发病1～2天后颊黏膜见Koplik斑	10～14天
风疹	幼儿	14～21天	发疹前可有轻度发热	面部→躯干→四肢	淡红色斑疹或丘疹，枕后淋巴结肿大	软腭有斑疹或瘀点	2～3天

续表

病名	年龄	潜伏期	前驱期	好发部位	皮疹特点	黏膜损害	病程
幼儿急疹	9个月~2岁	10~15天	高热40~41℃，3~5天后骤降时出疹	颈部及躯干→上肢及下肢→面部	玫瑰红色的斑丘疹，颈枕淋巴结肿大		1~2天
传染性红斑	2~10岁	5~14天	常无	面颊部→四肢	水肿性融合成片的红斑	颊及生殖器有时发生暗红色斑疹	6~10天
传染性单核细胞增多症	多见儿童、青壮年成人较长	4~15天	可见全身不适，头痛，发热，体温高达38~39℃	躯干→四肢	15%的患者发病后4~10天出斑疹或斑丘疹，全身淋巴结肿大，1/3的患者有肝大	弥漫性膜性扁桃体炎，硬软腭结合处小出血点	数周

第八节 艾滋病

艾滋病全称是获得性免疫缺陷综合征（acquired immunodeficiency syndrome，AIDS），是由人类免疫缺陷病毒（human immunodeficiency virus，HIV）所致的以严重免疫缺陷为特征的一种疾病，临床上以淋巴结肿大、慢性腹泻、体重减轻、发热、乏力等非特异性症状为首发表现，渐发展至各种机会性感染、继发肿瘤而导致患者死亡。

1981年由美国疾病预防控制中心首先报道，1982年正式命名，是在世界范围内广泛流行的传染病。我国在1985年发现了第1例人类免疫缺陷病毒感染病例，到2010年10月底官方报告感染HIV患者超过37万人。目前我国艾滋病流行呈现以下特点：流行范围广，疫情严重，全国低流行与局部高流行并存；艾滋病疫情上升速度有所减缓，性传播逐渐成为主要传播途径；艾滋病流行因素广泛存在；艾滋病流行比较严重的地区，艾滋病对社会的影响已经显现。

【病因及发病机制】

引起艾滋病的病原体为HIV，它特异地侵犯辅助性T细胞（CD4细胞），引起人体细胞免疫严重缺陷，导致顽固的机会性感染、恶性肿瘤和神经系统损害，死亡率极高。HIV是一种反转录RNA病毒，可通过反转录酶，将其RNA转录为DNA。HIV可在人体外环境中生存，对外界抵抗力弱，对热敏感，在56℃时30min灭活，各种消毒剂对病毒也有良好的灭活作用。

【传播途径】

艾滋病的传播主要通过三个途径：性接触传播（包括同性之间或异性之间的性接触）、经血液传播（包括使用被HIV污染的血液制品、静脉吸毒者共用注射器等）及母婴传播。

【临床表现】

艾滋病的潜伏期一般为2~15年或更长。艾滋病的窗口期（指从感染HIV到形成抗体所需时间）一般为3个月。根据细胞免疫缺陷程度和临床表现的不同，一般将艾滋病分为以下三期。

1. 急性HIV感染　约半数患者在感染2～6周后，可出现非特异性的表现，如发热、出汗、乏力、关节痛，部分可出现皮疹，如斑疹、玫瑰糠疹或荨麻疹。实验室检查白细胞数正常，单核细胞增加，血小板轻度减少。不经治疗可自行缓解，血HIV抗体检查可呈阴性，这段时间称为"窗口期"，此期可持续3个月左右。

2. 无症状HIV感染　常无明显的临床症状及体征，少数有全身淋巴结肿大；血清抗HIV抗体阳性，具有传染性。

3. 艾滋病　是HIV感染的晚期，由于患者的免疫系统遭到破坏，患者极易出现各种机会性感染，引起各系统的疾患。

（1）全身系统性症状：常见的有持续性不规则发热、全身淋巴结肿大、慢性腹泻，并伴有体重下降等。常合并各种条件致病性病原体感染，其中最严重的是卡氏肺孢子菌肺炎；可继发各种恶性肿瘤，最常见的是卡波西（Kaposi）肉瘤；HIV病毒穿过血脑屏障，侵犯脑和脊髓可引起神经症状，较典型的有痴呆综合征，表现为神情呆滞、抑郁、健忘和注意力不集中。本期患者血清中抗HIV抗体阳性，CD4 T淋巴细胞数明显下降。若不治疗绝大多数人的生存期在12～18个月。

（2）皮肤黏膜表现

1）感染性皮肤损害：细菌感染可引起毛囊炎、脓疱疮、蜂窝组织炎、脓肿等；病毒感染引起传染性软疣及寻常疣，以数量多、疣体大为特征，带状疱疹及单纯疱疹也较常见，病情较重，皮疹泛发，常伴有出血及坏死，也可发生严重水痘、尖锐湿疣及其他病毒感染；真菌感染常见的为口腔念珠菌病、浅部真菌病（广泛发生的体股癣、手足癣和多发性甲癣）和深部真菌病（隐球菌、马尼菲青霉及其他深部真菌感染）等。

2）非感染性皮肤损害：红斑鳞屑性损害，以脂溢性皮炎最为常见；银屑病病情加重，皮损分布广泛，治疗顽固。此外还可出现特应性皮炎、光敏性皮炎、玫瑰糠疹、荨麻疹及痤疮样皮损。

3）皮肤肿瘤：卡波西肉瘤是具有特征性的病变，全身皮肤黏膜均可发生，但以躯干、面部多见，亦可见于口腔黏膜。肿瘤可呈斑丘疹、斑块至结节，浅褐色至深紫色。其他可伴发淋巴瘤如霍奇金病及其他恶性皮肤肿瘤如鳞状细胞癌、基底细胞癌、恶性黑素瘤等。

【实验室检查】

1. HIV检查　HIV感染后，无论处于哪一期，要对其进行确诊，必须要以实验室诊断为基础。

（1）病毒分离培养：对诊断有特异性，但昂贵、费时，不能普遍应用。

（2）抗体检测：常用酶联免疫吸附试验（ELISA）和免疫印迹试验。前者敏感性及特异性均好，可做初筛试验，需重复两次阳性，才可确定；后者测定病毒的结构蛋白，特异性很高，常作为确诊试验。

（3）免疫功能的实验室检查：外周血淋巴细胞减少，CD4＜200/mm^3，即可诊断为艾滋病，CD4/CD8＜1（正常人为1.25～2.10）。

2. 条件性感染的病原学诊断　几乎每例艾滋病患者都至少患有一种条件性感染，应根据临床表现进行相应病原体的检查。

【诊断】

1. HIV 感染　受检血清初筛实验及确证实验阳性；
2. 艾滋病确诊患者

（1）HIV 抗体阳性，具有下述任何一项者，可确诊为艾滋病患者：

1）近期内（3～6个月）体重减轻 10% 以上，且持续发热达 38℃ 1个月以上；

2）近期内（3～6个月）体重减轻 10% 以上，且持续腹泻（每天 3～5次）1个月以上；

3）卡氏肺孢子菌肺炎；

4）卡波西肉瘤；

5）明显的真菌或其他条件致病菌感染。

（2）若 HIV 抗体阳性者体重减轻、发热、腹泻症状接近上述第一项标准，且具有下述任何一项时，可为实验室确诊艾滋病患者：

1）CD4/CD8 细胞计数比值小于 1，CD4 细胞计数下降；

2）全身淋巴结肿大；

3）明显的中枢神经系统占位性病变症状、体征，出现痴呆、辨别能力丧失或运动神经障碍。

【治疗】

目前尚无特效疗法，常用治疗方法有：

1. 抗 HIV 病毒治疗

（1）核苷反转录酶抑制剂：如叠氮胸苷（齐多夫定）、双脱氧肌苷、双脱氧胞苷、双氢双脱氧胸苷、3-硫胞苷，以上药物对早期患者能延长存活期。

（2）蛋白酶抑制剂：如沙喹那韦（SQR）、瑞托那韦（RTV）、依地那韦（IDV）、尼非那韦（NFV）。目前采用所谓"鸡尾酒疗法"，即用蛋白酶抑制剂与反转录酶抑制剂联合应用，取得了很好的疗效。

（3）非核苷类反转录酶抑制剂：如奈韦拉定（NVD）、台拉维定（DVD）等。

2. 免疫缺陷的治疗　α-干扰素（IFN-α）、白细胞介素 2（IL-2）、丙种球蛋白、胸腺因子等。

3. 条件性感染的病因治疗　针对各种条件性感染的病原菌，采用相应的药物进行治疗。

4. 卡波西肉瘤的治疗　皮损内注射长春碱、放射治疗、联合化疗等。

【预防】

1. 普及艾滋病防治的基础知识，了解其传播途径、主要临床表现和预防方法。
2. 加强教育，禁止滥交，取缔暗娼，推广安全套的使用。
3. HIV 感染的女性应避免妊娠，所生婴儿应避免母乳喂养。
4. 对血液及血制品进行严格检验。
5. 不共用针头及未消毒的注射器。
6. 积极研制人类免疫缺陷病毒疫苗。

知识链接

艾滋病感染者一般能活多久?

一个健康人从感染上人类免疫缺陷病毒（HIV）到死亡，一般分为三个阶段，第一阶段称为HIV急性感染期，感染后少部分感染者会出现类似流行性感冒的症状，在2~3周内，这些症状会自然消失。

接着，感染者进入第二个阶段，这一阶段被称为无症状期，约占从感染到死亡整个过程的80%时间，这时的感染者被称为HIV携带者。表面上HIV携带者是健康的，与正常人没有区别，只是其体内的免疫系统正在与病毒进行着无形的斗争。HIV每天都摧毁大量的免疫细胞，而骨髓则通过加速生成新的细胞来加以补偿，但是新细胞的补充速度总是赶不上细胞损失的速度。感染者的无症状期持续的时间可长可短，少则2年，多的可达20年。

当体内的免疫细胞已无法与HIV抗衡时，就标志着患者进入HIV感染的最后阶段，称有症状期，这时的感染者被称为艾滋病（AIDS）患者，他们非常容易受到病原体的感染，一些平时根本不会对正常人产生威胁的普通传染病如肺炎等的病原体，一旦进入AIDS患者的机体就会无法控制，AIDS患者一般在6至24个月内死亡。

 思考题

【名词解释】

1．人乳头瘤病毒
2．镶嵌疣
3．带状疱疹后神经痛
4．软疣小体

【简答题】

1．试述水痘和带状疱疹的病因及临床关系。
2．简述疣、鸡眼与胼胝的鉴别诊断。
3．手足口病的病因及临床特点。

（王晓彦）

第五章

细菌性皮肤病

学习目标

1. 说出本章各种细菌感染性疾病的病原体。
2. 了解本章各种细菌感染性疾病的临床表现及治疗原则。

细菌性皮肤病是由球菌如金黄色葡萄球菌和溶血性链球菌、杆菌如类丹毒杆菌及分枝杆菌（麻风杆菌、结核杆菌等）引起的皮肤病。由于菌种、毒力强弱和侵犯机体方式不同，其临床表现亦有差异。临床上，球菌感染性皮肤病很常见，大多起病急、病程短。通常葡萄球菌感染引起脓疱疮、深脓疱疮、毛囊炎、疖、痈；链球菌感染引起丹毒、蜂窝组织炎等，并可诱发肾炎及关节炎等全身疾病。杆菌性皮肤病较为少见，且大多起病缓、病程长，如麻风、皮肤结核及非结核性分枝杆菌皮肤感染。

第一节 脓 疱 疮

【病因及发病机制】

脓疱疮（impetigo）是一种常见的化脓性皮肤病，俗称黄水疮。大多由凝固酶阳性金黄色葡萄球菌引起，亦可由乙型溶血性链球菌引起，两者混合感染也不少见。可自身接种或通过接触传染，在儿童中最为常见，在集体中易造成流行。夏秋季节温度较高、出汗较多和皮肤有浸渍现象时，细菌在皮肤上容易繁殖；患有瘙痒性皮肤病或痱子时，皮肤的屏障作用破坏，均为皮肤化脓感染提供机会。

【临床表现】

1. 寻常型脓疱疮（impetigo vulgaris） 本病常为金黄色葡萄球菌感染或与溶血性链球菌混合感染。传染性强，多见于学龄期儿童，夏秋季高发。好发于暴露部位，如颜面、口周、鼻孔周围及四肢，可继发于痱子、湿疹和瘙痒性皮肤病。初发损害为红色斑点或粟粒至黄豆大的丘疱疹或水疱，迅速变为脓疱，其周有红晕，疱壁薄，易破溃，破后露出红色糜烂面，脓液干燥后形成蜜黄色结痂（彩图5-1）。自觉有不同程度的瘙痒，常因搔抓而不断将病菌接种到其他部位，发生新皮疹，病程迁延。重症者可伴邻近淋巴结肿大、发热、畏寒等全身症状。个别病例可引起败血症或急性肾炎。

发生在新生儿时称新生儿脓疱疮，多由金黄色葡萄球菌感染所致。常见于出生后4～10天的新生儿，发病急骤，传染性强。皮损为广泛分布的多发性大脓疱，疱周有红晕，破溃后

形成红色糜烂面。患儿可伴高热或体温不升、呕吐、腹泻以至衰竭等全身症状。如不及时治疗，常并发毒血症、败血症、肾炎、肺炎等而死亡。

2．深脓疱疮（ecthyma）　又称臁疮，系由β溶血性链球菌所引起，有时与金黄色葡萄球菌合并感染。多见于卫生条件差、营养不良及久病体弱者。昆虫咬伤、搔抓及外伤等也可继发本病。好发于小腿与臀部，皮损数目多少不等。初起为炎性红斑上出现水疱或脓疱，周围绕以红晕，损害逐渐扩大，并向深部发展，中心坏死，表面形成污褐色厚痂，如蛎壳状。剥离痂皮，可形成境界清楚、周边陡峭的碟状溃疡。可自体接种传染，自觉灼痛与瘙痒，常伴有淋巴结肿大，经3～4周后溃疡愈合，遗留瘢痕。治疗不当可使病程迁延，经久不愈。

【诊断】

1．多见于儿童。

2．夏秋两季多见。

3．好发于暴露部位，皮损为脓疱和蜜黄色脓痂。

4．有接触传染和自身接种的特点。

【治疗】

原则为消炎、杀菌、干燥、收敛、防止炎症扩散。

1．局部治疗　首选，可先用1∶2 000小檗碱溶液或1∶8 000高锰酸钾溶液清洗患部，然后外用10%鱼石脂软膏、2%莫匹罗星软膏、1%红霉素软膏等。

2．全身治疗　全身症状明显者应及时内用抗菌药物治疗，必要时根据细菌药敏试验结果选择敏感抗菌药物。一般选择对革兰阳性菌敏感的药物即可，如青霉素类、红霉素类、头孢类、喹诺酮类（18岁以下患者禁用）等。对重症患儿应加强支持疗法，包括输血浆（或全血）。

3．对新生儿脓疱疮，可采用暴露干燥疗法。对深脓疱疮，可先除去痂皮，再涂抗菌药物软膏，以促进溃疡愈合。

【预防】

1．注意皮肤清洁卫生，及时治疗瘙痒性皮肤病。

2．隔离患者，防止接触传染。

3．已污染的衣服用具等，进行消毒处理。

第二节　金黄色葡萄球菌性烫伤样皮肤综合征

【病因及发病机制】

金黄色葡萄球菌性烫伤样皮肤综合征（staphylococcal scalded skin syndrome，SSSS）是由凝固酶阳性、噬菌体Ⅱ组71型金黄色葡萄球菌所致。此菌分泌一种表皮松解毒素，造成表皮剥脱。

【临床表现】

多见于出生后1～5周婴儿。起病突然，首先在头面部发生水肿性红斑，2～3日后迅速蔓延至全身，触痛明显。红斑上起皱褶或为松弛性大疱，尼氏征阳性，稍摩擦表皮即脱落，露出鲜红色糜烂面，似烫伤样。在糜烂处的边缘表皮松弛卷起，手、足皮肤似手套或袜子样剥脱。口腔黏膜、鼻黏膜及眼结膜亦可受累。伴发热、厌食、呕吐、腹泻等全身症状。一般经治疗1～2周内痊愈，重者可合并蜂窝组织炎或败血症、肺炎而死亡。

【诊断】
1. 好发于出生1~5周的婴儿。
2. 弥漫水肿性红斑、松弛性水疱、似烫伤。
3. 全身症状严重。

【治疗】
治疗应及早应用有效抗生素如红霉素类、头孢菌素类等,最好参照细菌药敏试验结果。注意水、电解质平衡,加强支持疗法,如输血等,加强保暖及口腔和眼部的护理。局部应用无刺激性并有收敛、消炎和杀菌作用的药物,如1:2 000小檗碱溶液湿敷,清洁换药。

第三节 毛囊炎、疖及疖病

【病因及发病机制】
毛囊炎(folliculitis)和疖(furuncle)系由金黄色葡萄球菌感染引起的毛囊和毛囊周围炎症。疖的炎症较重、较深,且有毛囊周围炎,多发及反复发作者称为疖病(furunculosis)。糖尿病、肾炎、贫血、维生素缺乏者易发生。疖病的发生可能与机体免疫功能低下,糖尿病等基础病或细菌毒力较强有关。皮肤不洁、搔抓、摩擦、高温潮湿、多汗常为本类疾病发生的诱因。

【临床表现】
1. 毛囊炎 多见于成人。好发于有毛和易受摩擦的部位,特别是头皮、颈部、臀部、外阴部、下肢等处。皮损初起时为针头大红色毛囊性丘疹,中心多有毛发穿过,周围有炎性红晕,散在分布,互不融合。日后形成脓疱,脓疱破裂或拔去毛发之后,可排出少量脓血,结成黄痂。自觉不同程度的瘙痒和疼痛,单个皮损5~7天即可痊愈,一般不留瘢痕,但易复发。有的反复发作,病程迁延者,称为慢性毛囊炎。发生在颈部者,愈后留有瘢痕疙瘩状硬结,称为项部硬结性毛囊炎。发生在须部者,数目多,常融合成浸润性斑块,经久不愈,称为须疮。

2. 疖 好发于头面、发际、颈项部及臀部等。皮损初起为圆锥形毛囊性炎性丘疹,基底有明显炎性浸润,伴有红、肿、热、痛的红色硬节,数日后中央坏死、软化形成脓点,以后发展为脓栓,溃破后排出脓栓、血性脓液及坏死组织,炎症逐渐消退,结疤而愈。重者可伴有发热、全身不适、附属淋巴结肿大等,甚至引起脓毒症或败血症。发生于鼻翼两旁和上唇部者,因此处血管及淋巴管丰富,直接与海绵窦相通,如挤捏,可使细菌沿血行进入海绵窦,形成含菌血栓,可引起颅内感染,常可危及生命。因此,疖肿在未成熟前严禁挤压。疖通常数目不多,仅有单个或数个。若反复发生疖肿,经久不愈,则称为疖病。

【诊断】
本病是由金黄色葡萄球菌感染引起的毛囊化脓性炎症,临床表现为毛囊性丘疹、脓疱,多个皮疹可融合成结节、斑块,伴有破溃、脓液、坏死。根据临床症状易于诊断。

【治疗】
1. 全身治疗 根据病情结合脓培养及细菌药敏试验结果选用敏感性高的抗菌药物。
2. 局部治疗 毛囊炎可外涂2.5%碘酊,也可外用抗菌药物软膏。疖早期未化脓者应热敷,外用10%鱼石脂软膏,晚期成熟损害可切开排脓,局部用凡士林纱条引流。

3. 物理疗法　可选用紫外线、超短波及红外线等,早期应用效果较佳。

第四节　丹　毒

【病因及发病机制】

丹毒(erysipelas)系由β型溶血性链球菌感染所致的急性炎症。病原菌通过皮肤和黏膜的微细损伤侵入组织引起感染,亦可通过污染的器械、敷料、用具等引起传染。如病菌从鼻咽、耳等处侵入常引起面部丹毒。足癣、小腿溃疡或外伤,可诱发下肢丹毒。病原菌可潜伏于淋巴管内,营养不良、酗酒、免疫功能障碍及肾性水肿易促发本病。

【临床表现】

皮疹出现前,患者有全身不适、高热、寒战等先驱症状,数小时后局部出现境界清楚、略高出皮面的鲜红色水肿性斑,表面紧张发亮,严重时可伴水疱,迅速向周围扩大,有明显压痛。患处皮温增高,常伴局部的淋巴管炎及淋巴结炎。多见于单侧面颊及小腿部。病程多为急性经过,若于某处多次复发,称复发性丹毒。多次复发,使局部淋巴管受阻,可形成慢性淋巴水肿,下肢反复发作可导致象皮肿。患者白细胞计数增加,婴儿及年老体弱者可继发肾炎及败血症。皮损消退后可遗留色素沉着(彩图5-2)。

【诊断】

本病为链球菌感染所致急性淋巴管炎症,临床表现为感染部位的水肿性疼痛性红斑,局部皮温升高,往往同时伴有引流区域的淋巴结肿大以及全身症状如发热、外周血白细胞数目升高等。

【治疗】

原则为杀菌消炎,解除全身症状,控制炎症蔓延,防止复发。

1. 全身治疗　一般选择对革兰阳性菌敏感的药物即可,如青霉素类、红霉素类、头孢菌素类、喹诺酮类(18岁以下患者禁用)等。如青霉素,480万U静脉点滴,每日2次;阿奇霉素每日500mg静脉点滴1次;左氧氟沙星每日500mg静脉点滴1次。一般疗程为10~14天。辅以支持疗法,对于高热、全身症状明显者应给予对症处理。

2. 局部治疗　有水疱破溃者可用1∶2 000小檗碱溶液或0.1%依沙吖啶溶液湿敷。如局部有大疱,可用消毒注射器抽出疱液,再用上述药湿敷。应积极治疗局部病灶,如足癣及湿疹等,下肢损害应抬高患肢。

3. 物理疗法　可用超短波、红外线等。

第五节　淋　病

淋病(gonorrhea)是由淋球菌所致的泌尿生殖系统化脓性感染性疾病。主要通过性交传播,并可经血行播散,引起关节炎、心内膜炎、脑膜炎、菌血症,甚至造成不孕或不育。本病潜伏期短,传染性强,是我国目前发病率最高的一种性传播疾病。

【病因】

病原菌为淋球菌,又称淋病奈瑟菌,革兰染色阴性,呈双肾形。淋球菌适宜在35~36℃湿润的环境中生长,不耐干、热和寒冷,干燥环境1~2h死亡,在脓汁中10~24h仍有传染力,离开人体不易生存,一般消毒剂容易将其杀死。

【传染途径】

主要通过不洁性交直接传染。少数通过被淋球菌污染的衣服、床上用品、湿毛巾、浴盆、马桶等物品间接感染，也可通过医务人员的手和器具引起医源性感染。新生儿可通过产道感染。妊娠期女性感染可累及羊膜腔导致胎儿感染。淋病患者是淋病的主要传染源。

【临床表现】

潜伏期一般为2～10日，平均3～5日。

1. 男性淋病　最初淋球菌侵入尿道口黏膜，出现瘙痒及灼热感，尿道口发红、水肿，尿道分泌稀薄黏液（彩图5-3）。1～2天后，症状加剧，出现尿痛、尿急、尿频，夜间为甚。尿道分泌物为黄色黏稠的脓液，晨时分泌物可粘住尿道口，称"糊口"现象。包皮过长者可引起包皮炎、包皮龟头炎，甚至发生嵌顿包茎。少数患者发热、乏力，腹股沟淋巴结肿大，甚至化脓。

2. 女性淋病　症状比男性淋病轻或无症状，故较少就医或被漏诊。女性淋病好发部位为子宫颈，其次为尿道、尿道旁腺及前庭大腺。检查见宫颈充血或轻度糜烂、触痛，阴道脓性分泌物增多。女性尿道炎症状较轻，主要表现为尿道口充血、水肿和脓性分泌物，有轻度尿频、尿急、尿痛，排尿时有烧灼感。前庭大腺受感染时局部红、肿、热、痛，严重时可形成脓肿，伴有发热等全身症状。

3. 儿童淋病　以新生儿眼炎和幼女淋菌性外阴阴道炎多见。前者经产道感染，表现为结膜充血、水肿，有大量脓性分泌物，不经治疗可发展成角膜溃疡、虹膜睫状体炎，导致失明。后者多由间接感染引起，因儿童期阴道上皮较薄、pH偏碱性，易被淋球菌感染，出现外阴及阴道红肿、疼痛，阴道脓性分泌物增多。有时分泌物呈黄绿色，如流至肛门，可感染直肠，导致淋菌性直肠炎。

4. 其他淋病　①淋病性咽炎：见于口交者，主要为急性咽炎或扁桃体炎，咽部红肿、疼痛，咽干不适，有脓液，重者有发热、全身不适及颈淋巴结肿大。②淋菌性肛门直肠炎：多发生在肛交者，表现为肛门红肿、坠胀及灼痛，常有黏液样或脓性分泌物。

由于治疗不及时或不彻底，病变上行蔓延，可产生一系列并发症。在男性，淋病并发症有前列腺炎、精索炎、附睾炎、精囊炎、尿道狭窄，可出现尿频、终末血尿、血性精液、会阴部坠痛等症状。夜间常发生阴茎痛性勃起。若输精管梗阻可导致继发不育。在女性，淋病并发症有淋病性盆腔炎、输卵管狭窄或闭塞，可引起宫外孕或不孕症。播散性淋病少见，是淋球菌通过血行播散至全身，可引起淋菌性关节炎、淋球菌败血症等。

【实验室检查】

1. 直接涂片镜检　取患者分泌物涂片，革兰染色，镜下可见白细胞内或细胞外革兰阴性双球菌。

2. 细菌培养　淋球菌培养是诊断淋病的重要手段。常用的培养基有改良的T-M培养基、巧克力琼脂培养基。根据菌落形态、革兰染色和氧化酶试验进行鉴定。

【鉴别诊断】

1. 淋菌性尿道炎应与以下疾病鉴别

（1）非特异性尿道炎：临床症状与淋病相似，但有明显的诱因，如导尿管等引起的继发感染；分泌物镜检无革兰阴性双球菌。

（2）生殖道沙眼衣原体感染：潜伏期长，症状较轻，分泌物为浆液性稀薄黏液。涂片检查可见白细胞，但胞内无革兰阴性双球菌。

2．淋菌性宫颈炎应与以下疾病鉴别

（1）念珠菌性阴道炎：外阴阴道瘙痒和白带增多，白带呈白色水样或凝乳状；镜检可见菌丝和孢子。

（2）滴虫性阴道炎：阴道瘙痒，白带增多，呈米汤样泡沫状；分泌物涂片可找到滴虫。

（3）细菌性阴道炎：白带增多，呈灰色，均匀一致，有鱼腥味；涂片检查可见多形核白细胞，但涂片和培养查不到淋球菌。

【治疗】

注意休息，避免性交。早期诊断，早期治疗。根据不同的病情采取相应的治疗方法，及时、足量、规则用药。注重多重病原体感染，一般应同时用抗沙眼衣原体药物，性伴如有感染应同时接受治疗。治疗后应进行随访。

1．淋菌性尿道炎、宫颈炎　首选头孢曲松，250mg，一次肌内注射；或大观霉素2g（宫颈炎4g）一次肌内注射；或头孢噻肟1g，一次肌内注射；如果沙眼衣原体感染不能排除，加上抗沙眼衣原体感染药物，如阿奇霉素，1g，一次口服；可同时治疗淋病并发衣原体感染。

2．儿童淋病　体重45kg以上者按成人方案治疗，体重小于45kg者，按以下方案治疗：①大观霉素40mg/kg，一次肌内注射。②头孢曲松125mg，一次肌内注射。

3．淋菌性结膜炎　成人用头孢曲松1g，一次肌内注射；或大观霉素2g，一次肌内注射。新生儿用头孢曲松25～50mg/kg（总量不超过125mg），单次静脉或肌内注射；或大观霉素40mg/kg，一次肌内注射。局部用生理盐水每小时冲洗1次，冲后再用0.5%红霉素或1%硝酸银液滴眼。

4．有并发症淋病　用头孢曲松250mg，或大观霉素2g，或头孢噻肟1g，每日肌内注射1次，连续10天。

【治愈标准】

症状体征完全消失，尿液清晰，前列腺按摩液或宫颈分泌物涂片和培养连续2次阴性，为治愈。

【预防】

1．加强宣传教育，严禁嫖娼卖淫。

2．使用安全套，可使淋球菌感染发病率降低。

3．性伴同时治疗。

4．注意个人卫生与隔离，患者不与家人、小孩，尤其女孩睡同一张床、同浴。不公用毛巾、浴巾。

5．执行新生儿硝酸银溶液或其他抗生素液滴眼的制度，防止发生淋菌性眼炎。

第六节　类丹毒

【病因及发病机制】

类丹毒（erysipeloid）是由猪类丹毒杆菌引起的皮肤急性感染。人主要通过接触带菌的猪肉或鱼类感染本病，从事屠宰、渔业、兽医等职业者较易感染，日常生活中可因洗鱼切肉时被鱼刺扎伤或外伤而感染。

【临床表现】

多发生于手指及腕部，一般在外伤后1～3日发病。局限型为最常见的一型，在病菌侵入处皮肤肿胀，出现境界清楚的紫红斑，红斑渐向周围扩展，中央部分消退，边缘微隆起而成环状。表面可有水疱形成，病损直径一般不超过10cm。自觉灼热或微痛。指关节因肿胀、疼痛活动受限。病损不化脓，消退后可遗留色素沉着斑。本病多无全身症状，一般在2～4周内可自然痊愈。有时病损呈游走性，红斑一面消退，一面又可出现，蔓延整个手部，使病程拖延数月之久。

【诊断】

根据外伤后（多有鱼类、肉类接触史）出现外伤部位边界清楚的紫红斑，常发生在手指、不伴有明显的自觉症状即可诊断。

【治疗】

首选青霉素，致病菌对其高度敏感。对青霉素过敏者，可选用头孢菌素类、红霉素类、四环素类或磺胺类药物等。局部外用10%鱼石脂软膏等同时加强个人防护。

第七节　皮肤结核

【病因及发病机制】

皮肤结核（tuberculosis cutis）是由结核杆菌所致的慢性皮肤病。本病可为人型结核杆菌或牛型结核杆菌所致。感染途径为结核杆菌通过皮肤和黏膜轻微损伤处直接感染或由体内器官及组织已存在的结核病灶经血行、淋巴系统或直接扩散到皮肤。由于感染结核杆菌的数量、毒性、传染途径及发病方式的不同，特别是机体抵抗力的不同，本病的临床表现各异。

【临床表现】

1. 寻常狼疮（lupus vulgaris） 是最常见的类型。多见于儿童及青年，可由邻近组织的结核病灶蔓延至皮肤或因淋巴引流及血源感染所致，少数由外界侵入。基本损害初起为粟粒至豌豆大褐红色小结节（狼疮结节），逐渐增大增多，相互融合成片。结节柔软，可用探针刺入（探针贯通现象）。用玻片压诊时可呈褐黄色或苹果酱色，为诊断特征之一。结节可破溃，形成浅表性溃疡，其边缘不整，基底有少量稀薄脓液，可结成污褐色薄痂。溃疡愈后留有萎缩性瘢痕，以后在瘢痕上又可复发新的结节，再破溃形成溃疡（彩图5-4）。病程呈慢性，常在中央结疤愈合，而边缘又继续发展，使损害面积不断扩大。一般无自觉症状。本病易侵及颜面，以颊部、鼻翼、口周及耳郭为常见，也可侵及鼻唇黏膜，常因瘢痕收缩使眼睑外翻、鼻尖破坏、口角偏斜及口唇缩小等出现毁容面貌。发生于四肢者可致瘢痕形成甚至关节变形。皮损长期不愈者可继发鳞状细胞癌。

2. 疣状皮肤结核（tuberculosis verrucosa cutis） 为结核杆菌直接感染皮肤所致，由于患者对结核杆菌有较强的免疫力，因此皮损以疣状增生为特点，且病变发展较慢，病程可达数年至数十年，多见于手背、指背、臀部及小腿等暴露部位。皮损初起为黄豆大暗红色小结节，质硬，基底部有明显浸润，表面粗糙，呈疣状或乳头状隆起，逐渐融合成斑块，并向周围扩展，形成中央萎缩性瘢痕，边缘呈疣状隆起，周围有红晕，呈"三廓现象"（彩图5-5）。

3. 颜面播散性粟粒狼疮（lupus miliaris disseminatus faciei） 患者以青年及中年多见，对称发于颜面，特别是眼睑周围、颊部及鼻附近。基本损害为直径1～2mm、孤立散在或相互融合的结节，呈淡红色、紫色或淡褐色，质软，表面光滑呈半透明状，下眼睑部的结节常排列成堤状（彩图5-6）。玻片压诊呈苹果酱色。探针贯穿现象可阳性。病程缓慢，经2～3年后可自愈留有小瘢痕。以往认为系血行播散的皮肤结核，但皮损中往往查不到结核杆菌，有的患者经结核治疗无效，结核菌素试验常为阴性，因此对本病是否为皮肤结核，目前尚有争论。

4．硬红斑（erythema induratum） 目前大多认为是一种结核性血管炎，多见于中青年女性，常与其他内脏结核并发。好发于小腿屈面，分布对称，数目不多，基本损害为豌豆至蚕豆大的皮下结节，渐增大与皮肤粘连，呈暗红或紫色，不高出皮面，触之较硬，微压痛。结节可3～4个月后自行消退，遗留色素沉着和皮下组织萎缩。少数可软化破溃，形成深在性不规则坑穴并伴以陡峭或潜行性溃疡，流出稀薄淡黄色干酪样脓液。溃疡经久不愈，愈后可遗留萎缩性瘢痕，并且易反复发作，病程可持续多年。

【实验室检查】

1．组织病理学检查 各种类型皮肤结核的组织病理变化为典型的结核结构，即由聚集成群的上皮样细胞及朗汉斯巨细胞组成的结节，周围绕以致密的淋巴细胞浸润，中央可见干酪样坏死等构成的结核性肉芽肿。硬红斑可见小叶性脂膜炎改变，并常伴有血管炎。

2．结核菌纯蛋白衍生物（purified protein derivative，PPD）及结核感染T细胞斑点试验（即T-spot试验）可用来测定对结核菌的免疫力。若呈阳性反应，说明曾有过结核菌感染或已建立免疫力。我国大多数人接种过卡介苗，PPD试验在成年人中临床意义不大。若呈强阳性反应往往说明体内存在活动性结核灶。年龄愈小，意义亦愈大。若呈阴性也不能完全排除结核感染，细胞免疫功能受损时可呈假阴性。T-SPOT技术是利用结核杆菌感染者外周血单个核细胞中存在结核特异性T细胞，这些淋巴细胞在受到结核特异性抗原刺激后分泌γ干扰素（IFN-γ）而设计的T细胞免疫斑点试验。T-SPOT在诊断结核感染方面具有良好的敏感性和特异性，且不受机体免疫状态的影响。阳性结果说明患者体内存在针对结核杆菌的效应T淋巴细胞，阴性结果提示患者可能不含针对结核杆菌的效应T淋巴细胞。

3．胸部X线透视或摄片以检查有无肺结核。

【诊断】

根据各型皮肤结核的皮损特点、组织病理学检查以及实验室检查容易明确诊断。

【鉴别诊断】

1．寻常狼疮与盘状红斑狼疮鉴别。后者为颜色鲜红或紫红的斑丘疹或斑块，表面有固着鳞屑及毛囊口扩大，内含角栓。组织病理学检查可见表皮基底细胞液化变性，真皮浅层及深层血管周围灶性淋巴细胞浸润，无结核性肉芽肿。

2．疣状皮肤结核与着色芽生菌病鉴别。后者皮损好发于下肢及足部，常有外伤史，分泌物和活检组织中可查到棕色厚壁孢子。

3．颜面播散性粟粒狼疮与酒渣鼻鉴别。后者多发于两颊、鼻端、额部及下颌等部，伴毛细血管扩张，呈弥漫性潮红。

4．硬红斑与结节性红斑鉴别。后者发病较急，结节好发于小腿伸侧，对称性，皮疹呈鲜红色，疼痛明显，不破溃，常伴有关节痛。

【治疗】

早期、足量、规则及联合应用抗结核药，以保证疗效，防止耐药，疗程至少半年以上。

1．抗结核药 ①异烟肼：每日1次300mg顿服，副作用为肝损害和神经炎，用量较大时，宜同时服用维生素B_6。②异烟腙：毒性较低，每次0.5g，每日2～3次。③链霉素：每次 0.5g，每日 2 次肌内注射，或每日 1g，一次肌内注射。注意该药对听神经的损害。④利福平：每日早饭前 1h 顿服 0.45g。⑤乙胺丁醇：每日 1 次 750mg 顿服。常采用 2～3 种药联合应用，服药时间不少于 6 个月。

2. 局部疗法　对寻常狼疮及疣状皮肤结核，外用 1% 链霉素软膏、5% 对氨基水杨酸钠软膏或 15% 异烟肼软膏。

第八节　非结核性分枝杆菌病

非结核性分枝杆菌（non-tuberculous mycrobacteria，NTM）是指结核分枝杆菌复合群和麻风分枝杆菌以外的所有其他分枝杆菌。既往曾称非典型分枝杆菌，目前统一称为非结核性分枝杆菌。

【病因及发病机制】

NTM 广泛存在于土壤、尘土、海水、河水及污水中。NTM 感染多见于肺部及皮肤软组织感染，传播途径主要为吸入或经伤口进入，局部和全身免疫防御机制遭到破坏时即可发病。引起人类发病的 NTM 有十多种，临床标本中最常见的是鸟分枝杆菌复合群。与结核分枝杆菌比较，NTM 的毒力及致病力均较低，属于机会性感染。NTM 进入体内后，机体对其进行的免疫反应主要为细胞免疫，组织细胞对 NTM 进行吞噬、破坏，同时淋巴细胞浸润、释放多种细胞因子，形成肉芽肿样反应。

【临床表现】

NTM 感染多见于皮肤软组织和肺部。不同 NTM 感染后形成的临床症状各不相同，一般来讲，NTM 感染都有"慢、冷、轻"的特点，"慢"指发病过程缓慢，病程较长；"冷"指皮损及其周围皮肤皮温无明显升高；"轻"指一般全身症状及局部症状轻微。但在免疫受损的患者中，也可发生血行播散型 NTM 感染。

1. 海分枝杆菌感染

也称游泳池肉芽肿（彩图 5-7），是由海分枝杆菌直接接种引起的慢性皮肤肉芽肿。常见于接触海水、鱼类的人群。临床表现为手指手背、前臂及上臂等部位的感染性肉芽肿，多为单侧肢体受累，感染潜伏期 2～3 周。最初损害是孤立的丘疹、结节，缓慢扩大，可以破溃形成有痂的溃疡或疣状外观斑块，可单发或沿淋巴管播散，如呈孢子丝菌病样表现。局部淋巴结可轻度肿大，一般不会破溃。皮疹临床症状不明显，无明显自觉症状。

2. 龟-偶发分枝杆菌复合群感染

主要包括龟分枝杆菌与偶发分枝杆菌感染，此复合群为速生群，形态学相似，感染的临床表现相似。龟-偶发分枝杆菌复合群感染可见于医源性感染，往往与注射、创伤和手术器械污染有关，表现为局部疼痛的结节、脓肿、溃疡、窦道或蜂窝织炎。好发于肢端背侧，愈后多留瘢痕。

3. 脓肿分枝杆菌感染

皮肤感染时，皮损早期常表现为红斑、肿块，晚期可发展为局限性和多发性脓肿。在艾滋病、器官移植等细胞免疫功能低下的患者中，能引起全身播散性感染，且预后较差。

4. 鸟-胞内分枝杆菌（MAC）感染

MAC 广泛存在于自然界，通常感染胃肠道和呼吸道。MAC 致病性较低，可定植于人体而不发病，免疫低下的患者容易发生 MAC 肺部感染，类似肺结核。

【实验室检查】

皮损印片或组织液抗酸染色可发现抗酸杆菌，但阳性率不高；分枝杆菌培养阳性是诊断 NTM 感染的"金标准"；用分子生物学方法检测分枝杆菌 DNA 正在成为 NTM 感染快速而准确的方法。

【组织病理】

组织病理学改变与结核性肉芽肿很相似，常出现角化过度和表皮增生。早期损害：真皮为非特异性炎症反应，主要是淋巴细胞、中性粒细胞及组织细胞；陈旧皮损：真皮肉芽肿反应，有时达到皮下组织，呈典型的结核样结构，可见上皮样细胞及朗汉斯巨细胞，但无干酪样坏死。在抗酸染色的组织切片中，有时可发现较结核杆菌长而粗的抗酸杆菌，菌多在组织细胞内，但数目很少。脓肿分枝杆菌感染还可见组织中脓肿形成。

【诊断及鉴别诊断】

根据外伤史、临床特点、组织病理、抗酸染色不难诊断本病。对病原体进行培养鉴定是最好的诊断方法，但耗时较长。最新发展的分子生物学诊断方法可对非结核性分枝杆菌病进行快速诊断，如 PCR、RFLP 等。

鉴别诊断包括疣状皮肤结核、孢子丝菌病、慢性脓皮病、深部真菌病、利什曼病等。

【治疗】

药物治疗是非结核性分枝杆菌病的主要治疗方法，药物选择取决于正确的菌型鉴定及药物敏感试验结果。海分枝杆菌对主要抗结核药物尚敏感，推荐利福平 + 乙胺丁醇联合方案，还可加用复方磺胺甲基异噁唑，疗程 3～6 个月；脓肿分枝杆、菌龟 - 偶发分枝杆菌对喹诺酮类抗生素、大环内酯类抗生素敏感。

非药物治疗包括外科手术治疗清除局限性病灶或局部热疗。

第九节　麻　风

【病因及发病机制】

麻风（leprosy）是由麻风杆菌引起的慢性传染病。主要侵犯皮肤、黏膜、周围神经。晚期可造成畸形和残废。麻风杆菌在光镜下观察呈小棒状或稍弯曲，长 2～6μm，宽 0.2～0.6μm。抗酸染色呈红色，常聚集成束状或球团样。麻风杆菌排出体外后，在日光下直接照射 2～3h 可丧失繁殖力，在阴暗潮湿环境中可生存数日。麻风杆菌离体培养迄今尚未成功。

麻风患者是麻风杆菌的天然宿主，也是本病唯一的传染源。与患者长期密切接触时，病原菌可通过破损的皮肤、黏膜进入人体。人对麻风杆菌有不同程度的易感性，人体感染麻风杆菌后是否发病以及发病后表现的类型和预后，取决于个体免疫力的强弱。儿童、年老体弱者，尤其细胞免疫缺陷者易被传染。在我国麻风的发病率已显著下降。

【临床表现】

临床上根据麻风病免疫力由大到小、麻风杆菌由少到多、组织病理学由上皮样细胞肉芽肿逐步向泡沫细胞肉芽肿移行的顺序进行分类。1962 年 Ridley 等主要依据机体免疫状态提出五级分类法，分为结核样型麻风（tuberculoid leprosy，TT）、界线类偏结核样型麻风

（borderline tuberculoid leprosy，BT）、中间界线类麻风（borderline leprosy，BB）、界线类偏瘤型麻风（borderline lepromatous leprosy，BL）、瘤型麻风（lepromatous leprosy，LL）及未定类麻风（indeterminate leprosy，I）。为了便于基层联合化疗，根据皮肤涂片查菌结果可将上述分型简化为多菌型麻风和少菌型麻风两大类，并据此采取不同的治疗方案。

感染后潜伏期多数 2～5 年，较短者数月，较迟者超过 10 年。

1. **结核样型麻风（TT）** 好发于四肢、面部、肩部和臀部等易受摩擦部位。皮肤损害有斑疹和斑块，斑疹呈圆形或椭圆形，数目仅有 1～2 块，边缘清楚，略高于皮面，有轻度色素减退或发红，表面有少量鳞屑（彩图 5-8）。皮损处有明显的浅感觉障碍，温、痛、触觉减弱以至消失。闭汗，毳毛脱落。周围神经只有 1～2 条受累，常为单侧，粗大，呈梭状、结节状或条索状，质硬有触痛。由于神经营养不良，运动障碍，易出现畸形。尺神经受累出现大小鱼际和骨间肌萎缩，形成"爪手"；正中神经受累可致"猿手"；桡神经受累可致"垂腕"；面神经受累可致"兔眼"。查菌阴性，麻风菌素试验为强阳性。

2. **界线类偏结核样型麻风（BT）** 皮疹分布较广，好发于面部、躯干及四肢，但不对称。皮损数目比 TT 多，呈淡红或暗红色，界清。有的斑块中央有"打洞区"，该区皮肤无浸润，外观大致正常。感觉障碍较 TT 轻，出现稍迟。眉毛一般不脱落。受累神经粗大较硬。查菌阳性（+～++），麻风菌素试验为弱阳性。

3. **中间界线类麻风（BB）** 皮疹特点为多形性和多色性。有斑疹、斑块、浸润性损害，呈红色、棕黄色、棕褐色等。有的皮损边缘部分不清楚，有带状、蛇行状或不规则形；有的损害呈红白相间的环状或多环状，形似"靶形斑"。损害数目较多而广，多不对称。感觉障碍比 TT 轻，比 LL 重。眉睫毛常不脱落，内脏可受累。查菌阳性（++～++++），麻风菌素试验为阴性。

4. **界线类偏瘤型麻风（BL）** 损害有斑疹、丘疹、结节、斑块和弥漫性浸润，皮疹较小而多，分布广，对称倾向，多呈红色或黄褐色，表面光滑，边缘多不清楚。感觉障碍表现轻、出现较迟。眉睫毛可脱落，常不对称，常有内脏受累。受累神经粗大，均匀一致，质较软，对称，畸形出现晚。查菌强阳性（++++～+++++），麻风菌素试验为阴性。

5. **瘤型麻风（LL）** 皮损数目多、分布广泛而对称，浸润性结节和斑块，边缘模糊不清，融合倾向，表面光滑发亮，呈红黄色、棕黄色。双小腿可出现鱼鳞病样或蛇皮样损害。眉毛脱落对称，重者脱光。面部皮肤弥漫性增厚，鼻唇及耳垂肥厚变大，结节和深在性浸润混融形成"狮面"样外观（彩图 5-9）。感觉障碍出现较晚。受累神经对称，粗大均匀，质软，有内脏受累。查菌强阳性（+++++～++++++）。麻风菌素试验为阳性。早期预后良好，晚期可致残。

6. **未定类麻风（I）** 是各类麻风的早期表现，但无各型麻风的典型特点，未列入"五级分类"中，皮损为浅色斑、红斑或褐色斑，可有轻度感觉障碍，可发展为各型麻风。

各类型麻风可互相转化，TT 和 LL 麻风其免疫力处于两个不同的极端，一般均稳定不变。只有极少数患者在一定条件下由于免疫力的变化 TT 和 LL 可以互相转化。TT 和 LL 均可演变为 BB。BB 的免疫力处于中间状态，稳定性一般较差，可在不同条件下向两极型演变。多数演变成 LL。LL 在长期适当的治疗后，尤其在免疫力提高时，可表现出 BB 的特点。此外，一部分 I 和 TT 可自愈。I 亦可长期不发生演变，但多数演变为 TT。各类麻风互相转化如图 5-1 所示：

麻风反应是在麻风病的慢性过程中，不论治疗与否，突然出现症状加重，使原有皮损和

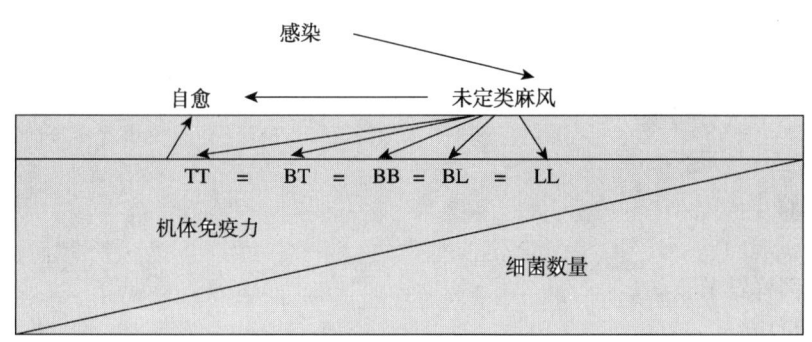

图 5-1 各类麻风互相转化示意图

神经损害加剧,出现新的皮疹,可伴有发热、全身不适、关节酸痛等全身症状。麻风反应是由药物、感染和各种刺激等因素引起的一种变态反应,麻风杆菌常可增多。

【实验室检查】

1. 组织病理学检查　TT主要表现为真皮小血管及神经周围有上皮样细胞浸润,抗酸染色常查不到麻风杆菌;LL表现为表皮与真皮间有一狭窄的无浸润带,真皮内含有泡沫细胞肉芽肿,抗酸染色显示泡沫细胞内有大量麻风杆菌。

2. 麻风杆菌检查　各型麻风病查菌数量与其临床表现相对应。

【诊断】

对麻风的诊断必须慎重,除非有足够的证据,否则切勿轻易确诊。在麻风发生神经不可逆性损伤之前,早期诊断治疗是及时中断传染、防止畸残发生的关键。麻风的诊断要点包括:①经久不退的皮损伴有明显的感觉障碍;②周围神经粗大伴有相应的神经功能障碍;③皮肤组织液涂片可查到麻风杆菌;④组织病理学的特异性变化。与麻风皮疹相似的皮肤病甚多,因此非常容易造成麻风的误诊及漏诊,临床上需要特别注意。

【治疗】

应采取早期、及时、足量、足程、规则治疗的原则。及时正确处理麻风反应,注意防止耐药性产生,一般采用联合化疗。

1. 联合化疗　世界卫生组织推荐的联合化疗方案是①多菌型麻风:利福平600mg,每月1次,监服;氯法齐明300mg,每月1次,监服,同时每日50mg自服;氨苯砜(dapsone,DDS),每日100mg自服。疗程至少24个月或直至皮肤查菌转阴。②少菌型麻风:利福平600mg,每月1次监服;氨苯砜每日100mg自服。疗程6个月。

2. 免疫疗法　在联合化疗的基础上加用免疫疗法,作为辅助治疗。如转移因子、左旋咪唑、植物血凝素及卡介苗等。

3. 麻风反应处理　发现后要及时迅速处理,减轻患者疼痛,防止畸形,尽快去除诱发麻风反应的原因。常用沙利度胺、糖皮质激素及抗组胺类药物等。

【预防】

1. 建立麻风病防治网,在麻风病流行区大力宣传、普及麻风病防治知识,开展流行病学调查,力争早发现、早治疗。

2. 对流行区儿童、患者家属及密切接触者定期体检,必要时用化学药物预防或接种卡介苗。

【名词解释】

1．PPD 试验
2．苹果酱样结节
3．麻风反应
4．疖病

【简答题】

1．发生在面部危险三角区的疖应注意什么？
2．麻风杆菌进入体内是否发病取决于什么？
3．麻风病分为几类？
4．皮肤结核的感染途径是什么？

（李厚敏）

第六章

真菌性皮肤病

学习目标

1. 说出本章各种真菌感染性疾病的病原菌。
2. 熟悉真菌感染性疾病的实验室诊断方法。
3. 掌握头癣的临床表现及治疗原则；了解该病的传播方式，以此为基础制定合理的预防措施。
4. 掌握手足癣的分型、临床表现及治疗原则。

真菌病（mycosis）是由致病真菌感染引起的疾病。分浅部真菌病和深部真菌病两大类。由皮肤癣菌感染表皮角质层、毛发和甲板所引起的疾病称浅部真菌病，占真菌病的90%以上。深部真菌病主要侵犯真皮和皮下组织及内脏器官，虽发病较少，但对人体的危害较大，甚至危及生命。近年来由于广谱抗生素、糖皮质激素、免疫抑制剂及抗肿瘤药物等的普遍应用，器官移植及各种导管插入等诊疗技术的开展，深部真菌感染逐渐增多，已引起医学界的重视。

第一节 头 癣

【病因及发病机制】

头癣（tinea capitis）是由皮肤癣菌引起的头皮和毛发的感染，可分白癣、黑癣、黄癣和脓癣四种（表6-1）。通过与患者或患病动物（猫、狗、牛、羊等）密切接触直接传染，也可由污染的理发工具、帽子、头巾、枕巾等物品间接传染。主要发生于少年儿童，成人少见。

感染的皮肤癣菌孢子到达头皮后，在表皮角质层内发芽，逐渐伸长、分枝、分隔，在毛囊口聚集繁殖大量菌丝。菌丝伸入毛囊，在头皮下几毫米处穿入毛发，并在发内或发外继续向下生长。皮肤癣菌具有溶解角质的能力，能消化角蛋白，随感染的头发外生长，亦可将真菌带出毛囊。皮肤癣菌感染毛发视菌种的生长方式分为发外型（真菌发外生长形成菌鞘）、发内型（真菌毛干内生长导致脆弱易断）及黄癣型（发内分节菌丝，导致毛干干灰无光或弯曲）。

【临床表现】

1. 白癣（tinea alba） 主要由小孢子菌属感染引起，最常见的致病菌为犬小孢子菌。好发于学龄前儿童。开始在头皮上出现微红色毛囊性丘疹，逐渐扩延，形成数个散在分布的圆

形灰白色鳞屑斑。局部毛发失去光泽，在出头皮2～5mm处折断，外围绕以真菌孢子形成的菌鞘（彩图6-1）。自觉有不同程度痒感，至青春期可以自愈，愈后不形成瘢痕。

表6-1 四种头癣鉴别表

主要特征	白癣	黑点癣	黄癣	脓癣
病原菌	犬小孢子菌、铁锈色小孢子菌、须癣毛癣菌、石膏小孢子菌等	紫色癣菌、断发癣菌、红色毛癣菌	许兰毛癣菌	犬小孢子菌、石膏样小孢子菌、铁锈色小孢子菌、鸡禽类小孢子菌、须癣毛癣菌等
传染源	病猫、病狗、患者	患者、理发用具、帽、枕巾等	同黑癣	同白癣
发病年龄	少年、儿童、成人罕见	少年、成人罕见	儿童、成人	儿童，老年人罕见
皮损特点	白色鳞屑斑，周围见卫星状小片白斑	炎性丘疹，头皮处见黑点	丘疹、脓疱、蝶形黄癣痂、臭脓痂	扁平隆起斑块，毛囊性脓疱，流脓
病发特征	近头皮毛周白鞘，出头皮2～5mm折断	出头皮处折断呈黑点状	粗糙、无光泽，参差不齐	松动，易拔出，亦可见断发
自觉症状	轻度瘙痒	轻痒或不痒	剧痒	轻度疼痛或不痛
并发症	体癣、脓癣	体癣，偶见脓癣	细菌感染，偶见体癣	细菌感染，变态反应，癣菌疹
真菌与病发关系	发外成堆的小孢子	发内链状孢子	发内孢子，菌丝	发内、发外小孢子
Wood灯检查	亮绿色荧光	无荧光	暗绿色荧光	同白癣或无荧光
预后	青春期可自愈，不留瘢痕	偶见点状瘢痕	留瘢痕或无瘢痕	留瘢痕

2. 黑点癣（tinea nigra） 由毛癣菌属感染引起，主要致病菌有断发毛癣菌和紫色毛癣菌等。主要发生于儿童，成人亦可受累。初起为散在点状鳞屑斑，病发出头皮即折断，留下残发在毛囊口部，形如黑点，故有黑点癣之称（彩图6-2）。自觉瘙痒，至青春期可自愈。

3. 黄癣（tinea favosa） 由许兰毛癣菌感染引起。主要见于儿童，青少年和成人也可发生。初起局部为红斑点，头皮发炎潮红，脱屑，以后形成以毛发为中心的碟形黄痂，称黄癣痂，痂中间有毛发贯穿。痂下呈凹陷糜烂面，常伴鼠臭味。毛发无光泽，折断少，病久毛囊可萎缩，毛发脱落，形成永久性萎缩瘢痕及秃发，中央可残留散在正常毛发（彩图6-3），自觉局部有轻度瘙痒。若继发细菌感染可伴发热、局部淋巴结肿大。除头皮外，黄癣菌也可侵犯平滑皮肤和甲板。

4. 脓癣（kerion） 多为亲动物和亲土性皮肤癣菌（如犬小孢子菌等）感染所致，多见于儿童。开始常表现为白癣，少数表现为黑癣，以后发展为脓癣，亦有开始即为脓癣。皮损呈局限性圆形扁平隆起的肿块，表面有多数毛囊性脓疱，炎症明显，质柔软，压之在毛囊口有脓液流出（彩图6-4）。毛发松动易拔出，自觉有轻度疼痛，愈后可留瘢痕和秃发。

【实验室检查】
1. 直接镜检　白癣可见发外成堆小孢子；黑点癣见发内链状孢子；黄癣可见发内菌丝，黄癣痂可见鹿角状菌丝及大小不等的孢子；脓癣可在发内或发外找到孢子。
2. 真菌培养　可确定致病菌。

【诊断】
头癣的诊断主要根据临床表现、真菌直接镜检及滤过紫外线（Wood灯）检查即可确诊。

【治疗】
1. 综合疗法　采用服、擦、洗、剃、消"五字"疗法。口服灰黄霉素，成人每日0.6～0.8g，分3～4次饭后服用，儿童15～20mg/(kg·d)，连续服用3～4周。白天可外用各种抗真菌药物，晚上温肥皂水洗头，擦干后病变部外用2.5%碘酊。每10天理发或剃头1次。治疗期间戴白色布帽，枕巾经常煮沸消毒。服药3～4周后进行真菌镜检，如为阳性需要继续口服抗真菌药物治疗，如为阴性，可以停止口服药物，继续外用药物进行治疗。之后每2～3周检查真菌一次，连续3次阴性为治愈，服药期间应注意灰黄霉素的副作用。
2. 对服用灰黄霉素有不良反应或过敏者，可改用其他药物如伊曲康唑治疗，成人每日200mg，儿童3～5mg/(kg·d)，饭后立即服用，疗程4～6周，6岁以下儿童慎用。特比萘芬成人每日250mg；儿童体重小于20kg，每日62.5mg；体重20～40kg，每日125mg。疗程4～6周。还可选用氟康唑3～6mg/(kg·d)，疗程3周。
3. 脓癣患者除口服抗真菌药物外，还应给予抗细菌药物，如阿奇霉素等。必要时可配合泼尼松5～10mg，日服3次，短期口服。皮损局部可用0.1%依沙吖啶溶液或3%硼酸溶液湿敷，外用抗细菌、抗真菌制剂。

【预防】
1. 消灭传染源，积极治疗患者，发现带病畜禽及时处理，患儿的污染物要彻底消毒，病发应烧毁。
2. 加强卫生宣传和管理，对在托儿所、幼儿园、小学校等集体生活的患儿最好暂时隔离。对理发业要加强管理，用具应及时消毒。

第二节　体癣和股癣

【病因及发病机制】
体癣（tinea corporis）是皮肤癣菌感染除头皮、毛发、掌跖、甲板以外的平滑皮肤的疾病。股癣（tinea cruris）实际上是体癣的一种特殊类型，只是发生于腹股沟、会阴、肛门及臀部。体癣或股癣主要是由人与人、人与带病动物直接接触，或间接接触被污染的衣物等而造成传染。

【临床表现】
1. 体癣　开始皮损为针头大小的丘疹、丘疱疹或小水疱，由中心逐渐向周围扩展蔓延，形成环形或多环形，边缘隆起，中央炎症较轻，伴脱屑或色素沉着（彩图6-5）。自觉有不同程度瘙痒，病久者因长期搔抓，可形成湿疹样改变或继发细菌感染。可发生于任何年龄，以青壮年男性多见，常夏季发作或加重，冬季好转或消退。
2. 股癣　发生于股内侧上部，可单侧或双侧发生。初期损害与体癣相同，由于局部潮湿，易摩擦，下侧边界多清楚，瘙痒重，亦可向臀部发展（彩图6-6）。冬季可缓解或自然消退，夏季易复发或加重。

体癣、股癣如果外用糖皮质激素治疗，虽然在短期内有止痒效果，但会导致皮损扩大，不易辨认，称难辨认癣。此时需认真检查，可以注意到皮损有一弧形及活动性的边缘。

【实验室检查】

1. 真菌镜检　可见真菌菌丝。

2. 真菌培养　确定致病菌。

【诊断】

体股癣易于诊断，皮损表现为环形红斑，边界清楚活动，可见丘疹、鳞屑；真菌学检查阳性即可确诊。

【治疗】

1. 局部治疗　可选择的外用抗真菌药物很多，如咪唑类药物，包括3%克霉唑霜、2%咪康唑霜、2%酮康唑霜、2%益康唑霜、1%联苯苄唑、2%舍他康唑霜等；丙烯胺类药物，包括1%萘替芬霜、2%特比萘芬霜、1%布替萘芬霜；其他，如2%利拉萘酯霜、2.5%阿莫罗芬霜、2%环吡酮胺软膏等。每天外用1~2次，疗程2~4周。

2. 系统治疗　皮损广泛或单用局部治疗不能奏效者，可选用口服特比萘芬、伊曲康唑或氟康唑。

第三节　手　足　癣

【病因及发病机制】

手癣（tinea manus）和足癣（tinea pedis）是由皮肤癣菌感染掌、跖和指（趾）间皮肤所致的常见皮肤病。好发于成人，主要是通过接触传染，公共浴池洗澡，穿公用拖鞋，穿用患者鞋、袜、手套、浴巾、擦脚布等均易传染。部分患者是由手癣或足癣自身传染的。

知识链接

癣菌疹

由于原发真菌感染灶释放的真菌抗原经血流带至皮肤，可引起全身变态反应性损害。如某些患者足部真菌感染性皮疹严重时，会出现双侧手指、手掌对称性水疱性损害，伴有剧痒，手部真菌学检查为阴性。癣菌疹的治疗原则包括治疗原发真菌感染、抗组胺治疗，皮疹广泛严重时还可短期加用糖皮质激素治疗。

【临床表现】

1. 足癣　根据临床表现可分为四型。①水疱型：皮损以小水疱为主，成群或散发，疱壁厚，疱液清，见于足跖和趾间。自觉瘙痒剧烈，数天后疱液自行吸收，形成脱屑，可继续扩展，并易继发细菌感染。②丘疹鳞屑型：临床最多见，以趾间丘疹脱屑为主。可由水疱型或浸渍糜烂型演变而来，边缘清楚，表面覆小片状鳞屑，自觉瘙痒。③浸渍糜烂型：以趾间糜烂、角质层浸渍发白为主，表皮易擦破，露出红色糜烂面。易继发细菌感染而出现恶臭味。④角化过度型：一般病程较长，多累及整个足跖及足跟，局部角质增厚、脱屑、干燥，冬季足跟及足缘易发生皲裂（彩图6-7）。

2. 手癣　皮损表现与足癣大致相同（彩图6-8），但分型不如足癣明显。损害多限于一侧，初起于虎口部位皮肤，日久可累及整个手掌，并且从一个手掌发展到双手掌，自觉症状多不明显。

【实验室检查】

1. 真菌镜检　可见真菌菌丝。
2. 真菌培养　确定致病菌。

【诊断】

根据临床表现并结合真菌学检查，手足癣的诊断常不困难，需要与湿疹、汗疱疹、神经性皮炎、掌跖二期梅毒疹以及掌跖脓疱疮等进行鉴别。

【治疗】

1. 局部治疗　首选，可外用各种抗真菌药物（具体见本章第二节），疗程要长，一般需要4～6周。对角化过度型应辅助外用角质剥脱剂，如水杨酸软膏、尿素霜等。对浸渍糜烂型应辅助外用抗真菌散剂，如咪康唑散剂等。如足癣伴发细菌感染应先控制细菌感染再抗真菌治疗；如果足癣湿疹化应选择一些复方制剂同时进行抗真菌和抗过敏治疗，如曲安奈德益康唑霜。

2. 系统治疗　对单纯外用药物治疗无效，或角化过度型手足癣，可考虑给予口服抗真菌药物治疗，目前常用特比萘芬、伊曲康唑或氟康唑。

第四节　甲真菌病

【病因及发病机制】

甲癣（tinea unguium）俗称"灰指甲"，是由皮肤癣菌感染所致甲板和甲床的感染，另外还有酵母菌、其他丝状真菌所引起的甲感染，称甲真菌病（onychomycosis）。甲真菌病常继发于手、足癣，局部外伤亦是发病因素之一。

【临床表现】

甲癣临床上可分远端侧缘甲下型、近端甲下型、全营养不良型和白色浅表型。前三型往往形成角蛋白碎屑堆积于甲下，使甲变厚、不平、翘起，甲板与甲床分离，前缘不齐甚至全甲破坏。最后一型是真菌从甲面侵入，甲面见白色浑浊斑，甲变形、增厚、变脆（彩图6-9）。轻者1～2个，重者可数甲受损。一般无自觉症状，病程长，可多年不愈，偶可伴发甲沟炎。

【实验室检查】

1. 真菌镜检　可见真菌菌丝或孢子。
2. 真菌培养　确定致病菌。

【诊断】

根据甲板增厚、分离、变色等症状，真菌学检查阳性即可确诊。

【治疗】

1. 局部治疗　对远端侧缘甲下型和白色浅表型可选用30%冰醋酸、10%水杨酸软膏、2.5%～5%碘酊等，每日2次外用；也可外用5%阿莫罗芬甲擦剂，每周1次。每次用药前应先修刮病甲，以利药物渗入。亦可用30%～50%尿素软膏或15%水杨酸软膏封包病甲，使病甲软化脱落，继续用抗真菌药物外涂，直至新甲生成。

2. 系统治疗　近端甲下型、全营养不良型或局部治疗无效者，可内服伊曲康唑，采用间歇冲击疗法，每月第一周服药，每次 200mg，每日两次，指甲癣 2～3 个冲击，趾甲癣 3～4 个冲击。或特比萘芬 250mg/d，疗程指甲 6 周，趾甲 12 周。或氟康唑每周 150～300mg，连用 3～9 个月。注意药物副作用及药物相互作用。

第五节　花 斑 癣

【病因及发病机制】

花斑癣（tinea versicolor）也称花斑糠疹（pityriasis versicolor），俗称"汗斑"，是由马拉色菌引起皮肤角质层的感染。

本病的病原菌包括球形及糠秕马拉色菌，这是一种嗜脂的真菌，能分泌脂酶，将脂质分解为脂肪酸，为自身的合成代谢提供必需的营养，菌体进一步繁殖。故此菌主要存在于正常人体皮脂腺丰富的部位。

【临床表现】

多见于成人，男性多于女性，儿童亦可在面部发病。初起为豆大圆形斑疹，表面有糠秕状鳞屑，呈淡红色，以后变为棕色或淡棕色。由于该菌可使黑色素细胞产生黑色素功能受到影响，因而皮损出现色素减退，又称寄生性白斑，短期内不易消退（彩图 6-10）。一般无自觉症状，出汗时有微痒，皮损主要发生在胸背、颈部。夏季加重，冬季缓解。

【实验室检查】

1. 直接镜检　可见成群圆形孢子及短棒状菌丝。
2. Wood 灯检查　皮损部呈黄色荧光。

【诊断】

根据好发于皮脂溢出部位，夏季高发，皮损呈淡红色、棕色或浅色斑，上覆糠秕状鳞屑，真菌学检查阳性易于诊断。

【治疗】

1. 局部治疗　首选，可外用各种抗真菌药物，用药同体癣、股癣。对比较泛发的皮损，可以采用 2% 酮康唑香波连续沐浴 5 天。
2. 系统治疗　对于花斑癣同时合并毛囊炎或局部治疗无效者，可选用酮康唑、伊曲康唑或氟康唑口服治疗，注意口服特比萘芬对此病无效。

第六节　念珠菌病

【病因及发病机制】

念珠菌病（candidiasis）是由念珠菌属中的某些致病菌种引起的皮肤黏膜和内脏的原发或继发感染。念珠菌是条件致病菌，其中以白念珠菌毒力最强，也最常见，约占 80% 以上。

【临床表现】

1. 鹅口疮　是念珠菌感染最常见的一种表现。新生儿多见，口腔黏膜出现奶油白到灰色的薄膜，易擦掉，擦去后形成糜烂面，亦可侵犯舌、咽、上腭、齿龈（彩图 6-11），自觉疼痛。

成年鹅口疮临床表现与婴儿相似，常与使用广谱抗生素、免疫抑制剂、糖皮质激素相关，亦可见于艾滋病患者。

2．生殖器念珠菌病　糖尿病、抗生素治疗及妊娠等可导致妇女外阴、阴道念珠菌病，表现为外阴潮红肿胀，自觉瘙痒，抓后可形成糜烂；阴道内黏膜可见乳白色薄膜附着，红肿糜烂，白带多呈黏稠或凝乳状。

念珠菌性龟头或包皮炎常由配偶念珠菌性阴道炎所传染，可见龟头包皮潮红、浅糜烂、丘疹、脱屑或见乳白色乳酪样斑片（彩图6-12），自觉瘙痒或无症状。

3．擦烂性念珠菌病　可原发或由其他病灶蔓延而来。最常见于腋窝、乳房下、腹股沟、指趾间、脐部，新生儿或婴儿常发生于尿布区、腹股沟、颈部、腋下。皮损表现为红斑基础上的糜烂、渗出，边缘呈扇形，周围有卫星状丘疹、脓疱、鳞屑。本病的易感因素包括糖尿病、肥胖、慢性酗酒或由于各种因素导致的潮湿浸渍等。

4．系统性念珠菌感染　由于广谱抗生素、糖皮质激素与免疫抑制剂的长期应用以及糖尿病、恶性肿瘤、艾滋病等因素，近年深部念珠菌感染呈上升趋势。如感染呼吸系统，可见咳嗽、咳黏稠痰，痰中有小的灰白色凝乳块或薄片，或痰呈胶状，严重者可有咯血、高热。X线胸片可见絮状阴影及肺纹理变粗。若侵犯消化道，可发生食管炎及肠炎，表现为吞咽困难、嗳气、呃逆、慢性腹泻，大便呈水样或豆渣样，泡沫较多，偶有血便，时有轻度腹痛。

【实验室检查】

1．**真菌镜检**　可见芽生孢子或假菌丝。

2．**真菌培养**　可确定致病菌菌种。

【诊断】

所有患者的确诊必须有真菌学检查的阳性结果。根据存在易感因素，皮损表现为丘疹、鳞屑、白色膜状物、糜烂等，系统性念珠菌感染有相应的内脏器官受累表现，结合真菌镜检及培养的结果容易诊断。

【治疗】

1．**一般治疗**　避免和去除一切诱发因素，保持皮肤干燥清洁，注意饮食营养，给予大量B族维生素。

2．**浅部念珠菌感染**　皮肤念珠菌感染可外用各种抗真菌药物，同体癣、股癣。口腔念珠菌感染可口含克霉唑片或制霉菌素片，可应用0.02%氯已定液漱口。阴道念珠菌感染可外用克霉唑片、制霉菌素栓、咪康唑栓等。

3．皮肤或黏膜感染较严重者或深部感染者可系统应用两性霉素B、伊曲康唑或氟康唑等。

【预防】

1．合理应用糖皮质激素、广谱抗生素和免疫抑制剂。

2．有机体免疫功能低下者，应及时体检，发现感染及早处理。

3．积极治疗诱发感染的疾病。

第七节　孢子丝菌病

【病因及发病机制】

孢子丝菌病（sporotrichosis）是由申克孢子丝菌引起的皮肤、皮下组织感染。该菌常腐生于植物、木材、土壤等处。皮肤受外伤后接触被该菌污染的物质则可造成感染。

申克孢子丝菌是一种广泛存在于自然界的腐生菌。当孢子丝菌由损伤处进入组织，即可引起局部化脓性病变。当机体的免疫力强，损害局限于侵入部位附近，表现为固定型孢子丝菌病；有些则沿淋巴管蔓延呈带状分布，系淋巴管型孢子丝菌病；也有少数由血液播散全身，引起系统型孢子丝菌病。

【临床表现】

多发于青壮年，农民、矿工、造纸工人、园艺工人等。我国东北多见。好发于四肢和面颈部，皮损呈皮下结节、疣状增生或暗红色浸润性斑块，局部挤压可有少量分泌物（彩图6-13）。可沿淋巴管蔓延，出现成串排列的皮下结节称淋巴管型；皮损固定不扩散，称固定型；皮损泛发，经血液播散造成多器官受累者，称播散型。

【实验室检查】

1. 直接镜检　一般为阴性。
2. 真菌培养　分泌物或活检组织真菌培养可为阳性。

【诊断】

根据局部外伤史、外伤部位出现化脓性损害，也可沿淋巴管播散，真菌培养为申克孢子丝菌病即可确诊。鉴别诊断包括其他真菌病、皮肤结核、非结核性分枝杆菌感染等。

【治疗】

首选碘化钾，成人口服10%碘化钾溶液，每次10ml，每日3次，以后可增多至每日60～90ml，亦可用饱和碘化钾溶液或碘化钾片。儿童量可掌握在成人的1/2～2/3。皮损消退后维持治疗4周。妊娠妇女、肺结核或对碘化钾过敏者不宜应用。亦可选用伊曲康唑（100～200mg/d）、特比萘芬（250～500mg/d）、氟康唑（200～800mg/d）等，连续用3～6个月。局部可用热疗（温度在43～45℃）或液氮冷冻以及手术切除等。

第八节　着色芽生菌病

【病因及发病机制】

着色芽生菌病（chromoblastomycosis）是由一组暗色真菌所致的慢性肉芽肿性皮下组织真菌病。我国常见的致病菌有卡氏枝孢霉、裴氏着色霉、紧密着色霉和疣状瓶霉，这些真菌常腐生于木材、土壤、杂草等处，通过皮肤损伤感染。我国山东及河南较多见，患者主要见于成年男性农民。

【临床表现】

皮损好发于暴露部位，病程很长，几年或几十年不等。开始为硬性丘疹或结节，无自觉症状，逐渐扩大成疣状斑块，表面覆鳞屑或痂，其下有稀薄脓性分泌物。皮损中央可形成瘢痕，损害向周围扩展，有时损害呈结节状沿淋巴管播散（彩图6-14）。继发感染可形成脓肿、窦道、溃疡，严重者可造成畸形。有的致病菌如外瓶霉可侵犯骨骼、肌肉等处，于严重病例造成血行播散可损害多脏器。

【实验室检查】

1. 直接镜检　可见棕色厚壁孢子。
2. 真菌培养　可确定致病菌菌种。

【诊断】

根据皮肤外伤史、外伤部位出现慢性发展的增殖性皮疹、自觉症状轻微、真菌学培养阳性即可确诊，皮肤病理学检查对诊断亦有帮助。鉴别诊断包括其他真菌病、皮肤结核、非结核性杆菌感染等。

【治疗】

对小面积者可行手术切除、电灼、激光、微波、冷冻等，亦可采用热疗（温度在50～60℃），晚期及面积较大或有其他器官组织感染者，可选用5-氟胞嘧啶、两性霉素B、伊曲康唑（200～400mg/d）、特比萘芬（500mg/d）等，连续3～12个月。

本病宜早期诊断、早期治疗。

 思考题

【名词解释】

1．浅部真菌病

2．难辨认癣

3．黄癣痂

4．菌鞘

【简答题】

1．真菌病的临床分类。

2．浅部真菌病发病率高的主要因素有哪些？

3．试述灰黄霉素综合疗法。

（晁 青）

第七章 螺旋体、衣原体所致皮肤病

学习目标

1. 掌握梅毒的分期及各个时期的临床表现。
2. 熟悉梅毒的治疗原则。
3. 了解梅毒的实验室检查方法、临床意义判定。
4. 了解生殖道沙眼衣原体感染的病原学、传染途径、临床表现及治疗原则。

第一节 梅 毒

梅毒（syphilis）是由梅毒螺旋体引起的一种全身性、慢性性传播疾病。本病表现复杂，早期主要侵犯皮肤和黏膜，晚期可侵犯内脏器官。患梅毒的孕妇可通过胎盘传染胎儿，导致胎儿早产、死产和胎传梅毒儿。近年来，我国梅毒发病率呈持续上升趋势，要抓紧做好梅毒的防治工作。

【病因及发病机制】

病原体为梅毒螺旋体（treponema pallidum），由于它无色透明，一般染色不易着色，故又称苍白螺旋体，为细长螺旋形微生物，长 6~14μm，宽 0.2μm，有 8~20 个螺旋。临床上常用暗视野显微镜进行检查并观察其外形和状态。梅毒螺旋体在体外不易生存。干燥、阳光照射、肥皂水和一般消毒剂很容易将其杀死。但在潮湿的环境中，可存活数小时。在100℃立即死亡，但耐寒力强，在 0℃可存活 48h，在 -78℃数年仍有传染性。至今对梅毒的免疫学机制还了解不多，临床症状的发展与抗体的产生相平行，早期梅毒中所产生的抗体对患者无保护性免疫力。

【传染途径】

1. 性接触　约 90% 以上梅毒患者是由性接触传染。未经治疗的患者在感染一年内传染性最强，之后随着病期的延长，传染性越来越小。

2. 胎传　患梅毒的孕妇可通过胎盘使胎儿感染梅毒。感染一般发生在妊娠 4 个月以后，胎盘传染主要发生在患早期梅毒的孕妇。

3. 其他　接触患者污染的衣物、输血或经器械有时也可感染。

【梅毒的分期】

梅毒可根据传染途径的不同分为后天获得性梅毒与胎传（先天）梅毒，又可根据其感染

时间分为早期梅毒和晚期梅毒。

1. **获得性梅毒** 可分为早期和晚期梅毒。早期梅毒传染性强，病期在两年内，包括一期、二期和早期潜伏梅毒；晚期梅毒传染性弱，病期两年以上，如心血管梅毒和神经梅毒、晚期潜伏梅毒等。

2. **胎传梅毒** 无一期梅毒症状，其他同获得性梅毒。早期胎传梅毒年龄小于2岁，晚期胎传梅毒年龄大于2岁。

【临床表现】

一、获得性梅毒

（一）一期梅毒

主要表现为硬下疳（chancre），又称梅毒初疮。潜伏期一般为2～4周，发病部位男性常见于阴茎、冠状沟、龟头及包皮，女性好发于大小阴唇和子宫颈，同性恋男性常见于肛门或直肠等处。也可发生于口唇、乳房、手指等处。硬下疳初为米粒样浸润性丘疹，2～3天内逐渐增大形成硬结，硬结表面糜烂破溃形成溃疡，硬如软骨，无疼痛及压痛，溃疡边缘整齐，周围隆起，基底平坦，上有少许分泌物，内含大量梅毒螺旋体，传染性很强，此期患者为梅毒的重要传染源（彩图7-1）。典型的硬下疳呈圆形或椭圆形，常为单发，直径1～2cm，亦可多发。硬下疳出现1周后，单侧腹股沟淋巴结呈无痛性、非化脓性肿大，以后另一侧也肿大，表面皮肤正常，互不融合，能活动，称为梅毒性横痃。此时梅毒血清开始呈阳性反应。如不治疗一般经2～6周自愈。如经正规抗梅毒治疗则迅速消退。

（二）二期梅毒

二期梅毒一般发生在感染后7～10周，或硬下疳出现后6～8周。梅毒螺旋体先经淋巴系统播散，引起全身无痛性淋巴结肿大，继而进入血液循环，形成梅毒螺旋体血症，播散至全身，引起皮肤黏膜损害，表现为二期梅毒疹。少数患者累及骨骼、神经系统及内脏器官。

1. **前驱症状** 由于发生梅毒螺旋体血症，二期梅毒早期可发生全身症状，主要有发热、全身不适、头痛、咽喉痛、头晕、乏力、全身肌肉酸痛，间有恶心、呕吐等类似流感样综合征，持续3～5天。

2. **皮肤黏膜损害**

（1）皮肤损害：形态多种多样，以斑疹性和丘疹性梅毒疹最常见。皮损主观症状轻微。

1）斑疹性梅毒疹：为最早出现的二期梅毒疹（彩图7-2），数目多，皮疹泛发，好发于胸腹、双肋部及四肢内侧。呈圆形或椭圆形，直径0.5～2cm，皮疹孤立散在不融合，淡红色。一般数日、数周后可自行消退。

2）丘疹性梅毒疹：较斑疹出现稍晚。损害为0.5～1cm半球形浸润丘疹，少许鳞屑，色深呈紫铜色，损害多，不融合，好发于躯干两侧、腹部、四肢屈侧、掌跖等处，对称分布。无自觉症状。皮疹具有多形性，可与玫瑰糠疹、银屑病、扁平苔藓、药疹等其他皮肤病相似。具有特征性的为掌跖处皮疹，表现为暗红色斑丘疹，上有领口状脱屑（彩图7-3）。另一特征性的损害是扁平湿疣，好发于皱褶多汗的部位如肛周、外阴、腹股沟等，为湿润的丘疹或斑块，类似尖锐湿疣样，但表面光滑，其分泌物中含大量螺旋体，传染性很强（彩图7-4）。

3）脓疱性梅毒疹：较少见，皮疹常广泛分布全身，见于营养不良者、艾滋病者等。

4）梅毒性白斑：较少见，好发于女性颈部，为1～2cm网状淡色斑，境界不甚清楚。

5）梅毒性虫蚀状或网状脱发及甲损害。

（2）黏膜损害：常与皮肤损害伴发。

1）梅毒性咽炎：咽和喉部弥漫性潮红、充血，扁桃体可肿大，累及声带时出现声音嘶哑，甚至完全失音。

2）黏膜斑：口腔黏膜部出现扁平、圆形糜烂面，边缘清楚，表面有湿润灰白色伪膜，含大量梅毒螺旋体，传染性极强。损害单发或多发。

二期梅毒疹如未经治疗或治疗不足，可自然消退。但当螺旋体活力增强或机体免疫力降低时，皮疹又可再发，称复发性二期梅毒疹。其皮疹有一定的特异性：数目少，分布不对称，排列形状奇异，可为环形、弧形、匐行状或花边状；皮疹的破坏性较原发疹为大，好发于前额、口角、颈部、外阴、掌跖处。这些特点，有助于了解梅毒分期和病程，对判断预后和选择治疗方案很重要。

（三）三期梅毒

早期梅毒治疗或治疗不充分，经过了3～4年（最早2年，最晚20年）40%患者发生三期梅毒。在皮肤损害中，很难找到梅毒螺旋体，传染性较弱或无传染性，其特点为损害数目少，破坏性大，分布不对称，愈后遗留萎缩性瘢痕，常见的皮肤损害有结节性梅毒疹、梅毒性树胶肿及近关节结节。

1．结节性梅毒疹　多发生于感染后3～4年内。为铜红色结节，成群不融合，呈环形、蛇形和星形，破溃后基底凹凸不平，边缘呈堤状，愈后留有羊皮纸样瘢痕。常见于头部、背部及四肢伸侧。

2．梅毒性树胶肿　亦称梅毒瘤。出现时间较晚，初为皮下结节，增大后中心坏死，形成边缘锐利的溃疡，分泌带血性树胶样脓液。常单发，好发于头、面及小腿，进展缓慢，达数月或数年。

3．近关节结节　少见，为发生于肘、膝、髋关节附近的皮下结节，对称分布，表面肤色正常。

三期梅毒的黏膜损害好发于口腔、鼻腔及舌部。树胶肿可致上腭、鼻中隔穿孔或鞍鼻，还可侵犯心血管系统引起主动脉炎（瘤）、主动脉瓣闭锁不全等。神经系统如麻痹性痴呆、脊髓痨等。

（四）神经梅毒

梅毒螺旋体常侵犯神经系统，早期梅毒未能及时、正规和足量的治疗可以导致神经梅毒的发生。神经梅毒分为无症状神经梅毒、脑膜梅毒、脑膜血管梅毒、实质性神经梅毒和神经系统树胶肿。无症状神经梅毒可分为早期（从感染梅毒到5年内发病）和晚期（5年后发病）。一般未经治疗的无症状神经梅毒患者23%～87%可发展为临床神经梅毒。脑膜梅毒可表现为发热、头痛、恶心、呕吐、颈项强直、凯尔尼格征阳性、视盘水肿、突发性可逆性神经性耳聋、癫痫、失语、偏瘫等症状。脑膜血管梅毒实质是脑膜血管的梅毒性动脉内膜炎，造成动脉梗死，使脑组织缺血和软化。常突然出现头痛、头晕、失眠、记忆力减退、情绪异常等，继而出现偏瘫、失语、癫痫等。若血管病变主要发生在脊髓，常常表现为无力和腿部感觉异常，进而出现下肢轻瘫或截瘫，大小便失禁，腿部感觉异常，小腿痉挛无力，受损水平以下感觉丧失和尿潴留等。实质性梅毒可表现为癫痫发作、偏瘫、失语、下肢闪电痛、感觉异常或感觉减退、腱反射消失、肌张力降低、尿潴留性尿失禁和阳痿等；精神表现为智能障碍、个性改变、痴呆、夸大妄想、欣快，部分表现为抑郁。神经系统树胶肿可表现为颅内占位病变,其特征是出现新生物、脑脓肿或结核瘤样症状;也可表现为脊髓受压,可出现截瘫、大小便失禁,受损以下部位感觉消失等。

(五)心血管梅毒

发生率为10%,多在感染后3~20年发生,表现为单纯性主动脉炎、主动脉瓣关闭不全、冠状动脉狭窄、主动脉瘤及心肌树胶肿等。

二、胎传梅毒

(一)早期胎传梅毒

多在出生后3个月以内出现症状,患儿出生时发育差、营养不良,呈小老人貌。常有发热等全身症状及皮肤损害,传染性强。损害好发于口周、臀部、掌跖等处。发生在口周或肛周者,常呈放射状皲裂,愈后留有放射状瘢痕。黏膜损害主要是鼻黏膜肿胀、糜烂,重者发生溃疡或坏死,鼻中隔破坏形成鞍鼻。此外梅毒还可侵犯骨骼、内脏等,导致全身淋巴结肿大(彩图7-5)。

(二)晚期胎传梅毒

多在2岁以后发病。除与获得性三期梅毒相同外,还有以下特征。①基质性角膜炎:表现怕光、流泪、角膜浑浊、睫状体充血,甚至失明。②神经性耳聋:突然发生听力障碍,甚至耳聋。③楔状齿:切牙切缘中央呈半月状短缺,上宽下窄,牙体短而厚呈圆柱状,牙间隙增宽(彩图7-6)。还包括鼻或腭树胶肿、胫骨骨膜炎、马鞍鼻、前额圆凸、佩刀胫、胸锁关节骨质肥厚、口腔周围皮肤放射状皲裂等。

【实验室检查】

梅毒的实验室检查包括梅毒螺旋体检查、梅毒血清学试验和脑脊液检查。

1. 梅毒螺旋体检查

(1)暗视野显微镜检查:对早期诊断具有重要价值,特别是一期梅毒。方法:在皮损处用玻璃片刮取组织渗出液或淋巴结穿刺液,涂片用暗视野显微镜检查,见有活动的梅毒螺旋体即可确诊。

(2)免疫荧光染色:用异硫氰荧光素(fluorescein isothiocyanate,FITC)标记的抗梅毒螺旋体IgG抗血清,用早期梅毒损害分泌物涂片,加入Y荧光显微镜下观察见螺旋体呈绿色荧光为阳性。

(3)涂片或病理切片银染色:可显示内脏器官、皮肤损害和分泌物中的梅毒螺旋体。

2. 梅毒血清试验

(1)非梅毒螺旋体抗原血清试验:临床上常用的有性病实验室玻片试验(venereal disease research laboratory test,VDRL)、不加热血清反应素试验(unheated serum reagin,USR)和快速血浆反应素试验(rapid plasma reagin,RPR)等。这些试验都是以心磷脂等为抗原,作为筛查试验,虽然敏感性高,但由于抗原为非特异性,因此特异性低,且易发生生物学假阳性,不能以此作为确诊试验。目前一般作为梅毒快速筛选试验,亦作为定量试验,观察疗效、复发及再感染。

(2)梅毒螺旋体抗原血清试验:用活的或死的梅毒螺旋体来检测抗梅毒螺旋体抗体。常用的试验有:①荧光螺旋体抗体吸收试验(fluorescent treponemal antibody absorptionest,FTA-ABS);②梅毒螺旋体血凝试验(treponema pallidum hemagglutinationassay,TPHA)。为确诊试验,这种试验是检测血清中抗梅毒螺旋体IgG抗体,即使患者经过足够治疗,仍能长期存在,甚至终身不消失,血清反应持续阳性,因此,不能用于观察疗效。

临床上，一般先用非梅毒螺旋体抗原血清反应（USR或RPR）作筛选检查，如果阴性，即可排除梅毒，如果阳性，进一步作确诊试验；若确诊试验阳性，并且病史及体征符合梅毒者，即可确定诊断。一些自身免疫性疾病和感染性疾病如系统性红斑狼疮、钩端螺旋体病、丝虫病、活动性肺结核等可出现梅毒血清反应阳性，被称为梅毒血清生物学假阳性反应。

3. 脑脊液检查

（1）脑脊液检查指征：①早期梅毒治疗12个月；②病期不明的梅毒患者，或晚期有神经系统症状的梅毒或潜伏梅毒患者，治疗前应做脑脊液检查；③随访梅毒患者时有临床复发或血清复发者；④未经治疗的梅毒，病期超过2年者；⑤神经梅毒治疗后。

（2）脑脊液检查。①细胞计数：白细胞数若大于10×10^6/L，提示中枢神经系统有炎症；②蛋白量测定：总蛋白量大于0.5g/L（正常为0.1～0.4g/L），有时高达1.0～2.0g/L，且无其他引起这些异常的原因；③抗心磷脂抗体试验：VDRL试验阳性，部分神经梅毒可呈阴性反应。

【治疗】

1. 早期梅毒（一期、二期、早期潜伏梅毒）

推荐方案：苄星青霉素G 240万U，分两侧臀部肌内注射，每周1次，共3周；或普鲁卡因青霉素G，每日80万U，肌内注射，每日1次，连续15日。

替代方案：头孢曲松1g，肌内注射或静脉给药，连续10日。

首次应用青霉素治疗后有的患者出现吉海（Jarisch-Herxheimer）反应，这是由于螺旋体被青霉素杀死后释放出异种蛋白所致。多在用药后3～12h出现，表现为流感样症状，如发热、头痛、关节痛、全身不适，皮损可暂时加重。一般24h缓解，不需特殊处理。但心血管梅毒患者可发生心绞痛、主动脉破裂、神经梅毒显著恶化而导致死亡。为减轻吉海反应，可在治疗前口服小剂量泼尼松，每日15～30mg，分次口服，抗梅毒治疗后2～4日停用。

对青霉素过敏者可选用：①盐酸四环素500mg，每日4次，口服，连服15日（肝、肾功能不全者禁用）。②多西环素100mg，每日2次，口服，连服15日。③红霉素，用法同四环素。

2. 晚期梅毒及二期复发性梅毒（包括晚期潜伏梅毒）

（1）青霉素：①苄星青霉素G，240万U，分两侧臀部肌内注射，每周1次，连续3周。②普鲁卡因青霉素G，80万U，每日1次，肌内注射连续20日为一疗程。也可根据情况停药，2周后进行第2个疗程。

（2）对青霉素过敏者可选用：①盐酸四环素500mg，每日4次，口服，连服30日（肝、肾功能不全者禁用）。②多西环素100mg，每日2次，口服，连服30日。③红霉素，用法同四环素。

3. 心血管梅毒　水剂青霉素G，首日10万U，每日1次，肌内注射，次日10万U，每日2次，肌内注射；第三日20万U，每日2次，肌内注射；自第四日用普鲁卡因青霉素G，80万U，肌内注射，每日1次，连续15日为一个疗程，总量1 200万U，共两个疗程，疗程间停药2周。心血管梅毒患者不用苄星青霉素G。对青霉素过敏者药物选择同晚期梅毒。注意心功能治疗。

4. 神经梅毒

推荐方案：水剂青霉素G，每日1 800万～2 400万U，静脉滴注（300万～400万U，每4h1次），连续10～14日。继以苄星青霉素G 240万U，每周1次，肌内注射，共3次。或者普鲁卡因青霉素 G，每日 240 万 U，分次肌内注射，同时口服丙磺舒，每次 0.5g，每日 4 次，共 10～14 日；必要时，继以苄星青霉素 G，每周 240 万 U，肌内注射，共 3 次。

替代方案：头孢曲松，每日 2g，肌内注射或静脉注射，连续 10～14 日。

对青霉素过敏者药物选择同晚期梅毒。

5．妊娠梅毒　在妊娠早期，治疗是为了使胎儿不受感染；在妊娠晚期，治疗是为了使受感染的胎儿在分娩前得到治愈，同时也治疗孕妇。

推荐方案：在初孕 3 个月内及产前 3 个月，各肌内注射普鲁卡因青霉素 G，每日 80 万 U，连续 15 日；或者苄星青霉素 G，240 万 U，分两侧臀部肌内注射，每周 1 次，共 3 次。

替代方案：对青霉素过敏者，选用红霉素（禁用四环素），用法和剂量与非妊娠者相同，但其所生婴儿应该用青霉素再治疗，因为红霉素不能通过胎盘。

孕妇治疗后每月做一次非梅毒螺旋体抗原血清学定量，观察有无复发或再感染。

6．胎传梅毒　早期胎传梅毒：①脑脊液正常者用苄星青霉素 G，每次 5 万 U/kg，分两侧臀部肌内注射，如无条件检查脑脊液，可按脑脊液异常进行治疗。②脑脊液异常者，水剂青霉素 G，每日 10 万～15 万 U/kg，出生后 7 日以内的新生儿，每次 5 万 U/kg，静脉注射，每 12h1 次；出生 7 日以后的婴儿，每 8h1 次，直至总疗程 10～14 日。或普鲁卡因青霉素 G 每日 5 万 U/kg，肌内注射，每日 1 次，疗程 10～14 日。

晚期胎传梅毒：普鲁卡因青霉素 G 每日 5 万 U/kg，肌内注射，连续 10 日为一个疗程（青霉素用量不超过成人同期患者）。对青霉素过敏者，可用红霉素治疗，每日 7.5～12.5mg/kg，分 4 次口服，连服 30 日。8 岁以下儿童禁用四环素。

【预防】

1．加强对梅毒防治知识的宣传。

2．早期发现一期梅毒，早期彻底治疗，防止播散。

思考题

【名词解释】

1．扁平湿疣

2．吉海反应

【简答题】

1．梅毒血清学试验有哪些？它们在梅毒诊断中的作用是什么？

2．生殖道沙眼衣原体感染的临床表现是什么？

3．莱姆病的临床表现是什么？

第二节　生殖道沙眼衣原体感染

生殖道沙眼衣原体感染（genital chlamydial infection）是常见的性传播疾病。

【病因及发病机制】

由沙眼衣原体通过性接触感染男性尿道、女性尿道与生殖道引起。沙眼衣原体感染泌尿生殖道的主要病理改变是慢性炎症，造成组织损伤，可形成瘢痕。

【临床表现】

多发于性活跃期的青壮年，男性多于女性，潜伏期10～20天，起病较缓，时轻时重，病程较长，可持续数月之久。

1．男性衣原体性尿道炎 尿道炎症状较淋病轻，典型表现为尿道刺痒，伴有轻重不一的尿频、尿痛、尿道灼热感和排尿困难，尿道口轻度红肿，有稀薄黏液性分泌物。晨起时明显，在内裤上可见污渍。

2．女性衣原体性泌尿生殖道炎 症状不明显或无症状。当引起尿道炎时，有尿频和排尿困难，但无尿痛症状或仅有很轻微的尿痛，可有少量尿道分泌物。若感染主要在宫颈时，阴道白带多，阴道及外阴瘙痒，宫颈水肿、糜烂，并有下腹坠胀不适等症状，常被误诊为一般妇科病。只有从子宫颈管内取材进行实验室检查才得以确诊。

3．并发症 多因治疗不当或未治疗引起。男性常见的有急性附睾炎、慢性前列腺炎及尿道狭窄。女性并发症有子宫内膜炎和输卵管炎，继发不孕，部分患者可有前庭大腺炎、阴道炎、盆腔炎和肛周炎。

【实验室检查】

1．培养法 沙眼衣原体培养阳性。

2．抗原检测 酶联免疫吸附试验、直接免疫荧光法或免疫扩散试验检测沙眼衣原体抗原阳性。

3．抗体检测 血清抗体水平升高（大于1∶64），见于沙眼衣原体附睾炎、输卵管炎。

【鉴别诊断】

生殖道支原体感染 系由解脲脲原体和生殖支原体感染引起，人型支原体与非淋菌性尿道炎无明显相关性，其临床表现与生殖道沙眼衣原体感染相似，诊断通常根据高危性行为史、典型临床表现及支原体培养结果等综合判断。

【治疗】

本病须早期、及时治疗，足量、规则用药。

阿奇霉素1.0g顿服；或多西环素100mg，每日2次，连服7～10日；或米诺环素100mg口服，每日2次，连服10日；氧氟沙星300mg，口服，每日2次，连服7～10日；红霉素0.5g，每日4次，口服，连服7～10日；四环素0.5g，每日4次，口服，连服7～10日。孕妇禁用四环素类和喹诺酮类，可服用红霉素500mg，口服，每日4次，连服7日；或阿莫西林500mg，每日3次，连服7日。

【随访】

治疗完成以后一般无需进行微生物学随访，有下列情况时考虑微生物学随访：①症状持续存在；②怀疑再感染；③怀疑未依从治疗；④无症状感染；⑤红霉素治疗后。

判愈试验的时间安排：抗原检测试验为疗程结束后2周，核酸扩增试验为疗程结束后3～4周。

在患者出现症状或确诊前的2个月内所有性伴均应接受检查和治疗。患者及其性伴在完成疗程前（单剂量方案治疗后的7日内，或7～10日治疗方案完成前）应避免性行为。

第八章

寄生虫、昆虫及其他动物所致皮肤病

 学习目标

1．了解寄生虫、昆虫及其他动物所致皮肤病的发病机制。
2．了解本章各种疾病的临床表现及治疗原则。

由于某些动物寄生于皮肤或叮咬等所引起的皮肤病称动物性皮肤病。常见的有螨、蜂、蚊、蠓、虱、蜱、臭虫、蝇蛆、蝎、蛇及隐翅虫等所引起的疾病。

第一节　丘疹性荨麻疹

【病因及发病机制】

丘疹性荨麻疹（papular urticaria）又名急性单纯性痒疹、虫咬皮炎，是以散在或群集风团样丘疹伴瘙痒为主要表现的一种炎性皮肤病。主要发生于婴幼儿和青少年，与昆虫（臭虫、跳蚤、虱、蚊、螨等）叮咬有关。

【临床表现】

本病以春、夏、秋季多见，好发于儿童及青少年。以腰部、臀部和下肢多见，典型皮损为鲜红色纺锤形风团样丘疹，绿豆至花生米大小，皮损顶端可有水疱，有的可发展为大疱。常分批发生，数目不定，多数群集或呈条状分布，很少融合，不对称。经1~2周皮疹消退，局部留有暂时性色素沉着斑，少数人留有坚实丘疹。如病因不除，还可能不断出现新皮损。瘙痒剧烈，搔抓后可致表皮剥脱或引起继发感染。本病随着年龄增长而减轻。多数无全身症状，有继发感染时可出现发热。

【诊断】

根据好发季节及虫咬病史，结合典型的临床表现，可明确诊断。本病应与以下疾病鉴别：

1．荨麻疹　骤然出现的大片红斑、风团，无丘疹、水疱，24h内皮损全部消退，不留痕迹，但一日可出现数次，与季节无关。

2．痒疹　好发于四肢伸侧，为米粒至绿豆大的丘疹，多对称，皮肤因搔抓而浸润肥厚，常伴淋巴结肿大，无明显的季节性，病程慢性。

3．水痘　多有与水痘患者的接触史，皮疹出现前一天发热，典型皮疹为红斑基础上的水疱或疱周红晕，水疱、结痂可同时存在。皮疹向心性分布，黏膜亦可受累。

【治疗】

避免诱发因素，讲究卫生，预防昆虫叮咬。

1．皮疹较少且无明显新皮损者，局部用药即可。如糖皮质激素霜和炉甘石洗剂。

2．皮损较多且不断有新疹出现时宜在局部外用药物治疗同时加服抗组胺药。可选用氯苯那敏、赛庚啶、西替利嗪等。

3．出现继发感染时，应给予相应抗生素口服或外用。

第二节 疥 疮

【病因及发病机制】

疥疮（scabies）是由疥螨引起的一种接触传染性皮肤病。该病分布于世界各地，常在集体宿舍或家庭中传播流行。疥螨又称疥虫，是一种皮内寄生虫，人的疥疮主要由人型疥螨引起，常由直接接触或由衣物间接接触传染。动物（猫、狗等）疥疮由动物型疥螨引起，偶可传染给人。疥螨雌虫可钻入表皮角质层下，一边钻进形成隧道，一边产卵，经1～2个月，可产卵40～50个。卵经过3～4天孵化成幼虫，以后再变成若虫、成虫，疥虫离开人体后，还可存活2～3天。

【临床表现】

疥螨常侵犯皮肤薄嫩部位，如指缝、腰围、阴股部、手腕等，婴幼儿还可累及头面、掌跖。自觉瘙痒，入夜尤重。损害主要为丘疹、丘疱疹、水疱、隧道和结节（彩图8-1）。丘疹散在，淡红色，多针头大小。丘疱疹及水疱常见于手指缝、脐周、小腹部，多为粟粒大小，婴幼儿可为大疱。隧道常见于指间和阴茎，为灰白或浅灰色略隆起的线纹，常弯曲呈隧道样，长3～15mm，末端可有丘疹或水疱，为疥螨栖身之所。结节常称疥疮结节，多发生在阴囊、阴茎、大阴唇等处，绿豆至豌豆大小、半球形、淡红色、较硬。因痒而抓常致抓痕、血痂，也可引起脓疱疮、疖、淋巴结炎、肾炎等。本病多见于冬季，常有家庭聚集和同宿舍集体发病现象。

知识链接

挪威疥

又称角化型疥疮，是一种发生在身体虚弱或免疫力低下患者中的严重疥疮。临床表现为皮肤角化、干燥、结痂，可伴有感染化脓；指趾端可发生银屑病样鳞屑，指间肿胀；手掌角化过度，毛发干枯脱落，头皮面部有较厚鳞屑和化脓结痂，伴特殊臭味，患处可查到很多疥螨。

【实验室检查】

在指缝丘疹或隧道样损害末端取材，在显微镜下检查，见到疥螨或卵即可确诊。

【诊断】

根据疥疮接触史，结合典型的临床表现，尤其是隧道和疥疮结节，不难诊断。如在显微镜下查到疥螨或虫卵可确诊。本病应与以下疾病相鉴别：

1. 痒疹　自幼童时期发病，秋冬加重，皮损好发于四肢伸侧，无隧道，可有淋巴结肿大，慢性经过。

2. 湿疹　皮损多形性，有明显瘙痒，无特殊好发部位，无传染性，易复发。

3. 皮肤瘙痒症　无明显原发皮损，可见抓痕、血痂、苔藓样变等继发皮损，痒无定处，无传染性。

【治疗】

1. 5%二氯苯醚菊酯外用，每日2次，亦可用于儿童。

2. 10%硫黄软膏（婴幼儿用5%硫黄软膏）　外用，要求做到：①先用热水、肥皂洗澡，再用该药从颈部向下遍搽全身，有病处多搽，无病处也搽，不可遗漏，早晚各一次，连用3～5天；②用药期间不洗澡、不换衣物，使药物杀灭衣物上的疥螨；③用药结束后次日洗澡后更换清洁衣服（内衣、褥单、被罩、毛巾等）；④换下的衣服应烫洗灭虫；⑤家庭或同居室患者应同时治疗；⑥治疗后观察2周，如有复发，应重复治疗。

3. γ-六六六丙体（林旦、疥灵霜）　外用，用药方法同上，但仅需用药一次,24h后洗澡、更衣即可。本药有神经毒性，禁用于儿童、孕妇、癫痫患者。

4. 还可选用10%～25%苯甲酸苄脂乳剂、克罗米通（优力肤霜）等。

5. 疥疮结节可用肤疾宁膏外贴，强效糖皮质激素外用，对顽固者可选用液氮冷冻，或用醋酸泼尼松龙或复方倍他米松注射液皮损内注射。

【预防】

1. 隔离并治愈患者。

2. 注意个人卫生，经常洗澡。

3. 对污染的衣物应用开水烫洗灭虫或曝晒后久置不用，也可用0.5%煤酚皂溶液（来苏儿）浸泡5min即可杀虫。

第三节　虱　病

【病因及发病机制】

虱病（pediculosis）是虱叮咬皮肤引起的皮肤病。常因直接接触或通过衣物而传播。寄生在人体上的虱叮咬吸血时，由于口器的机械性刺激和唾液内的毒性分泌物而引起皮肤瘙痒和皮损。

【临床表现】

按虱的形体差异及寄生部位，通常分下列几种。

1. 头虱病　头虱寄生于头部，尤其是枕部及两耳发际处，藏于发中或附着于头发上，长2～3mm，并可见到针头大的白色虫卵。多见于卫生不良者。损害为点状红斑、瘀点或丘疹等。瘙痒剧烈，常引起抓痕、血痂或继发感染，有臭味。

2. 体虱病　体虱较大，雄虱长2.7～3.6mm，雌虱长2.7～4mm，呈浅灰色，常隐藏在贴身的内衣上，尤其是内裤、被缝及褶皱处。体虱在接触到肩胛部、腹部、腰臀部时，以喙器刺入皮肤，吸取血液，此时可产生红色丘疹或小风团。另外，在衣、被缝褶处可见白色虫卵。皮肤甚痒，常有抓痕、血痂或继发感染。

3. 阴虱病 阴虱较小，约 1mm，灰白色或黄褐色，体型宽短如蟹，主要寄生在阴毛，也可见于肛周的体毛，偶可侵犯眉毛和睫毛，常紧伏毛干下部。虱卵黏附在毛干上，呈铁锈色小点状。叮咬处产生丘疹、抓痕或血痂，常伴有剧痒。通常由性接触传播，夫妻常同时患病。

【诊断】

依据接触虱病传染病史及典型的临床表现，查到虱成虫或虫卵即可确诊。应与湿疹、疥疮、皮肤瘙痒症等鉴别。

【治疗】

虱病可传染，治疗的关键在灭虱，在灭虱的同时，要注意严格消毒污物，避免传染他人。有体虱者应经常洗澡，烫洗衣服。有头虱及阴虱应将毛发剃去并烧掉，不愿剃者可用 30%～50% 百部酊、10% 硫黄软膏杀虫。如仍有虱卵可用食醋涂湿满头封包一夜，次晨洗后篦去。还可外用 10% 樟脑醑、克罗米通软膏（优力肤）等。瘙痒和继发感染者，进行对症治疗。

第四节　匐行疹

【病因及发病机制】

匐行疹（creeping eruption）又名皮肤游走性幼虫病。由钩虫、丝虫、蝇蛆及颌口虫的幼虫在人体皮肤内移行所致的曲折线形损害。可因皮肤直接接触引起，也可因食用了有寄生虫的生鱼、生肉等引起。当人接触了含虫卵粪便的土壤后，幼虫可侵入皮肤。

【临床表现】

本病多见于儿童，好发于夏季。以足、小腿、手多见，幼虫钻入皮肤数小时后，局部皮肤发痒，出现红色丘疹，再经数周幼虫在皮肤内连续不断地蜿蜒移行，在皮肤上形成鲜红色或暗红色略隆起的线状损害，也可呈弯曲形或环形。一般是一条，少数可呈多发性。幼虫每日移动约数厘米，皮损继续推进，旧的损害可趋向消退。幼虫移动过程中，亦可暂时静止数日甚至数月。当幼虫停止移动时，可在停留处形成硬结。虫体多停留在损害的末端不远处。患者自觉有间歇性瘙痒，可因搔抓而继发感染，也可出现湿疹化改变。血中嗜酸性粒细胞常升高。

【诊断】

根据匐行疹的典型临床表现可考虑本病，做病理活检或皮损中挑出虫体可确诊。本病应与疥疮、隐翅虫皮炎等鉴别。

【治疗及预防】

若皮损较局限，可采用液氮冷冻，每次 1min，亦可手术切除。如皮损较广泛，可口服噻苯达唑（thiabendazole），每日 25～50mg/kg，分 2～3 次口服，疗程 7～10 日，用药后 1～2 日痒感即消退，皮疹停止发展，1～2 周内即可痊愈。该药的副作用是头晕、恶心、呕吐、食欲降低。

加强粪便管理，不赤足活动，不生食鱼肉和其他肉类，饭前便后洗手，儿童不要吮吸手指，流行区要加强个人防护和饮食卫生。

第五节 隐翅虫皮炎

【病因及发病机制】

隐翅虫皮炎（paederus dermatitis）是由接触隐翅虫体液而引起的急性皮炎。隐翅虫属昆虫纲，是一种甲虫，呈黑色、蚁状，虫体长 0.6～0.8cm。此虫白天栖居在潮湿的草本中或砖石阴暗处，昼伏夜出，有向光性，常绕灯光飞翔。当虫体侵犯皮肤时，可有虫爬行或异物感。当其被拍打或压碎后，其体内的一种强酸性毒汁流出，可引起皮炎反应。

【临床表现】

隐翅虫皮炎常发生于夏、秋季。皮损多见于面部，其次为颈部、四肢及躯干等暴露部位。表现为条状或片状水肿性红斑，其上有排列密集的小丘疹、水疱或粟粒大脓疱，表面常有鲜红色糜烂面。若侵犯眼睑时，可出现明显水肿，若接触到毒液的手抓到外阴等薄嫩处皮肤黏膜时亦可出现片状瘙痒性红斑，自觉灼痛或灼痒感，反应强烈或皮损范围较大者可伴发热、头痛、恶心等全身症状。

【诊断】

根据接触史，典型皮损，自觉症状，可以诊断。应与急性湿疹、接触性皮炎等鉴别。

【治疗】

患处应尽早用肥皂水清洗，然后用炉甘石洗剂外搽。若红肿明显或渗出糜烂时，可用 1∶5 000 高锰酸钾溶液或 2% 明矾溶液冷湿敷，渗液减少后可涂氧化锌油或紫草油。若有脓疱可外用 2% 甲紫、英匹罗星、夫西地酸等。重者可内服抗组胺药、泼尼松和抗生素等。

第六节 蜂蜇伤

【病因及发病机制】

蜂蜇伤（bee sting）是指蜂叮蜇人体后出现的局部皮肤黏膜的急性炎症反应，严重者可有全身症状。常见蜇人的蜂，一类是黄蜂（大黄蜂、土蜂、胡蜂），俗称马蜂，因其尾部有毒刺与体内毒腺相通，蜇人时注入毒汁，引起局部红、肿、疼痛及全身反应。黄蜂常在房檐下、山洞里、树枝上筑巢，如蜂巢受到威胁，则攻击人类，易蜇伤暴露部位。大黄蜂毒性强，可引起严重反应；土蜂仅偶尔蜇人，毒性较弱。另一类是蜜蜂，尾部虽有毒刺，但交配后即退化，失去蜇人能力。工蜂有两种毒腺：大毒腺分泌酸性毒液（蚁酸、盐酸等），小毒腺分泌碱性毒液。

【临床表现】

蜂蜇后，局部立即有灼疼或刺疼感，继之红肿，中心有小瘀点、水疱或大疱，如眼周围被蜇，可引起高度肿胀致睑裂闭合。红肿可在数天后消退，一般无全身症状。若被多数蜂蜇，则可产生大片肿胀，并有畏寒、发热、头疼、头晕、恶心、呕吐、烦躁不安等症状。被大黄蜂蜇伤，可导致休克、昏迷、抽搐、心力衰竭及呼吸麻痹，甚至死亡。亦有叮咬后 7～10 天之内出现迟发型变态反应，如发热、荨麻疹、关节痛等。

【诊断】

依据蜇伤史和典型的临床表现，结合皮损处查到毒刺即可确诊。

【治疗】

被蜇后应首先检查和拔除遗留在皮内的毒刺。如黄蜂蜇伤,其毒液为碱性,可外搽稀醋酸。蜜蜂蜇伤,其毒液多为酸性,可外搽10%氨水或5%碳酸氢钠溶液,也可用肥皂水清洗。疼甚者可用2%盐酸利多卡因注射液加地塞米松注射液等量混合后,在伤口下及周围皮下注射,可很快消肿止疼。重者可口服抗组胺药、止痛药、糖皮质激素、南通蛇药等。有休克及中毒症状者,应及时抢救。

【预防】

养蜂人员在管理时,应穿好工作服,戴好面罩及手套。注意不要靠近蜂巢,更不要随便捅马蜂窝,以免激惹蜂群。如要消灭黄蜂最好在暴雨时捅窝或用杀虫剂。

第七节 蝎蜇伤

【病因及发病机制】

蝎蜇伤(scorpion sting)以热带多见。蝎的头胸部较短,前肢较宽,有四对足,最末节有一个弯曲成钩状的尾刺,内通毒腺,分泌强酸性毒汁,含神经毒素、溶血毒素及抗凝血毒素等。

【临床表现】

蝎常在夜间出现找食,当其受到攻击或自卫时蜇人,多见手足部位,被蜇后轻者仅引起局部疼痛性红斑,不久可消失。重者还可引起全身中毒症状,如头晕、头痛、发热、恶心、呕吐、心慌、嗜睡、流涎、言语不清、吞咽困难、尿闭、斜视、抽搐、一时性瘫痪、精神错乱,最后出现呼吸麻痹而死亡。5岁以下的儿童,被大山蝎蜇后,症状更为严重,可在数小时内死亡。

【诊断】

在夜间或阴暗潮湿的地方突然皮肤被毒虫蜇伤,伴剧烈疼痛,局部出现明显红肿或出现全身中毒症状时要考虑本病,若发现虫体可确诊。

【治疗及预防】

被蝎蜇后,伤处应立即用止血带在被蜇机体的近心端结扎,并用吸引器尽快吸尽毒汁并用肥皂水清洗,或用5%碳酸氢钠溶液湿敷,亦可敷冰块。蜇伤处可用1%盐酸吐根碱溶液3ml于伤口下及近心端封闭,可迅速止痛。全身中毒症状严重时,可系统应用糖皮质激素及对症处理,尤其是阿托品可阻止胆碱能释放,其他处理请参照蜂蜇。为预防蝎蜇,应注意搞好环境卫生,清除砖石杂草,喷洒杀虫剂,同时加强个人防护,避免触及蝎。

第八节 毒蛇咬伤

【病因及发病机制】

毒蛇咬伤(thanatophidia bite),不仅可致皮肤损害,还可引起全身中毒症状,甚至死亡。我国毒蛇主要分布在长江以南,北方仅有蝮蛇一种,夏秋季发生较多。毒蛇咬伤后引起发病的主要原因是毒腺中分泌的蛇毒,因蛇种不同,蛇毒可含有神经毒素、血液循环毒素或混合毒素。

【临床表现】

毒蛇常在夜间突然咬人,被咬处常为腿、脚、手臂等处。被咬处疼痛,可留牙痕,此即毒牙注毒处,皮肤红肿、青紫、瘀斑,甚至坏死。常立即出现全身症状。若为毒蛇的血液循环毒素所致,则局部症状显著,可出现明显肿胀、瘀斑、血疱,伴有鼻出血、呕血、便血、血尿、眼结膜下出血、皮下出血及淋巴结肿大、发热等,伤口疼痛,出血不止,重则呼吸困难,可死于心力衰竭。若为神经毒素,则局部症状轻而全身症状重,局部仅有瘙痒、麻木感,2～5h出现全身症状,主要表现为运动失调,如四肢麻木或瘫痪,语言不清,吞咽困难,眼球转动不灵,神经生理反射减弱或消失,血压下降,重则死于呼吸麻痹。若为混合毒素则症状更重,多死于中毒性休克、心力衰竭及呼吸麻痹。

【诊断】

依据毒蛇咬伤史,伤口处有一对毒牙齿痕,有局部及全身症状,容易诊断。无毒的蛇咬伤后,其伤口处有均匀细小的四行牙痕,无局部和全身症状,易于鉴别。

【治疗】

1. 应采取急救措施 尽快处理,立即在被咬处的近心端用手、布条或止血带扎紧(每隔半小时应放松一次),咬伤部位可做"+"字切开清洗,然后用1:5000高锰酸钾溶液或生理盐水冲洗,也可用清水或自己尿液冲洗;再用吸引器、拔火罐尽量吸出毒汁;紧急情况下也可用口吸吮(吐后清水漱口);伤口周围用1%普鲁卡因溶液封闭,也可放置冰袋以减轻疼痛和毒素的吸收。要注意被咬后千万不要乱跑,可用担架或车将患者尽快送到附近医院抢救。

2. 发生中毒症状应采取中和毒素及解毒的措施。

(1)抗毒蛇血清:有单价和多价两种。注射前应先做皮试,首次肌内注射4ml,以后每次2ml,每日4～6次;或用10ml,加50%葡萄糖溶液40ml,静脉缓注。

(2)胰蛋白酶局部封闭:可分解蛇毒蛋白,防止组织坏死,每次用1000～6000U加0.5%普鲁卡因溶液4～20ml,在伤口周围环状封闭,每日1次。

(3)大剂量糖皮质激素肌内注射或静脉点滴。

(4)对症处理及支持疗法。

(5)中医中药:治疗毒蛇咬伤的中成药很多,可选用南通蛇药、季德胜蛇药、云南蛇药等。

【预防】

在蛇区行走时可用棍棒在前,打草惊蛇,夜间活动要用火把或电灯照明,使毒蛇回避,加强个人防护,随身携带急救药品。

> **案例 8-1**
>
> 患者,男,17岁,因腰部、下肢皮疹3天就诊。患者诉4天前到农村玩,留住1宿,第二天晨起发现腰部、下肢有4～6个散在的黄豆大的丘疹,瘙痒明显,未曾治疗,皮疹渐增多。患病前后无发热,饮食、二便无异常。查体:腰部、下肢可见15～20个黄豆大的丘疹样风团,纺锤形,有群集倾向,部分皮损上有水疱。
>
> 请分析可能的诊断、鉴别诊断、治疗原则。

 思考题

【名词解释】
1. 风团样丘疹
2. 疥疮结节

【简答题】
1. 丘疹性荨麻疹的临床表现是什么?
2. 疥疮的治疗方法是什么?

(王淑安)

第九章 变态反应性皮肤病

 学习目标

1. 掌握湿疹的分期及临床表现；学会手湿疹与手癣、湿疹与接触性皮炎等其他皮肤病的鉴别要点；熟悉湿疹的治疗原则，尤其是不同分期的外用药物治疗原则。
2. 了解特应性皮炎的病因及发病机制，熟悉不同时期特应性皮炎的典型皮疹表现，了解特应性皮炎的治疗原则。
3. 掌握药物性皮炎的分型及治疗原则。

变态反应性皮肤病是皮肤科最常见的疾病。机体受抗原（包括半抗原）刺激后，产生相应的抗体（或致敏淋巴细胞），当再次接触该抗原后在体内引起体液免疫或细胞免疫反应，并由此引发的一类皮肤病，称变态反应性皮肤病。这一类疾病很多见，发病率也很高，这里仅叙述几种常见的变态反应性皮肤病。

第一节 接触性皮炎

接触性皮炎（contact dermatitis）是指皮肤或黏膜接触外源性物质后，在接触部位发生的急性或慢性炎症反应。去除接触物后皮损可消退，若再接触，皮损可复发。引起本病的物质主要有动物性、植物性和化学性物质三大类，以化学性物质致病较多见。根据发病机理，分为原发刺激性接触性皮炎和变态反应性接触性皮炎两大类。

一、原发刺激性接触性皮炎

【病因及发病机制】

接触物本身具有强烈的刺激性或毒性，该类物质无个体选择性，任何人接触后均可发病，无潜伏期；是由刺激物本身对皮肤或黏膜的直接损伤所致。原发刺激分两种，一种刺激性强，接触后在短时间内发病，如强酸、强碱等化学物质，通过非免疫机制直接损害皮肤，任何人接触一定浓度、一定时间均会出现，去除刺激物后炎症反应很快就会消退；另一种刺激性弱，较长时间接触后才发病（洗发剂、洗衣液等）。病变的程度与该刺激物的化学性质、浓度、接触时间、接触方式及范围有关。另外，个体因素，如皮肤干燥、皮脂多或少、年龄、性别、遗传及环境因素亦有关。本类接触性皮炎的共同点为：①任何人接触后均可发病；

②无一定潜伏期；③皮损多限于直接接触部位，境界清楚；④停止接触后皮损可消退。

【临床表现】

接触部位出现红斑、小水疱、糜烂、结痂、脱屑等损害。长期反复接触，可表现为皮肤干燥、浸润肥厚、苔藓样变、皲裂、角化。接触物刺激性强，短时间内在接触部位出现红斑、水肿、水疱或大疱、糜烂，重者出现坏死和溃疡。皮损境界清楚，形状与接触物相一致，分布不对称，多发生于暴露部位，以手部最常见。若接触物为气体或粉尘，则皮炎呈弥漫性，主要发生在暴露部位，界线不清，患者自觉有皮肤烧灼或疼痛感。毒素吸收后可出现不同程度的全身症状，如发烧、头晕等。

二、变态反应性接触性皮炎

【病因及发病机制】

属于Ⅳ型迟发性变态反应。接触物质本身无刺激性，仅少数具有特异性体质的人发病。若为初次接触常需4～25天潜伏期，大多7～8天。若再次接触该变应原多在12～48h发病，一般不超过72h。引起变态反应性接触性皮炎的致敏物质分为三类。

1. 动物性　如皮革、羊毛、羽毛、昆虫的毒毛及分泌物等；
2. 植物性　如漆树、荨麻、橡树、补骨脂、某些蔬菜和水果、花粉等；
3. 化学性　品种繁多，包括①金属及其制品，如各种金属饰品；②日常生活用品，如塑料或橡胶制品、洗衣粉、肥皂、洗涤剂等；③化妆品，如染发剂、香水、香脂、油彩等；④外用药物，如磺胺类、汞剂、红花油、风油精等；⑤化工原料，如汽油、油漆和燃料；⑥农药，如各种杀虫剂。

本类接触性皮炎的共同点为：①有一定潜伏期，首次接触不发生反应，经过1～2周后如再次接触同样致敏物才发病；②皮疹发生于接触部位，也可向周围扩展；③再接触同类物质时再发；④接触物皮肤斑贴试验阳性。

【临床表现】

起病急，首先于接触部位出现皮疹（彩图9-1），皮损初为境界清楚的红斑、丘疹、丘疱疹，重者水肿显著，炎症明显，有水疱和大疱，疱破后形成糜烂、溃疡、渗出和结痂。皮损的部位、境界、范围常与接触物相一致。如发生在眼睑、包皮、阴囊等组织疏松部位时，局部肿胀明显。如接触物为粉尘，皮损多发于暴露部位、境界不清。有时由于搔抓将接触物带到身体其他部位，也可发生类似的皮疹。当机体高度敏感时，皮损可泛发全身。自觉症状瘙痒。如致敏物不能去除，则可反复发作，转变为慢性，皮损表现为暗红斑，皮肤增厚呈苔藓样变，有时可有色素沉着，甚至发生皲裂。

临床上较为特殊的接触性皮炎有下述几种：

1. 染发皮炎　由染发剂引起的皮肤急性炎症反应。通常使用的染发剂中主要有效成分是对苯二胺，该物质是一种致敏作用较强的半抗原，能激发皮肤产生迟发性变态反应。染发后一般经4～10日的潜伏期，即可于头皮、发际、耳部、面部和颈部等接触部位发生水肿性红斑、丘疹、丘疱疹，重者发生水疱、糜烂、结痂，头发被黏结成团。双眼睑高度水肿，不能睁开，常伴有球结膜充血。可有耳后淋巴结肿大，自觉瘙痒或灼热感，一般无全身症状，重者或伴有继发感染时，可有发热等全身症状。

2. 化妆品皮炎　由于使用化妆品，在涂布部位发生的炎症性皮肤病。许多美白类化妆品含有汞、铅、砷及香料，易引起皮肤敏感，皮损主要发生在面部，如颧、颊、眼周、口唇等部位。表现为水肿性红斑、斑丘疹、丘疹等，多对称分布。自觉有不同程度的瘙痒或灼热感。皮疹于停用致敏化妆品后 3～5 日消退。如反复发作，局部将出现色素沉着斑，消退较慢。

【实验室检查】

查找致敏原，可做斑贴试验。一般在急性炎症消退后两周或慢性炎症静止期进行。方法：选择背部或前臂内侧无皮疹处皮肤，目前较多采用 Finn 斑试小室，将实验物品配成合适浓度后置入碟内，放置于受试部位皮肤上，固定。48h 后取下贴敷试剂，72h 后观察反应。出现红斑、丘疹或水疱即为阳性。若为阴性结果，必要时 7 天后再观察一次。

【诊断】

根据接触史，典型的临床表现，去除病因后皮损很快消退等特点，易于诊断。结合斑贴试验可找到明确病因，这也是诊断接触性皮炎最简单、最可靠的方法。

【治疗】

1．原发刺激性接触性皮炎

（1）立即脱离接触物，并用大量清水冲洗（一般冲洗 10～30min），以除去局部刺激物。

（2）由碱性物质引起的皮炎，可用弱酸性液（醋、柠檬汁）冲洗；由酸性物质引起的皮炎，可用弱碱性液（肥皂水或 1%～2% 苏打水等）中和冲洗。

（3）局部和全身对症治疗。

2．变态反应性接触性皮炎　首先寻找致敏物质，避免再接触，彻底清洗接触部位，避免热水、肥皂、搔抓等刺激。

（1）内用药物

1）抗组胺类药物：选一种或两种口服。如氯苯那敏 4～8mg，苯海拉明 25mg，赛庚啶 2mg，每日 3 次口服。西替利嗪 10mg，每日 1 次口服，或氯雷他定 10mg，每日 1 次口服。

2）非特异抗过敏疗法：10% 葡萄糖酸钙静脉注射，每次 10ml，每日 1 次；或硫代硫酸钠 0.64g，用 0.9% 氯化钠液 20ml 溶解后每日 1 次静脉注射；也可用 5%～10% 葡萄糖溶液 500ml 加维生素 C 3.0g，每日 1 次静脉点滴。

3）糖皮质激素：皮疹严重或泛发者，可用糖皮质激素治疗。如泼尼松 30～40mg/d，炎症控制后逐渐减量，在 2～3 周内停用。

4）抗生素：有继发感染者，选用适当抗生素全身或局部外用。

（2）外用药物：根据皮损炎症情况依据外用药治疗原则选择适当的外用药物及剂型。

1）急性期：仅有红斑、丘疹、丘疱疹时，选用洗剂；有糜烂、渗出时，用溶液湿敷；如皮损有继发感染，可适当选用抗生素。

2）亚急性期如仍有少量渗液时可继续选用溶液湿敷或外用油剂、糊剂，待皮损干燥后改用皮质类固醇霜剂，每日 2～3 次外涂。

3）慢性期：可用糖皮质激素软膏或霜剂外用，每日 2～3 次。也可用钙调神经磷酸酶抑制剂如他克莫司软膏、吡美莫司霜。对于慢性反复刺激引起的肥厚性皮损可用糖皮质激素硬膏或酊剂。

【预防】

1．一旦确诊应避免再次接触该致敏物及其结构类似物质，以免引起交叉过敏。

2．如已接触致敏物，应立即采取有效措施去除，如用清水彻底冲洗等。

3．因工作需要接触时，应做好个人防护，必要时调换工种。

第二节 湿 疹

湿疹（eczema）是由多种因素引起的有明显渗出倾向的皮肤炎症性疾病。以皮疹多形性，易于渗出、剧烈瘙痒和易复发为特点。

【病因及发病机制】

较复杂。由多种内外因素相互作用引起，种类繁多，常常难以确定。

外在因素分为致敏因素与刺激因素。致敏因素有：食入物（鱼、虾、肉、蛋、奶、某些植物蛋白等）、吸入物（花粉、粉尘、香料、动物皮毛类等）。刺激因素有冷、热、光、化纤、毛织品、染料、化妆品及肥皂等，有时搔抓、摩擦、环境、气候等也与湿疹的发病有关。

内在因素：遗传因素，慢性感染病灶（扁桃体炎、胆囊炎、肠道寄生虫病），内分泌（糖尿病）及代谢障碍等，精神因素如精神紧张、失眠、劳累、抑郁等均可诱发或加重湿疹。

【临床表现】

根据病程和皮损特点分为急性、亚急性和慢性三种（彩图9-2、9-3、9-4）。

1. 急性湿疹　可发于任何部位，面部、四肢屈侧、手部等多见。对称分布，严重者泛发全身。皮损呈多形性，有红斑、丘疹、水疱、糜烂、渗出、结痂等，境界不清。由于搔抓，水疱破溃后形成大小不等的糜烂面，表面有渗液。若继发感染，可出现脓疱或污褐色结痂。自觉阵发性剧烈瘙痒，尤其在受热、洗澡、夜间睡眠、情绪波动或食用刺激性食物后瘙痒更加明显。如延误治疗，可迁延至亚急性湿疹。

2. 亚急性湿疹　可由急性湿疹演变而来或由治疗不当形成，表现为暗红色斑块，以鳞屑、结痂为主，间有少量丘疹、丘疱疹、可有渗出。有时急性、亚急性皮损并存。如遇刺激可致急性发作，也可经久不愈，发展为慢性湿疹。

3. 慢性湿疹　好发于小腿、手足、肘窝、脐窝、腘窝、肛门等处，对称分布。表现为浸润、肥厚、暗红色斑，表面有抓痕及轻度脱屑，皮肤干燥，呈苔藓样变。皮损多顽固，病程长达数月，甚至数年，并可反复发作。自觉瘙痒，尤以晚间为著。

常见特殊部位湿疹有以下几种。

(1) 阴囊湿疹：局限于阴囊皮肤，表现为慢性湿疹样浸润、肥厚、脱屑。皱纹加深呈苔藓样变，局部皮肤弹性减低，伴色素沉着或减退。奇痒难忍。

(2) 女阴湿疹：发生于大阴唇和小阴唇外侧及周围皮肤，常表现为肥厚、浸润、苔藓样变，常伴色素沉着或减退。自觉剧烈瘙痒，病程慢性。色素减退时应注意与女阴白斑、硬化萎缩性扁平苔藓鉴别。

(3) 肛门湿疹：局限于肛门及周围皮肤，局部皮肤潮湿、浸润、肥厚，伴剧烈瘙痒，有时可见放射状皲裂。

(4) 手部湿疹：手在日常生活中接触外界物质机会很多，故湿疹的发病率较高，且反复发作，不易治愈。典型皮损常发生于掌心、手指，对称分布，呈浸润性肥厚、干燥、角化、脱屑、边缘较清楚的斑片，当接触刺激性物质时病变明显加重，出现皲裂、瘙痒或疼痛。故又称皲裂性湿疹或角化性湿疹。

(5) 乳房湿疹：发生于乳头、乳晕及其周围，单侧或对称分布，皮损为暗红色斑疹、斑片，有少量丘疹和丘疱疹，边界不甚清楚。可伴有糜烂、渗出，有时尚可出现裂隙，此时有疼痛感，瘙痒明显。

> **知识链接**
>
> ### 湿疹
>
> 湿疹这个名词是由希腊文"ekzein"演变而来,即"水沸出"的意思,中医称湿疹为浸淫疮、绣球风或回弯风。这一名称反映了湿疹有渗出倾向的特点。湿疹的患病率高,中国人为7.5%,美国人为10.7%,且复发率高达85%,因而成为皮科最常见的疾病。中国目前应用的湿疹诊疗指南制定于2011年,发表于《中华皮肤科杂志》2011年1月第44卷第1期。

【诊断及鉴别诊断】

根据皮损多形性、对称分布,伴有剧烈瘙痒,急性期有渗出倾向,慢性期有苔藓样皮损等特征,不难诊断。

1. 急性湿疹应与急性接触性皮炎鉴别(表9-1)。

表9-1 急性湿疹与接触性皮炎鉴别

	急性湿疹	急性接触性皮炎
病因	不明确	有明确接触史
皮损特征	皮疹多形性	较单一
发病部位	皮损分布较广泛,对称边界不清	主要在接触部位,不对称,边界清楚
自觉症状	瘙痒,一般不痛	瘙痒,灼热或灼痛
病程	易复发	脱离接触后迅速痊愈
斑贴试验	阴性多见	多阳性

2. 手足湿疹应与手足癣鉴别(表9-2)

表9-2 手足湿疹与手足癣鉴别

	手足湿疹	手足癣
病因	不明确	真菌感染
皮损特征	多形性,有渗出浸润、肥厚、角化、皲裂	深在性水疱,肥厚、角化、皲裂,领圈状脱屑
发病部位	手足背部和掌跖部,对称	掌跖部,指趾间,多为单侧
甲损害	少见,多为凹陷、横沟	多见,增厚、污秽、虫蚀状脱落
真菌检查	阴性	阳性

3. 丘疹样湿疹与疥疮鉴别 疥疮有接触史,皮损多发生于指缝间、外阴、股内侧、手腕屈侧等皮肤薄嫩处,夜间瘙痒明显,外阴部有疥疮结节,常可查到疥虫。

4．湿疹与特应性皮炎的关系　亚急性及慢性湿疹患者若伴有个人及家族过敏史（过敏性鼻炎、过敏性哮喘）、IgE 升高、外周血嗜酸性粒细胞升高，即可诊断为特应性皮炎。

【治疗】

1．一般治疗　详细询问病史，寻找并尽量去除可能的病因，减少外界刺激因素，避免食入致敏性食物，避免热水烫洗和搔抓，清除感染病灶，积极治疗全身疾病。

2．全身治疗

（1）抗组胺药物：选用一至两种抗组胺药口服。具有镇静作用的抗组胺药优于无镇静作用的抗组胺药，若患者嗜睡、口干等副作用明显时，可选后者。

（2）非特异性抗过敏治疗：①钙剂及硫代硫酸钠：10% 葡萄糖酸钙 10ml 加维生素 C 1g，缓慢静脉注射，一日一次；硫代硫酸钠 0.64g，加入 0.9% 氯化钠液 20ml 中，静脉注射，一日一次。有心功能不全者或使用洋地黄类药物时禁用钙剂。②普鲁卡因静脉封闭疗法：普鲁卡因 150mg、维生素 C 1～3g，5% 葡萄糖液 500ml 静脉点滴，一日一次，每 3 日增加普鲁卡因 150mg，直至 450～600mg/d 为止，10 次为一疗程，有明显止痒和缓解病情作用。治疗前必须做普鲁卡因皮试。③复方甘草酸苷静脉滴注。

（3）抗生素：有继发感染时，可做细菌培养和药敏试验，在抗过敏治疗的同时内用敏感抗生素。

（4）糖皮质激素：能很快控制症状，但停药易复发，故一般情况不主张使用。对急性严重、泛发性或湿疹性红皮病患者，采用其他治疗无效，无糖皮质激素应用禁忌证时可酌情使用，泼尼松口服 30～40mg/d，或地塞米松 5～10mg/d，静脉滴注。待病情缓解后逐渐减量至完全停药。注意不宜减、停药过快，以免出现反跳现象使病情反复。

（5）免疫抑制剂：适用于病情严重而其他治疗无效的病例，环孢素 3～4 mg/(kg·d)，分 2～3 次口服，硫唑嘌呤 0.2 mg/(kg·d)，分 2 次口服，注意药物副作用。也可用雷公藤多苷片，30～60mg/d，口服。

3．局部治疗

（1）急性湿疹：无渗出时，外擦炉甘石洗剂，每日 3～4 次，或外用皮质类固醇霜剂，如 1% 氢化可的松霜等。有糜烂渗出时，首先用 3% 硼酸液、0.1% 利凡奴液或生理盐水等冷湿敷，每次不少于 30min，每日 2～4 次，湿敷间歇或晚上用 40% 氧化锌油，渗出减少后改用氧化锌糊膏。

（2）亚急性湿疹：鳞屑结痂可用氧化锌糊膏或皮质类固醇霜，也可用 5% 糠馏油糊膏，每日 2～3 次外用。伴感染时，可选用派瑞松霜等含抗生素的制剂外擦。

（3）慢性湿疹：多选用软膏、硬膏、乳膏。软膏油性大，渗透性强，作用深达，能软化增厚的皮肤，保护创面、防止干裂，对慢性湿疹的干燥、肥厚的皮损有很好的治疗作用。如醋酸去炎松尿素软膏、哈西奈德霜等，采用塑料薄膜封包疗法，效果更好。硬膏持续敷贴治疗慢性湿疹效果明显，如复方曲安奈德新贴膏等。乳剂的渗透性较软膏略差，如丙酸倍氯美松霜等，也是治疗慢性湿疹较好的选择。对肥厚的小片皮损，可采用曲安奈德 40mg 加等量 2% 利多卡因局部皮损内注射，每 20～30 日 1 次，可连用 2～3 次。亦可应用钙调磷酸酶抑制剂如他克莫司、吡美莫司等，对于慢性期皮肤干燥者，可酌情用润肤剂，如 5% 尿素霜、甘油等。

第三节 特应性皮炎

特应性皮炎（atopic dermatitis，AD）曾称为异位性皮炎、遗传过敏性皮炎等，是一种与遗传过敏体质相关的慢性、复发性、炎症性、瘙痒性皮肤病，临床表现为皮肤干燥、湿疹样皮疹、剧烈瘙痒，常自婴幼儿期起病，伴血清 IgE 水平升高和外周血嗜酸粒细胞增多，可伴发哮喘和过敏性鼻炎等其他系统过敏性疾病。

【病因及发病机制】

特应性皮炎的病因尚不完全清楚。研究发现主要与遗传、免疫异常、皮肤屏障功能障碍等因素有关。

1．遗传　患者通常具有特应性疾病家族史如过敏性鼻炎、过敏性哮喘，疾病相关基因主要包括与皮肤屏障功能相关的基因及免疫功能相关基因，其中编码丝聚蛋白的 FLG 基因突变与 AD 发病关系密切。

2．免疫异常　本病以 Th2 免疫反应为主，皮肤屏障功能损伤、变应原、病原体等均可诱导、加重 Th2 型免疫反应；IL-4、IL-5、IL-13 等可引起外周血和组织嗜酸粒细胞、IgE 升高；另外，患者天然免疫功能下降，易发生感染。

3．皮肤屏障功能障碍　皮肤屏障功能破坏引起皮肤通透性增加，导致皮肤干燥、脱屑，变应原、病原体容易经皮进入，从而诱发和加重免疫反应。

4．瘙痒　组胺、神经肽等介质可引起皮肤瘙痒，导致搔抓，搔抓进一步破坏皮肤屏障功能，形成恶性循环。

【临床表现】

任何年龄均可发病，多至幼儿发病，自觉剧烈瘙痒。本病在不同年龄阶段具有不同特点，但随年龄增长，症状趋于缓解。典型病例可分为婴儿期、儿童期及青年成人期三个阶段。

婴儿期　出生后 1 个月至 2 周岁，常在面颊部出现红斑、丘疹、丘疱疹，可伴渗出、结痂；皮疹可扩展至头皮、颈部、四肢伸侧和躯干。瘙痒剧烈，常引起婴儿哭闹、睡眠不安。多数患儿在 2 年内逐渐缓解，少数可持续进展至儿童期甚至成人期。

儿童期　2 岁至 12 岁，可由婴儿期发展而来或直接发病，皮损常累及肘窝、腘窝、腕屈侧、颈侧、面部及眼睑，表现为皮损干燥、脱屑及苔藓化，较少渗出。此期皮损可迁延至青年成人期或暂时痊愈，但可复发。

青年成人期　12 岁以上的青少年及成人，可由儿童期发展而来或直接发病，皮损基本上类似于儿童期，但炎症轻，很少有渗出，多为局限性干燥性损害，好发肘窝、腘窝、上胸及手背，有明显浸润及苔藓样变，覆灰白色糠状鳞屑，也可泛发全身，剧痒为突出表现。

患者在各阶段均有明显瘙痒，可因冷热刺激、出汗、情绪变化、羊毛衣物等诱发，夜间阵发性剧痒加重。常伴随干皮症、鱼鳞病、毛周角化、白色糠疹、钱币状湿疹、乳头湿疹、眼睑湿疹、掌纹症、眶周黑晕、白色划痕征（以钝棒摩擦皮肤后，摩擦部位皮肤呈苍白色）等改变。多数患者皮损有金黄色葡萄球菌定植，可引起毛囊炎及淋巴结肿大。单纯疱疹病毒感染可引起疱疹性湿疹（Kaposi 水痘样疹），多见于儿童，原皮损处出现群集小水疱，好发于头、颈和躯干。

知识链接

特应性皮炎

特应性皮炎患病率高，易复发，因此关于特应性皮炎发病机制的科学研究非常热门。今年恰好美中日三国均发表了最新的特应性皮炎诊疗指南：

中国特应性皮炎诊疗指南（2014版）。《中华皮肤科杂志》2014年7月第47卷第7期，511-514。

Japanese Guideline for Atopic Dermatitis 2014. Allergol Int. 2014 Sep；63（3）：377-398.

美国最新指南

Guidelines of care for the management of atopic dermatitis：

section 1. Diagnosis and assessment of atopic dermatitis. J Am Acad Dermatol. 2014 Feb；70（2）：338-51.

section 2. Management and treatment of atopic dermatitis with topical therapies. J Am Acad Dermatol. 2014 Jul；71（1）：116-32.

Section 3. Management and treatment with phototherapy and systemic agents. J Am Acad Dermatol. 2014 Aug；71（2）：327-49.

Section 4. Prevention of disease flares and use of adjunctive therapies and approaches. J Am Acad Dermatol. 2014 Sep 25. pii：S0190-9622（14）01887-8.

【实验室检查】

血液嗜酸性粒细胞常增多，血清IgE水平升高，变应原皮内试验或皮肤点刺试验可呈阳性反应。

【诊断】

根据患者家族中有遗传过敏史，具有不同时期的临床表现，结合实验室血嗜酸性粒细胞增多及血清IgE升高等特点，可诊断本病。本病应与湿疹、慢性单纯性苔藓等相鉴别。国内中华医学会皮肤性病学分会特应性皮炎诊疗指南推荐应用Williams诊断标准（表9-3）。

表9-3 Williams诊断标准

持续12个月的皮肤瘙痒加上以下标准中的三项或更多即可诊断特应性皮炎
1．2岁以前发病
2．身体屈侧皮肤受累（包括肘窝、腘窝、踝前或颈周，10岁以下儿童包括颊部）
3．有全身皮肤干燥史
4．个人史中有其他过敏性疾病如哮喘或花粉症，或一级亲属中有过敏性疾病史
5．有可见的身体屈侧湿疹样皮损

【治疗】

治疗原则是恢复皮肤正常的屏障功能、寻找并去除诱发和加重因素、减轻或缓解症状。

1. 患者教育　衣物宜宽松舒适，穿纯棉制品。避免过度洗浴，禁用碱性肥皂、热水烫洗，洗后应立即涂抹保湿剂或润肤剂。保持适宜的环境温度，减少汗液刺激。保持清洁的生活环境，减少尘螨、动物毛、花粉等变应原。忌食致敏食物。避免紧张和焦虑情绪，避免搔抓。

2. 外用药物治疗

糖皮质激素：外用糖皮质激素配合保湿润肤是目前的一线疗法。根据患者年龄、皮损部位及病情选用不同制剂，面部、颈部及皱褶部位应用弱效糖皮质激素，儿童慎用强效制剂。

钙调磷酸酶抑制剂：包括他克莫司软膏和吡美莫司乳膏，具有较强的抗炎作用，可用于面颈部及其他薄嫩部位。长期使用安全性较好，他克莫司软膏部分人可有局部刺激和灼热。

抗生素：可减少细菌和真菌定植，避免加重局部炎症。

其他：可外用止痒剂如多塞平乳膏、非甾体类抗炎药，或根据皮损情况选用湿敷、氧化锌油等。

3. 系统药物治疗

抗组胺药物：可不同程度缓解瘙痒症状。根据病情及患者情况选用第一代或第二代抗组胺药物。

抗生素：对于病情严重或明确有细菌或真菌感染者，可系统使用抗生素治疗。

糖皮质激素：尽量不用，病情严重者可采用中小剂量短期用药。好转后及时逐渐减量直至停药，避免长期使用引起不良反应或停药太快而引起病情反跳。

免疫抑制剂：对于病情严重而常规疗法效果不佳者可酌情使用环孢素、硫唑嘌呤、霉酚酸酯等，需注意药物的不良反应。

4. 物理治疗　紫外线照射可有效改善皮损状况，一般采用窄波 UVB（NB-UVB）和 UVA-1 治疗，12 岁以下患儿慎用。

根据患者年龄、病程、皮损部位及严重程度等，可采用分级治疗及联合治疗。在选择治疗方法时应综合评估治疗效益和风险，防止过度治疗。在疾病得到控制后应注意基础护理和维持治疗，以长期控制疾病病情。

第四节　自敏性皮炎

自体敏感性皮炎（autosensitization dermatitis）简称自敏性皮炎，又称自身敏感性湿疹，指在某种皮肤病变基础上，由于处理不当或某种因素刺激，患者对自身病灶组织的某种变性成分敏感性增高而产生的更广泛的皮肤炎症反应。原发病灶治愈后，本病也随之减轻或消退。

【病因及发病机制】

患者原发病灶如小腿溃疡、淤滞性皮炎、钱币状湿疹、足癣感染、特应性皮炎等由于处理不当或继发感染，以致组织分解产物、细菌代谢产物和药物等形成抗原性物质被吸收后引起过敏反应，或病灶分泌物的刺激引起周围皮肤及远隔部位产生皮疹。

【临床表现】

发病前原发病灶先加重，数日后在远隔部位出现泛发性皮疹。本病皮损呈多形性，典型皮损为散在或群集的小丘疹、丘疱疹、水疱及脓疱，且很快融合成片状，多发生在四肢、躯干和面部，对称分布；重者有糜烂、渗液。伴剧烈瘙痒，有烧灼感，可有局部淋巴结肿大、全身不适及低热。原发病灶好转后，继发性皮损数周内也可消退。

【诊断】

发病前局部皮肤有原发病灶，处理不当或继发感染后使原发病灶加重，很快在远隔部位的皮肤出现丘疹、丘疱疹，剧痒，可考虑本病。应与泛发性湿疹、疱疹样皮炎鉴别。

【治疗】

积极正确处理原发病灶，同时注意继发皮疹的处理。口服抗组胺药、维生素C及静脉注射钙剂或硫代硫酸钠。皮损广泛而疗效不佳者可短期使用糖皮质激素，根据皮损程度选择泼尼松 30～40mg/d，口服，或地塞米松 5～10mg/d，静点。待病情缓解后逐渐减量至停药。局部明显渗液者用3%硼酸溶液、0.1%呋喃西林溶液冷湿敷，若无渗出可外用炉甘石洗剂或糖皮质激素霜剂。

第五节　脂溢性皮炎

脂溢性皮炎（seborrhoic dermatitis）又称脂溢性湿疹，是在皮脂溢出部位发生的一种慢性炎症性皮肤病。

【病因及发病机制】

尚不十分清楚。可能与多种因素有关，如遗传素质、性激素和真菌感染等。目前认为与马拉色菌繁殖过度有关。

【临床表现】

本病可发生于各年龄阶段，好发于头面、胸背等皮脂分泌较多的部位，有时耳后、腋窝、肩胛部、脐窝、腹股沟也可发生。由于发生部位和损害的轻重不同，临床表现复杂多样。皮损初发为黄红色毛囊性丘疹及红斑，表面有油腻性鳞屑，逐渐融合成大小不等的淡黄红色斑片，边缘清楚，自觉瘙痒。头部损害为灰白色糠秕状鳞屑，基底微红，边缘不清，重者表现为油腻性鳞屑性斑片，有时伴渗出和厚痂，甚至有臭味。日久头发稀疏脱落。面部皮损好发于眉弓、眉间、鼻翼旁、颊部，常伴睑缘炎及外耳道炎。表现为黄红色斑片，表面有灰白色鳞屑。胸背部皮损为大小不等的圆形或椯圆形黄红色或淡红色油腻性斑片，有时中心痊愈而形成环状或多环状损害，类似于玫瑰糠疹。重者皮损可泛发全身，甚至形成红皮症。

【诊断】

根据典型的临床表现，本病不难诊断，但需与以下疾病鉴别：

1. 头皮银屑病　边界清楚的红色斑块伴银白色云母状鳞屑，前额好发，毛发呈束状，无渗出，其他部位可有典型银屑病皮损。

2. 玫瑰糠疹　好发于躯干及四肢近端，头皮无皮疹，有母斑，皮损为椭圆形斑，其长轴与皮纹走行一致，鳞屑细薄不油腻，呈领圈状，病程自限，瘙痒轻或无。

3. 湿疹　无皮脂溢出及油腻性鳞屑及痂皮，皮损多形性，常有丘疱疹、水疱及渗出，瘙痒剧烈。

【治疗】

忌刺激性及多脂高糖食物，饮食宜清淡，多食蔬菜水果，忌酒。避免搔抓，保持大便通畅，睡眠充足。

1．系统治疗

(1) 口服 B 族维生素。

(2) 口服抗组胺药：如赛庚啶、氯雷他定或西替利嗪等，瘙痒明显者服用镇静剂。

(3) 抗生素：渗出明显或继发感染时使用，可口服四环素、红霉素等。

(4) 糖皮质激素：皮损广泛、炎症明显时使用，口服泼尼松每日 20～40mg。疗程不宜长，一般 2～3 周。

2．局部治疗　以减少皮脂分泌、消炎、杀菌、止痒、去屑为治疗原则。

(1) 抗真菌剂：常用咪唑类药物。如 2% 酮康唑洗剂，用于治疗头部脂溢性皮炎，每周 2 次。用法为：先将头发浸湿，用该药搓揉数分钟，再用毛巾包头部，使药液在头部停留 3～5min，再用清水冲洗。疗程 3～4 周。如未治愈，可经常用此药洗发，以控制病情，也可使用硫黄皂洗头（方法同上）。其他抗真菌药：1% 联苯苄唑香波、2% 酮康唑霜等。

(2) 糖皮质激素制剂：有止痒、消炎作用，常用乐肤液、戊酸倍他米松洗剂、皮康霜等。面部不宜长期使用，易致皮肤萎缩、毛细血管扩张，还可引起激素依赖性皮炎。

(3) 硫黄制剂：这类药物有去脂、抑制皮脂分泌、收敛及局部止痒和抑菌作用。采用复方硫黄洗剂、3%～5% 硫黄霜等，每日 1～2 次。

(4) 其他：2.5% 硫化硒洗剂，每周 2 次，2～4 周为一疗程。

第六节　汗疱疹

汗疱疹（pompholyx）为一种发生在手足掌跖部位的复发性水疱性疾患。

【病因及发病机制】

本病的病因目前尚不完全清楚，过去认为可能与手足多汗有关，现在多认为是一种皮肤的内源性湿疹样反应，精神因素可能为本病的重要病因之一。

【临床表现】

此病往往固定季节发病，多于春夏季复发。典型皮损为双手足掌跖、指侧、指间弥漫分布的深在性小水疱，针头至米粒大小，疱壁厚，疱液透明，瘙痒或灼痛，伴手足多汗，无明显炎症反应，水疱一般不自行破裂，约 2～3 周后可吸收干涸形成脱皮，露出红色薄嫩的新鲜表皮，此时有疼痛感。病程持续数周或数月，可自愈，但易复发。

【诊断】

根据季节性发作、对称发生于手掌、损害多为小水疱、干后脱皮等特点，诊断并不困难。本病应与手癣鉴别，手癣多单侧，炎症明显，边缘清楚，病情缓慢，真菌检查阳性。

【治疗】

可适当选用抗组胺药，较重者可短程口服糖皮质激素，泼尼松每次 10mg，每日 3 次，连服 5～7 日。外用 3%～5% 甲醛溶液、5% 明矾溶液。对皮损干燥、疼痛的可外用糖皮质激素霜或 2%～5% 水杨酸软膏、10% 氧化锌软膏等，每日 1～2 次。

第七节　药物性皮炎

药物性皮炎（dermatitis medicamentosa）又称药疹（drug eruption）。是指药物通过口服、注射、吸入等各种途径进入人体，在皮肤和黏膜引起的炎症反应，重者可累及内脏器官。药疹是药物引起的非治疗反应中的一种。引起药疹的药物种类很多。

【病因及发病机制】

临床上常见的致药物性皮炎药物有：①抗生素类，以青霉素、头孢类、磺胺类为多，其次是氨苄西林、喹诺酮类等；②解热镇痛药：阿尼利定、安乃近、感冒胶囊等；③催眠、镇静与抗癫痫药，如苯巴比妥、苯妥英钠、卡马西平等；④异种血清制品及疫苗，如破伤风抗毒素、狂犬疫苗等；⑤抗痛风药物：如别嘌呤醇、秋水仙碱等；⑥心血管用药：某些降压药和扩血管药如硝苯地平、依那普利、美托洛尔等；⑦某些中药：近年来中药引起的药疹也较多，如鱼腥草、穿琥宁、砷制剂等。

药疹的发病机制可分为变态反应和非变态反应两大类：

1. 变态反应　变态反应是引起药疹的主要原因。仅有少数药物是大分子物质，为完全抗原（血清及生物制品等），多数药物是低分子化合物，属于半抗原，需在体内与载体蛋白通过共价键结合，形成完全抗原，刺激机体产生变态反应。由于变态反应的类型不同，临床表现也各不相同。同一种药物在不同的患者，可引起不同的皮疹，而同一种症状或皮疹也可由不同的药物引起。变态反应药疹的共同特点是：

(1) 只发生于少数敏感体质的人，对多数人不发生反应。

(2) 皮疹的发生与药物剂量的大小及药理作用无关，与给药方式无关。

(3) 有一定的潜伏期，初次用药一般4～20日左右，重复用药数分钟至24h内发病，一般不超过72h。

(4) 皮疹形态多种多样，很少有特异性。皮疹多对称、泛发，自觉瘙痒。

(5) 有交叉过敏和多价过敏。药疹治愈后，如用与致敏药物化学结构近似的药物（磺胺类与普鲁卡因），可再发药疹，称为交叉过敏。当患者处于高度敏感状态时，有时对一些结构式不同的药物也发生过敏，这叫多价过敏。

2. 非变态反应　某些药物如阿司匹林、吗啡、可待因、罂粟碱等，为组胺释放剂，可使肥大细胞及嗜碱性粒细胞脱颗粒，释放组胺引起荨麻疹及血管性水肿。另一些药物因用量大或服用时间长造成药物蓄积引起药疹，如碘化物、溴化物所引起的痤疮样皮损；长期应用砷制剂或食用含砷量高的食物可引起角化性疾病、甚至癌变。

【临床表现】

药疹的临床表现多种多样，常见的有下列类型：

1. 固定型药疹　常由磺胺类、解热止痛类、巴比妥类等药物引起。损害可发生于任何部位，以口周、龟头及肛门等皮肤黏膜交界处多见，约占80%。指趾间、手足背部、躯干等处也可发生。皮疹特点（彩图9-5）为局限性圆形或类圆形水肿性红斑，直径1～4cm大小，鲜红色或紫红色，炎症剧烈者中央可形成水疱或大疱，边界清楚，损害大小不等，为一个或多个。停药一周以上红斑消退，局部遗留棕褐色或灰褐色色素沉着斑，可持续数月。当再次使用同类药物时，常于数分钟或数小时后，在原发疹处出现类似皮疹，并向周围扩大。随着复发次数的增加，皮疹数目可增多，皮损及愈后的色素沉着斑亦可扩大。有时可呈同心圆形表现，发生于皱襞、黏膜处的皮损易糜烂，疼痛明显。一般无全身症状，少数泛发者有发热、头痛及全身不适。一般经7～10日皮损可消退，较重者可迁延数十日。

2. 荨麻疹型药疹　多由青霉素、头孢类、血清制品、呋喃唑酮等引起。皮损似急性荨麻疹，表现为水肿性红斑、大小不等的风团，可伴有荨麻疹的其他症状，但皮疹较一般荨麻疹色泽红，持续时间长，自觉瘙痒，可伴有刺痛、触痛及血清病样症状，如发热、关节痛、淋巴结肿大、血管性水肿甚至蛋白尿等，若致敏原不能去除，可表现为慢性荨麻疹，持续数月至数年。

3. **麻疹样或猩红热样药疹** 又称发疹型药疹，是药疹中最常见的类型。多由解热止痛药、巴比妥类及青霉素、降压药和扩血管药、抗痛风药物等引起。发病常较突然，由面颈部开始出现针头至米粒大红色丘疹，迅速向躯干处蔓延，散在或密集对称分布，皮疹类似麻疹。进一步发展皮疹可互相融合，形成弥漫性红斑和肿胀，类似猩红热的皮疹。有时可伴有发热、头痛、乏力、白细胞增多等全身症状。但无麻疹或猩红热的其他特征。停药后1～2周，重者2～3周病情好转，皮疹颜色变浅或消退，偶有糠秕状脱屑。

4. **多形红斑型药疹** 常由磺胺类、巴比妥类、卡马西平及解热止痛类药物引起。皮疹似多形红斑，为豌豆至蚕豆大小的圆形或椭圆形水肿性红斑或丘疹，中心为暗紫红色斑或水疱。皮疹多发，对称分布，以四肢伸侧、躯干、口腔与口唇为主，自觉瘙痒或疼痛。病情重时累及口腔、眼部、肛门、外生殖器、呼吸道、消化道黏膜，称重症多形红斑型药疹，皮损呈现大疱、糜烂，全身症状严重，有畏寒、高热、伴肝肾功能损伤，病程4周左右。此型药疹病情危重，死亡率高。

5. **剥脱性皮炎型药疹** 是严重的药疹。常由磺胺类、巴比妥类、卡马西平等引起。多于长期用药后发生，发病前先有皮肤瘙痒、全身不适、寒战、高热、头痛等前驱症状，发病后体温可达39～40℃，似败血症的高热。皮损初为麻疹样或猩红热样红斑，逐渐加剧融合成片，呈弥漫性水肿性红斑，以面部及手足为重。颈部、腋窝、股部等皱襞处出现糜烂、渗液与结痂。口唇和口腔黏膜潮红肿胀，有水疱和糜烂。眼结膜充血、水肿，分泌物增加，重者出现角膜溃疡。2周左右，出现全身皮肤脱屑，呈片状，手足部脱屑如同手套和袜套样，毛发和指甲均可脱落。脱屑持续一个月左右，逐渐减少，从大片状渐变为细碎糠秕状。严重者可伴有全身淋巴结肿大，并伴发肝肾功能损害，表现为转氨酶增高、低蛋白血症、血尿、蛋白尿。本型药疹病程较长，若不及时治疗，严重者可因继发感染或脏器衰竭而死亡。

6. **大疱性表皮松解型药疹** 又称中毒性表皮坏死松解症，是最严重的一型药疹（彩图9-6）。常由磺胺类、解热止痛类、巴比妥类及卡马西平等引起。特点是发病急、全身中毒症状重。常有寒战、高热，体温40℃左右。皮疹于1～4天遍布全身，皮疹初为鲜红色或暗紫红色斑片，很快扩大融合，其上出现松弛性大疱，并出现广泛性、对称性的表皮坏死松解，状似浅Ⅱ度烫伤。尼氏征阳性。表皮极易擦破，露出红色糜烂面，自觉疼痛及触痛。眼、鼻、口腔黏膜均可剥脱，可造成睑、球结膜的粘连、角膜损害以至角膜穿孔。呼吸道和胃肠道黏膜也可糜烂、脱落、溃疡，而出现呼吸道和消化道症状。如无并发症，患者可于3～4周内痊愈。严重者常出现继发感染、肝肾功能损伤、电解质紊乱、内脏出血、血尿、蛋白尿甚至氮质血症等，死亡率极高。

7. **药物超敏综合征**（drug hypersensitivity syndrome，DHS） 又称伴嗜酸粒细胞增多和系统症状的药疹（drug rash with eosinophilia and systemic symptoms，DRESS），是一种具有发热、皮疹及内脏受累三联征的急性严重性药物不良反应，临床表现多样，易误诊，死亡率高。

引起DRESS综合征的常见药物有抗癫痫药（苯巴比妥、卡马西平、拉莫三嗪）、抗生素（米诺环素、β-内酰胺类、磺胺类、阿巴卡韦、奈韦拉平）、别嘌呤醇、氨苯砜、柳氮磺胺吡啶、阿托伐他汀、万古霉素等。

DRESS的临床表现：可发生于药物初次应用后7～28天或更长的时间，初发症状为发热、口周面部水肿、全身淋巴结肿大；皮疹逐渐扩展，可为红斑、丘疹或麻疹样发疹，可融合呈红皮病样皮疹或发展为多形红斑样、Steven-Johnson综合征或中毒性表皮坏死症。内脏损害在皮疹发生后1～2周或长至1个月，肝炎是主要的系统症状，也可伴有肾损害、肺部及心脏损害；血液系统异常表现为非典型性淋巴细胞增多、血嗜酸性粒细胞增多，也可见白细胞减少。

8. 泛发性脓疱型药疹　又称急性泛发性发疹性脓疱疮（acute generalized exanthematous pustulosis, AGEP）。皮疹多开始于面部及皱褶处，以后泛发。为针头大小浅表非毛囊性无菌性脓疱，散在、密集、急性发病。停药后消退、脱屑。重症者伴随全身症状包括发热、寒战、白细胞增高、嗜酸性粒细胞增高、低钙血症、肾损害等。引起的药物有β内酰胺及大环内酯类抗生素、复方磺胺甲噁唑、异烟肼、多西环素、卡马西平等。

9. 其他　还有湿疹样药疹、扁平苔藓样药疹、玫瑰糠疹样药疹、溴疹等。

> **知识链接**
>
> ### 药物性皮炎
>
> 药物性皮炎类型较多，可轻可重。重者如2013年北京晚报报道的《美国女孩服布洛芬失明》（2003年，当时7岁的小女孩萨曼莎因为发烧，吃了强生药厂生产的儿童布洛芬，结果90%的皮肤灼伤，送去医院救治后双目失明。），轻者有2012年中国新闻网报道的《台一男子皮肤出现黑斑疑罹癌，原是药疹作祟》。即便在大众媒体的关注下，仍然只有少数民众了解到严重药物性皮炎的可怕之处，因此在临床工作中，需提高患者的药物安全意识。万幸的是，皮疹为肉眼可见，只要密切观察、及时诊疗，绝大部分药物性皮炎患者可痊愈。

【实验室检查】

致敏药物检测可分体内试验和体外试验两类。

1. 体内试验

（1）皮肤试验：包括皮内试验、划破试验、点刺试验和斑贴试验等。其中，皮内试验较常用，用于预测皮肤速发型超敏反应，如临床上青霉素、头孢等用药前做的皮试即属于此类，其准确性较高，但阴性不能绝对排除过敏反应的可能，有高度、严重的药物过敏史者禁用。斑贴试验主要用于疑似药物引起的接触性皮炎者。

（2）药物激发试验：适用于口服药物所致的轻型药疹，这种药物又是治疗体内某种病症必用的（抗结核药、抗癫痫药等）。方法为轻型药疹消退一段时间后，内服试验剂量，即治疗量的1/8～1/4或更小些，目的是探查可疑致敏药物。本试验有一定的危险性。

2. 体外试验　此方法安全性高，可选择嗜碱性粒细胞脱颗粒试验、组胺游离试验、药物诱导淋巴细胞刺激试验等，但上述试验因操作繁杂，结果欠稳定，临床未普遍开展。

【诊断】

根据明确的用药史，一定的潜伏期及各型药疹的典型皮损，一般不难诊断，需排除具有类似皮损的发疹性传染病及其他皮肤病。

1. 发生在外阴部的固定性药疹应与硬下疳鉴别　后者无自觉症状，有不洁性交史，皮损初起为浸润性红斑，呈暗红色硬性斑块（软骨样硬度），表面溃疡或糜烂，但无脓性分泌物，组织液涂片用暗视野显微镜检查可见梅毒螺旋体，梅毒血清反应阳性，经抗梅毒治疗可迅速消退。

2. **麻疹样药疹应与麻疹及其他发疹性病毒疹鉴别** 后者呈流行性发病，先有呼吸道卡他症状，全身症状较重，无瘙痒，颊黏膜可见科氏斑，有一定的出疹顺序。

3. **猩红热样药疹应与猩红热鉴别** 后者先有咽炎症状，瘙痒较轻，全身症状较重，常有头痛、恶心、呕吐、口周苍白圈、杨梅舌及颈淋巴结肿大等，实验室检查白细胞增高。

4. **大疱性表皮松解症型药疹应与葡萄球菌性烫伤样皮肤综合征鉴别** 后者为金黄色葡萄球菌感染，多发生在5岁以下，皮损均一，由口周、眼周向躯干、四肢发展。外表未受到损伤的皮肤尼氏征亦阳性。口腔黏膜无损害，组织病理为表皮浅层（颗粒层）坏死，而前者为表皮全层坏死，表皮下水疱。

【治疗】

原则：立即停用可疑致敏药物，促进致敏药物及其代谢产物的排泄，以糖皮质激素为代表的抗炎治疗；原发病治疗及合并治疗。

1. **轻型药疹** 停用致敏药物后，鼓励患者多饮水以促进药物排泄，皮损多能逐渐消退。可给予抗组胺药、口服维生素C及10%葡萄糖酸钙静脉注射。必要时口服皮质类固醇如泼尼松30~40mg/d，皮疹消退后逐渐停药。局部外用炉甘石洗剂。固定型药疹有糜烂及渗出时，可用3%硼酸液或0.1%依沙吖啶溶液等湿敷，间歇期外用糊剂或油剂。

2. **重症药疹** 包括重症多形红斑型药疹、剥脱性皮炎型及大疱性表皮松解型药疹。治疗除停用致敏药物外，还要采取如下措施。

（1）早期足量使用糖皮质激素：开始每天用甲泼尼龙40~80mg或氢化可的松300~500mg，或地塞米松10~20mg。糖皮质激素足量的标志是2~3天体温得到控制，原皮疹色泽转暗，渗液减少，水疱干燥，无新皮疹出现。一旦病情稳定好转，则迅速减少激素用量，每3~4天减初用量的1/4左右，一般可在2~3周减完。

（2）加速致敏药物和代谢产物的排泄：鼓励患者多饮水或静脉补液，以促进药物及代谢产物的排泄。对由重金属引起的药疹应及早使用络合剂，以加速其在体内的代谢。

（3）支持疗法：对原有疾病应改用非致敏药物治疗，并注意水、电解质平衡，及时纠正酸中毒。对病情重、病期较久者，由于高热及皮肤剥脱、渗出等，易出现血浆蛋白降低、脱水和电解质紊乱，应及时纠正，注意蛋白摄入量，必要时输血或血浆。也可给予静脉高营养。

（4）预防和治疗并发症：如有感染要及时选用有效、非致敏的抗生素，尽快控制感染。尤其是大疱性表皮松解型药疹，应取脓性分泌物，根据细菌培养和药敏试验选用敏感抗生素。若伴发肝损害，应加强护肝治疗，包括静脉高营养或食用高能量流质饮食，补充多种维生素等。

（5）免疫抑制剂：重症患者可采用糖皮质激素加免疫抑制剂联合治疗，如环孢素4mg/(kg·d)。

（6）静脉注射免疫球蛋白：多用于重症药疹一般每日10~20g，连用3日。

（7）局部治疗：应使用无刺激性及具有保护、收敛、消炎作用的药物，并根据皮损情况选用适当的剂型。对大疱性表皮坏死松解型药疹患者，应住隔离病房，使用消毒棉垫，每天更换消毒床单，房间定期消毒；其糜烂面应暴露（但要注意保温），皮损处应保持创面干燥。

注意保护眼睛，定期用生理盐水冲洗，清除分泌物。白天以抗生素眼药水及氢化可的松眼药水交替点眼，夜间入睡前涂足量眼药膏，可防止粘连。有口腔糜烂者，可用2%碳酸氢钠液或多贝氏液漱口。

【预防】

药疹为医源性疾病，应引起临床医生的注意，为了避免或减少药疹的发生，必须注意以下几点：

1．切勿滥用药物，用药前应详细询问药物过敏史。并注意交叉过敏。

2．对已确诊为药疹的患者，应在患者门诊就医病历本上标明，明确告知患者，避免重复使用同类和结构类似药物。

案例 9-1

患者，男，30岁，以周身皮疹痒3天就诊。患者3天前发现皮疹，初期在躯干部，后皮疹迅速发展至颈部、四肢，密集分布，瘙痒明显。自诉皮疹出现前3天因感冒口服"阿莫西林"、"双黄连"、"草珊瑚含片"，皮疹出现后停用。患病以来，无发热、头痛等不适。既往有青霉素皮试阳性史。查体：颈部、躯干部、四肢可见粟粒至绿豆大的鲜红色斑疹、斑丘疹，充血性，密集分布，以腰部为重，融合成片。全身淋巴结无肿大，口腔无科氏斑。

请分析，初步诊断、鉴别诊断及治疗原则。

第八节　荨麻疹及血管性水肿

荨麻疹（urticaria）俗称"风疹块"，是由于皮肤、黏膜小血管扩张及渗透性增加而出现的一种局限性水肿反应，是一种常见的皮肤病，15%～25%的人一生中至少发生过一次，以剧烈瘙痒和一过性风团为特征。血管性水肿（angioedema）又称巨大荨麻疹，是一种发生在皮下疏松组织或黏膜的局限性水肿，有获得性和遗传性两种。

【病因及发病机制】

病因复杂，多数患者不能找到确切原因，尤其是慢性荨麻疹，除与多种内源性或外源性致敏原有关外，还与个人的敏感素质及遗传因素有关。常见病因有以下几个方面：

1．食物及食物添加剂　以鱼、虾、蟹、蛋、牛奶、肉类等动物性蛋白质最常见，其次是某些植物蛋白如豆制品、菌类、草莓、桃等，某些食物中的颜料、调味品和防腐剂也可引起。

2．吸入物　花粉、灰尘、尘螨、动物皮屑、羽毛、真菌孢子及某些化学气体。

3．药物　抗生素（青霉素类、头孢类、呋喃唑酮）、血清制品、某些中药和疫苗。某些药物本身就是组胺释放剂，例如吗啡、可待因、维生素 B_1 等。

4．感染　包括细菌、真菌、病毒、寄生虫等。

5．动、植物因素　黄蜂、蜜蜂等昆虫叮咬，毛虫毒刺，荨麻刺激等。

6．物理及化学因素　如冷、热、日光、摩擦、压迫等物理性与某些化学性物质的刺激。

7. 精神因素及内分泌改变　均可诱发本病，如精神紧张、情绪激动等，尤其是慢性荨麻疹。妊娠、月经、绝经均可能诱发本病。

8. 遗传因素　如家族性寒冷性荨麻疹。

9. 内脏疾病　可以是某些系统性疾病的早期表现，如系统性红斑狼疮、淋巴瘤及某些肿瘤、风湿热等。另外与心肌炎、代谢性疾病、内分泌疾病等亦有关。

荨麻疹的发病机制可分为变态反应和非变态反应两种。绝大多数是由变态反应引起，其中以Ⅰ型变态反应为主，少数为Ⅱ或Ⅲ型变态反应。Ⅰ型变态反应是抗原和IgE结合导致皮肤或黏膜的肥大细胞脱颗粒而释放多种炎症介质，其中主要是组胺，它可引起毛细血管扩张、血管通透性增加、平滑肌收缩和腺体分泌亢进等，产生局部暂时性水肿和风团及呼吸道、消化道的一系列症状。Ⅱ型变态反应性荨麻疹的表现之一是输血反应。血清病和血管炎性荨麻疹是Ⅲ型变态反应性荨麻疹的代表。主要是抗原抗体结合形成免疫复合物，激活补体系统，导致毛细血管扩张、通透性增加，引起荨麻疹。非变态反应性主要指物理因素（冷、热、日光等）及某些物质（食物、药物、各种动物毒素）直接刺激肥大细胞，释放组胺、激肽等，而引起皮疹——风团。

【临床表现】

根据病程，荨麻疹分为急性荨麻疹和慢性荨麻疹两类（彩图9-7），病程在6周内为急性荨麻疹，在短期内能痊愈，病程超过6周为慢性荨麻疹，可反复发作达数月，甚至数年之久。

1. 急性荨麻疹（acute urticaria）　常突然发病，先有皮肤瘙痒，随即出现大小不等、形态不一的风团，孤立、散在或泛发全身。色泽有时鲜红、有时苍白。风团持续数分钟至数小时，一般不超过24h，可自行消退，消退后不留痕迹。但皮疹可反复发作，此起彼伏，伴剧烈瘙痒。喉头及支气管黏膜受累时可致喉头水肿，出现胸闷、气短、呼吸困难、甚至窒息。当消化道黏膜受累时，可有恶心、呕吐、腹痛、腹泻。急性荨麻疹病程一般经数日至1～2周可痊愈。如伴有高热、寒战、烦躁不安等全身中毒症状时，应特别警惕严重感染的可能。严重荨麻疹可合并过敏性休克（allergic shock，anaphylaxis），主要症状有

(1) 呼吸道阻塞症状：由喉头水肿、气管支气管痉挛、肺水肿所致，首先表现为胸闷、气短、心悸，继之呼吸困难、窒息、发绀。

(2) 循环衰竭症状：首先表现为面色苍白或发绀、烦躁不安、畏寒，继之四肢厥冷、脉搏细弱、血压下降，低于80/50mmHg，尿量减少。

(3) 中枢神经系统症状：由于血压下降导致脑缺氧或脑水肿，初为烦躁不安，继之神志不清、失语、昏迷、抽搐、大小便失禁。

(4) 皮肤症状：迅速出现全身弥漫性水肿性红斑、风团，多融合呈大片状，伴剧烈瘙痒。

2. 慢性荨麻疹（chronic urticaria）　指荨麻疹反复发作，病程超过6周。此型荨麻疹全身症状较轻，皮疹数目时多时少，很少融合成大片。有的患者皮损发作有一定规律。如晨起或临睡前发作或加重。多数找不到诱因，治疗困难。

临床上尚有一些特殊类型的荨麻疹。

1. 皮肤划痕症（dermatographism）　又名人工荨麻疹（彩图9-8）。可单独发生或与其他类型荨麻疹同时存在。当用手搔抓或用钝器划过皮肤数分钟后，沿划痕出现条状风团，约半小时后可自行消退，此即皮肤划痕症试验阳性。有时在束紧的腰带和袜带等处也可发生风团。在停止刺激后风团很快消退。病程可达数月或数年。

2．寒冷性荨麻疹（cold urticaria） 此型荨麻疹的发生与冷刺激有关。临床分家族性和获得性两型。家族性寒冷性荨麻疹为常染色体显性遗传，女性多见，从婴儿开始，持续一生。遇冷后发病，并可有畏寒、发热、头痛、关节痛和白细胞升高。获得性寒冷性荨麻疹，发生于任何年龄，当皮肤暴露于冷风、冷水，或接触冷物后，局部数分钟内产生风团。

3．胆碱能性荨麻疹（cholinergic urticaria） 多见于青年。因运动、发热、出汗、进食热饮、情绪激动等使胆碱能神经发生冲动而释放乙酰胆碱，使肥大细胞内的 cGMP 水平增高而导致组胺释放。皮疹特点为除掌跖部以外部位的多数泛发性 1～3mm 的小风团或丘疹，周围有明显的红晕，不融合，伴针刺感或瘙痒，持续半小时至 1h 后消退，可伴有恶心、呕吐、腹痛、腹泻、出汗、流涎、头痛、眩晕等乙酰胆碱症状。

4．血管性水肿（angioedema） 也称巨大荨麻疹。分获得性和遗传性两种。获得性血管性水肿多为单个，常于眼睑、口唇、外生殖器等组织疏松部位突然发生局限性肿胀，并累及皮下组织，边缘不清，呈苍白色或淡红色，表面发亮，触之有弹性，有瘙痒和灼热感，2～3日内自行消退，退后不留痕迹。发生在咽喉则可出现喉头水肿、呼吸困难，甚至窒息。

遗传性血管性水肿是常染色体显性遗传性疾病。由于补体 C1 酯酶抑制物（C1INH）的先天性缺乏或无功能所致。本病罕见，常在 10 岁以前发病，一般在外伤或撞击后 10h 发病，为突然发生非凹陷性局限性真皮水肿，不痒，有胀感，单发，常见于面部或一侧肢体，持续1～3日消退。也可累及口腔、喉部、胃肠和呼吸道黏膜。本病可反复发作，甚至持续终生。

【诊断及鉴别诊断】

根据发生和消退迅速的瘙痒性、风团，消退后不留痕迹等特点，荨麻疹易于诊断。特殊类型荨麻疹的诊断有时需要依赖各项特异性诊断试验。本病应与荨麻疹样血管炎鉴别，后者持续时间长，不痒，抗组胺药物无效。

【治疗】

（一）一般治疗

1．应详细询问病史，查找病因并去除。

2．积极查找过敏原，避免食用可疑致敏食物，忌食酒类、浓茶、咖啡等辛辣刺激性食物，慎用青霉素类药物及血清制品。

3．慢性荨麻疹往往难以查明病因，要特别注意有无胃肠功能障碍、肠道寄生虫、体内慢性感染灶及其他内科疾病。

（二）全身治疗

1．急性荨麻疹

（1）H_1 受体拮抗剂：为治疗本病的首选药。一般选用一种或两种，常用药有：氯苯那敏 4～8mg，一日 3 次；去氯羟嗪 25mg，一日 3 次。近年来新一代抗组胺药有高效抗组胺作用，且作用时间长，无镇静作用，比较受欢迎。常用的有：西替利嗪 10mg/d，氯雷他定 10mg/d，依巴斯汀 10mg/d，咪唑斯汀 10mg/d 等。

（2）10% 葡萄糖酸钙：该药有降低毛细血管通透性的作用，用 10ml 加维生素 C 0.5g 缓慢静脉注射，每日一次，也可加在 5%～10% 葡萄糖液 250ml 中，再加维生素 C 2.0g 静脉点滴，每日 1 次。

（3）硫代硫酸钠：具有非特异性抗过敏作用，0.64g 加入生理盐水 20ml 缓慢静脉注射，每日一次。

（4）糖皮质激素：泼尼松 30～40mg/d 口服，或氢化可的松 100～200mg、维生素 C

1～3g加5%～10%葡萄糖液500ml静脉点滴，每日1次，症状控制后逐渐减量，直至停药。

（5）过敏性休克的抢救：

1）去枕平卧位，吸氧，密切观察呼吸、血压、心率、尿量。

2）0.1%肾上腺素0.5～1ml立即皮下或肌内注射，也可予以0.1%肾上腺素0.3～0.5ml加入50%葡萄糖溶液20ml静脉注射，或5～10mg地塞米松立即肌内注射。若血压未回升，15～20min后可重复注射肾上腺素。同时将氢化可的松200～400mg或地塞米松10～15mg加入5%葡萄糖溶液中静脉点滴。苯海拉明20～40mg肌内注射。

3）保持呼吸道通畅　有呼吸困难者应吸氧。如有呼吸停止，应立即行口对口人工呼吸，并注射呼吸兴奋剂。如有喉头水肿、窒息时应气管插管或气管切开。若支气管明显痉挛，可用氨茶碱。

4）血管活性药物的应用　通过以上治疗收缩压仍低于80mmHg时，可适当应用间羟胺、多巴胺静脉滴注，注意控制滴数，密切观察血压变化，及时调整升压药物。对于血压持续减低者还要注意扩充血容量，一般选用低分子右旋糖酐、5%～10%葡萄糖液或生理盐水，必要时可输血。抢救时先输入的液体要快，以后根据脉搏、血压、尿量和中心静脉压而定。

5）纠正酸中毒　休克后常出现代谢性酸中毒，可用5%碳酸氢钠溶液100～200ml或11.2%乳酸钠溶液100ml加入5%～10%葡萄糖溶液中静脉滴注，或根据二氧化碳结合力及血气分析结果调整用药。

2. 慢性荨麻疹　以抗组胺药物为主，首选第二代非镇静抗组胺药，此类药种类较多，有氯雷他定、西替利嗪、非索非那定、奥洛他定、咪唑斯汀、贝他斯汀、依巴斯汀等。某些慢性荨麻疹的发病有一定的时间规律，可根据抗组胺药服药后在血中药物浓度达峰值的时间，调节服药时间。仍不能控制病情时可加大药物剂量2～4倍，更换其他抗组胺药或联合2种以上抗组胺药。

3. 寒冷性荨麻疹　首选第二代非镇静抗组胺药，也可用赛庚啶。还可使用冷水脱敏治疗：开始用约20℃冷水浸泡手足，每日1～2次，每次15～20min，每两周水温降低3℃，直至水温为8℃，以后长期坚持8℃左右的水洗脸洗手，可减轻风团的发生。

4. 皮肤划痕症　轻症、瘙痒不明显者可不用药物或只给外用止痒药治疗。重者应选用抗组胺药，如西替利嗪、非索非那定、氯雷他定、奥洛他定等。

5. 血管性水肿

（1）获得性血管性水肿　①应积极寻找病因并去除。②抗组胺药：对轻症病例，不伴有咽喉水肿及其他全身症状的血管性水肿者是首选，如氯苯那敏、赛庚啶、西替利嗪等。③非特异性抗过敏药：10%葡萄糖酸钙、硫代硫酸钠都可选用。④糖皮质激素：病情严重、一般治疗效果不佳时，应使用糖皮质激素，一般用泼尼松30～40mg/d，分次口服或晨起顿服，病情紧急时可静脉注射地塞米松10～15mg，或静脉滴注氢化可的松200～400mg。

（2）遗传性血管性水肿　可用如下治疗①雄性激素：炔羟雄烯异恶唑（达那唑）为促性腺激素抑制药，开始剂量600mg/d，以后减量为200～400mg/d，或司坦唑醇4～6mg/d，长期应用，可预防复发。②抗纤溶蛋白酶药：此类药可抑制纤维蛋白溶酶原转变成纤维蛋白溶酶，该酶为C1酯酶的活化剂，常用药为6-氨基己酸（EACA），每次2g，一日3次；氨甲环酸每次0.2～0.5g，一日3次。③重症者用C1酯酶抑制剂，或输入新鲜血浆以补充C1酯酶抑制剂。

6. 局部治疗　外用炉甘石洗剂或1%薄荷醇。

案例 9-2

患者，女，21岁，因全身皮疹反复出现21年，伴剧烈瘙痒就诊。21年前，患者出生后近2个月时头面部出现少许皮疹，于当地医院就诊，诊断为"婴儿湿疹"，外用肤轻松、氧化锌等好转，皮疹反复出现，重时溢液，先后于各家医院治疗，时轻时重，大约1岁半时，病情基本缓解。12年前（9岁），患者四肢屈侧出现皮疹，伴有剧烈瘙痒，曾口服扑尔敏等，外用多种糖皮质激素药膏好转，但停药后皮疹反复出现至今。病情严重时除四肢屈侧外，面部、腹部、臀部等也可出现皮疹。自诉冬季较重，遇水后皮疹、瘙痒加重。家族史中父母小的时候曾患过湿疹。查体：四肢屈侧、臀部皮肤干燥、粗糙，可见暗红色斑疹、斑块，有少许鳞屑，苔藓样变，皮疹周边散在红色丘疹、斑丘疹。皮肤划痕症阳性。

请分析可能的诊断及鉴别诊断，需要做的辅助检查。

 思考题

【名词解释】
1. 接触性皮炎
2. 斑贴试验
3. 皮肤划痕症
4. 自敏性皮炎

【简答题】
1. 接触性皮炎按发病机制分为哪两类？其特点是什么？
2. 湿疹按临床特点和病程分为哪三种？
3. 特应性皮炎临床分为哪三期？简述婴儿期的临床特点。
4. 常见引起药物性皮炎的药物种类？
5. 引起固定性药疹的常见药物及临床特点？常见药疹的类型？
6. 抢救过敏性休克的首选药物是什么？
7. 急性荨麻疹除皮疹以外还可出现哪些临床表现？

（王淑安）

第十章 瘙痒性皮肤病

> **学习目标**
>
> 了解瘙痒性疾病的类型、临床表现及治疗原则。

第一节 神经性皮炎

神经性皮炎（neurodermatitis）又称慢性单纯性苔藓（lichen simplex chronicus），是一种以皮肤苔藓样变伴剧烈瘙痒为特征的慢性炎症性皮肤病。

【病因及发病机制】

病因尚不明，可能与大脑皮质兴奋和抑制功能失调有关。神经精神因素、生活不规律、刺激性食物与不良嗜好（抽烟、酗酒）、胃肠功能障碍、内分泌失调及局部刺激（搔抓）等多种内外因素常诱发神经性皮炎。

【临床表现】

可分为局限性和播散性。局限性神经性皮炎好发于颈项部、肘窝、股内侧、骶尾部、会阴部等。患部皮肤常先有痒感，经搔抓或摩擦后出现粟粒至绿豆大小丘疹，圆形或多角形，顶部扁平，丘疹增多密集融合形成皮纹加深和皮嵴隆起的典型苔藓样变，呈淡红、黄褐色或正常肤色，或有色素沉着，有时覆有鳞屑，斑片数目不定（彩图10-1）。播散性神经性皮炎多先自颈部开始发疹，向上蔓延至眼睑及头皮，向下蔓延至胸背、腰及四肢等部位。皮损多呈苔藓样变，自觉阵发性剧痒，夜间尤甚，常致失眠及情绪烦躁。本病病程慢性，常多年不愈，治愈后也易复发。

【诊断】

根据病史及临床表现，不难诊断。部分成人特应性皮炎可有神经性皮炎样皮疹应注意鉴别。

【治疗】

1. 一般治疗　避免精神紧张及过度劳累，忌辛辣刺激性饮食及饮酒，避免搔抓、摩擦及热水烫洗。

2. 系统治疗

（1）抗组胺药：可选用 H_1 受体拮抗剂或 H_2 受体拮抗剂或联合应用，并辅以钙剂、B族维生素。

（2）镇静剂：如影响睡眠者可给予镇静剂（地西泮或多塞平等）。

(3) 静脉封闭疗法：对于播散性神经性皮炎伴剧烈瘙痒者，常用普鲁卡因静脉封闭。

3．局部治疗

(1) 外用药物：根据皮损部位及类型选择药物及剂型，常应用止痒剂、糖皮质激素制剂、焦油类制剂，可应用封闭疗法或外贴糖皮质激素硬膏。

(2) 皮损内注射疗法：对局限性顽固性神经性皮炎可选用糖皮质激素皮损内注射，或苯海拉明 20mg 加 0.5% 普鲁卡因或利多卡因溶液 20ml，皮损内注射。

4．物理治疗　对一般疗法无效的顽固病例，特别是局限性神经性皮炎患者，可考虑浅层 X 线照射、冷冻等，也可用紫外线治疗。

第二节　痒　疹

痒疹（prurigo）是一组以丘疹、结节和继发性皮疹为主要表现，奇痒为特征的急性或慢性炎症性皮肤病。

【病因及发病机制】

病因不明，多认为与过敏反应有关。也可能与神经精神、遗传过敏体质有关，虫咬、食物或药物过敏、内分泌异常、胃肠道功能紊乱、感染病灶等也可诱发。

【临床表现】

痒疹好发于躯干和四肢伸侧，基本损害为米粒至绿豆大风团样丘疹，瘙痒明显，可见抓痕、血痂和色素沉着。皮疹可成批出现，病程慢性。

结节性痒疹基本损害为黄豆大结节，因反复剧烈搔抓表面可角化肥厚或为剥蚀面，病程慢性，亦可长期不愈。

【诊断】

根据皮疹特征、好发部位及剧烈瘙痒进行诊断，需与丘疹性荨麻疹、疥疮等鉴别。丘疹性荨麻疹多在春秋季节发病，病程短，皮损呈纺锤状风团样丘疹。疥疮有接触传染史，皮疹多发于指间、腕、外阴等皮肤薄嫩部位，夜间奇痒。结节性痒疹应与疣状扁平苔藓、皮肤淀粉样变性等鉴别。部分成人特应性皮炎可有疹样表现，应注意鉴别。

【治疗】

1．一般治疗　寻找并去除病因，纠正胃肠功能失调，治疗原发病，避免搔抓。

2．全身治疗

(1) 抗过敏治疗：可选择抗组胺药一种或两种联合或交替应用，辅以静脉注射硫代硫酸钠或钙剂、维生素 C 等。

(2) 镇静剂：适用于有神经精神症状者。

(3) 对于皮损广泛、瘙痒剧烈者可采用普鲁卡因静脉封闭，或短期系统应用糖皮质激素及维 A 酸类药物。

(4) 有报道沙利度胺对本病有效，100～150mg 每晚服用，可联合其他药物使用。沙利度胺有致畸作用，育龄期妇女禁用，用药期间部分患者可发生水肿。

3．局部治疗　以止痒、控制感染为主。可外用糖皮质激素霜剂、软膏或硬膏、糖皮质激素皮损内注射往往有良效。

4．物理治疗　可用淀粉浴、糠浴减轻瘙痒，结节性痒疹可液氮冷冻、激光、UVB 等治疗。

第三节　皮肤瘙痒症

皮肤瘙痒症（pruritus）是一种仅有皮肤瘙痒而无原发损害的皮肤病。临床上可分为全身性和局限性两种类型。

【病因及发病机制】

病因复杂，常由内外多种原因引起。全身性皮肤瘙痒症与某些内部疾病有关，如糖尿病、蕈样肉芽肿、甲状腺功能亢进症、内脏肿瘤、肾疾病、血液病、肝胆疾病等。外因多与外界刺激有关。局限性瘙痒症的病因除上述外，常与蛲虫、痔疮、真菌、滴虫、摩擦等有关。

【临床表现】

一般无原发皮损，仅有皮肤瘙痒。

1．全身性皮肤瘙痒症　全身性瘙痒症表现为没有原发皮损的瘙痒，痒无定处，瘙痒程度不尽相同，常为阵发性且夜间为重；过度搔抓可引起继发性皮损，表现为抓痕、结痂、色素沉着或减退，时间较长者甚至出现湿疹样变和苔藓样变，甚至还可继发各种皮肤感染。患者因剧痒常影响睡眠，出现神经衰弱等症状。

按照全身性瘙痒症的病因来分临床上可见以下几种特殊类型

（1）老年性皮肤瘙痒症：多因皮脂腺功能减退，皮脂分泌减少、皮肤干燥、皮肤退行性萎缩或过度洗烫等因素诱发，大多首发于四肢，尤其是下肢，渐波及躯干、头皮；

（2）冬季皮肤瘙痒症：由寒冷诱发，多发生于秋末或冬季气温急剧变化时，常伴皮肤干燥；

（3）夏季皮肤瘙痒症：常夏季发生，与高热、潮湿相关，出汗时瘙痒加剧；

（4）与系统疾病相关的皮肤瘙痒症：常发生于慢性肝肾疾病、内分泌疾病如糖尿病、甲状腺疾病、某些恶性肿瘤如淋巴瘤、白血病、宫颈癌等；这些患者全身瘙痒，还会伴有其他系统性疾病的相关症状，症状顽固而不易缓解；

2．局限性瘙痒症　常局限于身体的某一部位，好发于肛门、阴囊、女阴及头皮等处。

（1）肛门瘙痒症：中年男性多见，多局限于肛门及其周围皮肤，亦可累及会阴、阴囊或女阴部，呈阵发性瘙痒，因搔抓，肛门皱襞肥厚，可有辐射状皲裂、浸渍和苔藓样变或湿疹样变。

（2）阴囊瘙痒症：瘙痒大都限于阴囊，由于搔抓可出现苔藓样变、湿疹样变。

（3）女阴瘙痒症：多在大小阴唇及其周围、阴阜等处，瘙痒剧烈，逐渐形成局部浸润肥厚及苔藓化。

【诊断】

根据病史及临床表现进行诊断，积极查找可能的原因。

全身性瘙痒症需与荨麻疹、疥疮、虫咬皮炎等鉴别。局限性瘙痒症需与接触性皮炎、湿疹等鉴别。

【治疗】

1．一般治疗　积极寻找病因并进行相应治疗，避免局部刺激，忌刺激性饮食。

2．全身治疗

（1）抗组胺类药物、钙剂、硫代硫酸钠、维生素 C 及镇静催眠等药物，可根据病情选择使用。

（2）全身性瘙痒症可应用普鲁卡因静脉封闭。局限性瘙痒症可应用糖皮质激素局部封闭。

3．局部治疗　可选用止痒剂及润肤剂，皮质激素霜剂或软膏。

4．物理疗法　全身性瘙痒症可光疗（UVA 或 UVB）、糠浴、淀粉浴或矿泉浴等。

1．简述神经性皮炎的临床表现。
2．简述瘙痒症的病因。
3．简述结节性痒疹的临床表现。

（吕新翔）

第十一章

自身免疫性皮肤病

> **学习目标**
>
> 1. 了解常见自身免疫性皮肤病的种类，掌握其典型皮疹表现。
> 2. 认识红斑狼疮是一个病谱性疾病，掌握红斑狼疮的临床分型、各型皮疹特点及治疗原则。
> 3. 掌握天疱疮的皮疹特点，了解临床如何判断水疱的发生位置，了解天疱疮的治疗原则。

自身免疫病（autoimmune disease）是指机体的免疫系统因受各种因素的影响，对自身组织发生免疫反应，引起组织器官损害而导致的疾病。本组疾病一般认为与自身免疫耐受机制破坏、自身组织抗原性改变、T抑制细胞功能紊乱、自身抗原交叉反应等有关。常见的有结缔组织病和大疱性皮肤病。

第一节 红斑狼疮

【病因及发病机制】

红斑狼疮（lupus erythematosus）主要发生于青中年女性。发病原因复杂，可能在遗传因素基础上，在感染、日光、某些药物等因素作用下，引起机体免疫调节机能紊乱，对自身组织产生免疫反应，而出现一系列临床症状。以盘状红斑狼疮、亚急性皮肤红斑狼疮和系统性红斑狼疮多见，其他少见红斑狼疮有：肿胀型红斑狼疮、深在性红斑狼疮、新生儿红斑狼疮及药物性红斑狼疮。

【临床表现】

1. 盘状红斑狼疮（discoid lupus erythematosus，DLE） 主要累及皮肤。基本损害为持久性、浸润性红斑，境界清楚，表面可见毛细血管扩张，常有黏着性鳞屑，剥离的鳞屑上可见毛囊角栓。皮损中央逐渐萎缩，色素减退，周围色素加深，略高起，呈盘状。好发面部，常见于双颊、鼻背；亦可见于耳郭、手背等处（彩图11-1）。黏膜损害以下唇多见。病程缓慢。皮损消退后常留有萎缩性瘢痕和色素减退。头皮损害可致局限性永久性脱发。如皮损广泛出现于躯干、四肢，称播散性盘状红斑狼疮。

2. 亚急性皮肤红斑狼疮（subacute cutaneous lupus erythematosus，SCLE）

（1）皮肤损害：皮损主要表现为环形红斑型和丘疹鳞屑型两种，环形红斑型初为水肿性红斑,可逐渐向周围扩大成环形、弧形;丘疹鳞屑型初为小丘疹,渐扩大成大小形状不一的红斑或斑块,上覆薄层非黏着性鳞屑,似银屑病或糠疹样。皮损主要分布于面、颈、躯干上部及上肢等处。持续数周或数月,可复发。此外,患者可有对日光敏感、脱发、雷诺现象、网状青斑等。

(2) 其他器官损害:可伴有关节痛、发热、肌痛、浆膜炎等。但肾和中枢神经系统损害少而轻。

3. 系统性红斑狼疮 (systemic lupus erythematosus,SLE)

(1) 皮肤损害:80%患者有皮损。典型为鼻背和双颊水肿性蝶形红斑(彩图11-2),严重时出现水疱、结痂。有时可出现DLE样皮损。另外,在指趾有渗出性水肿性红斑或冻疮样皮损。甲周红斑,手掌、指屈侧点状出血或点状萎缩。此外,在四肢可见紫癜等血管炎表现。有雷诺现象、日光敏感、口腔溃疡、脱发等。

(2) 系统损害:本病常出现多脏器损害,严重时危及生命。常见系统损害有①发热:大多数患者有不规则发热;②关节炎:常见,表现为关节痛,好发于四肢大小关节;③肾损害:表现为肾炎或肾病综合征;④心血管系统:有心包炎、心包积液和心肌炎;⑤呼吸系统:主要表现为间质性肺炎和干性或渗出性胸膜炎;⑥消化系统:表现为恶心、呕吐、腹痛、便血及肝大、黄疸等;⑦神经系统:有精神症状、癫痫样发作以及其他神经损害的表现。

知识链接

红斑狼疮

1999年,《第一次的亲密接触》成为网上第一部畅销小说,开启了网络小说的先河。小说中的女主人公轻舞飞扬罹患红斑狼疮,最后香消玉殒,这样的情节使得红斑狼疮这一疾病进入普通人群的视野。时至今日,以"红斑狼疮"为关键词用百度引擎搜索,可以获得1亿个网页,"狼疮吧"中的累计发帖量也高达134万。包括患者在内的普通民众对红斑狼疮的关注度可见一斑。事实上,早在1991年,英国就专门出版发行了医学研究杂志《Lupus》,关于红斑狼疮的科研论文也可以发表在包括《Nature Reviews Rheumatology》、《Annals of the Rheumatic Diseases》或《Journal of Rheumatology》等其他杂志上。

【实验室检查】

1. 可有贫血、白细胞和血小板减少,γ-球蛋白升高和红细胞沉降率增快。

2. SCLE患者中,约70%患者抗Ro/SSA和抗La/SSB阳性,具有特征性。

3. SLE患者免疫学异常 ①抗核抗体(ANA)90%～95%阳性;②抗双链DNA(dsDNA)抗体阳性率为50%～90%,特异性最高,滴度与病情活动相平行;③Sm抗体,特异性高,为SLE的标志抗体。另外20%～90%的患者活动期有血清补体减少,以C3、C4减少为著。

4. 组织病理 表皮角化过度,角栓形成,表皮萎缩,特别见于DLE,表皮基底细胞液化变性,真皮全层小血管、附属器周围淋巴细胞浸润为主。

5. 免疫病理 皮损区狼疮带试验(lupus band test,LBT)显示表皮-真皮交界处免疫球蛋白及C3沉积,阳性率可高达90%,外观正常皮肤LBT试验也可有70%的阳性率。

【诊断】

1. DLE　暴露部位出现慢性浸润性红斑，附以黏着性鳞屑，境界清楚，有典型病理表现。

2. SCLE　躯干、四肢散在环状水肿性红斑或银屑病样损害，伴 ANA 阳性，特别是抗 Ro/SSA、抗 La/SSB 抗体阳性。

3. SLE 诊断标准见表 11-1。

【治疗】

患者要避免日晒、过度劳累，SLE 活动期应避免妊娠。

1. 内用疗法

（1）氯喹或羟基氯喹：如羟基氯喹口服，每次 0.2g，一日 1～2 次，连用 1～2 个月，病情好转后适当减量，本药可单独用于 DLE、SCLE 或病情较轻但皮损明显的 SLE 患者。

表 11-1　SLE 诊断标准

1. 蝶形红斑
2. 盘状红斑
3. 光敏感
4. 口腔或鼻咽部溃疡
5. 非侵蚀性关节炎
6. 浆膜炎（胸膜炎或心包炎）
7. 肾损害：①持续性蛋白尿，每日尿蛋白＞0.5g 或"+++"以上；或②细胞管型
8. 神经系统病变：抽搐或精神症状
9. 血液学异常：①溶血性贫血；或②白细胞＜4 000/mm^3，两次；或③淋巴细胞＜1 500/mm^3，两次；或④血小板＜10 万 /mm^3
10. 免疫学异常：①抗 dsDNA 抗体滴度（+）；或②抗 Sm 抗体（+）；或③抗心磷脂抗体（+）（抗心磷脂抗体或狼疮抗凝物，或持续至少 6 个月的梅毒血清假阳性反应，三者中具备 1 项）
11. 荧光抗核抗体阳性
患者具有 11 项标准中 4 项或更多项，相继或同时出现，即可诊断为 SLE

（2）反应停：口服，初量每次 50～100mg，每晚顿服，显效后减为 50mg/d，维持 3～5 个月。

（3）糖皮质激素：适用于 SLE、SCLE 或播散性 DLE 患者。对 SLE 者，原则为早期、足量、持续用药。常用泼尼松，初剂量在轻症者一般为每日 0.5mg/kg，较重者每日 1mg/kg，分 2～3 次口服。

对严重狼疮肾炎及狼疮脑病者，可用冲击疗法，甲泼尼龙每日 0.5～1g 静脉点滴，连用 3 日，而后逐渐过渡到大剂量激素口服治疗。病情完全控制后逐渐减量，小剂量长期维持。

播散性 DLE 患者，可每日口服泼尼松 20mg，皮损控制后减量或停药。

（4）免疫抑制剂：具有抗炎和免疫抑制作用，可与糖皮质激素联合应用以提高疗效和减轻副作用。常用硫唑嘌呤或环磷酰胺。硫唑嘌呤口服，100～150mg/d。环磷酰胺多采用静脉冲击疗法，每月一次，0.5～0.75g/m^2，也可口服 100mg/d。环孢素、霉酚酸酯和来氟米特也常用于 SLE 的治疗。

(5) 静脉注射免疫球蛋白：可用于重症患者，一般每日 10～20g，连用 5 日或更长时间。

(6) 雷公藤：可单独用于轻症 SLE，亦可与皮质激素等联合应用。雷公藤多苷片口服，每次 10～20mg，一日 3 次。注意血象和肝、肾损害，禁用于育龄期妇女。

(7) 非甾体类消炎药：用于轻症伴低热、关节痛者。阿司匹林口服，每次 1g，一日 3 次；吲哚美辛口服，每次 25mg，一日 2～3 次。

(8) 支持疗法：保持水盐电解质平衡，提供充足热量、高蛋白、高维生素饮食。

2. 局部疗法　可外用糖皮质激素软膏或霜剂。对肥厚性 DLE 皮损可以糖皮质激素皮损内注射，常用复方倍他米松或泼尼松龙悬液等。

案例 11-1

女性患者，21 岁。面部红皮疹半年，日晒后加重，手足关节疼痛、口腔溃疡、乏力、食欲不佳 1 个月余。无发热、水肿、头痛、腹痛、腹泻。查体：T36.8℃，BP100/70mmHg，心率 92 次/分，呼吸 19 次/分，双肺、心脏未见异常，腹软，无压痛反跳痛，肝脾未触及肿大，双下肢未见水肿。皮肤科情况：面部蝶形红斑，双手背可见数个甲大的盘状红斑，甲周可见紫红色斑及毛细血管扩张性红斑。实验室检查：Hb8g/L，WBC3.1×10^9/L，血小板正常，尿蛋白（++），肝功、肾功、心肌酶正常，24h 尿蛋白定量 0.86g/d，尿红细胞（+），ANA（+）1∶320，Sm 抗体（++），抗 Ro/SSA（++），抗 La/SSB（++），胸部 X 线未见异常，腹部 B 超：腹腔少量积液，肝、胆、脾、胰未见异常。

1. 根据患者的临床表现、实验室检查诊断何种疾病？
2. 该患者具备的诊断依据有哪些？

第二节　硬皮病

【病因及发病机制】

硬皮病（scleroderma）是以皮肤及内脏器官的结缔组织纤维化或硬化为特点的疾病。分为局限性和系统性两大类。女性发病率较高，与男性比为 3∶1，多见于青壮年。本病病因不清，发病机制与自身免疫、胶原合成异常和小血管病变有关。

【临床表现】

1. 局限性硬皮病

(1) 斑块状硬皮病（硬斑病）：好发于躯干部，如腹、背。皮损一至数个。初为椭圆形、圆形水肿性淡红斑块，数周或数月后逐渐硬化，呈淡黄色，平滑。数年后逐渐萎缩，中央色素减退。皮疹可单发、多发或呈泛发性。

(2) 带状硬皮病：皮损常沿某一神经或肢体呈带状分布。如果累及皮下脂肪或筋膜，可引起活动受限。皮损亦可出现于额头部，患处显著凹陷、萎缩，皮肤紧附于骨面，似刀砍状。可伴颜面偏侧萎缩。

2. 系统性硬皮病（彩图 11-3）

(1) 肢端硬化型：占系统性硬皮病的 95%。皮损始于手指，逐渐扩展到前臂、面、躯干上部等处，对称分布。早期手指持续红斑肿胀，继而坚实发亮，灰黄似腊肠状，皮温低，手指活动受限而呈爪状。常伴雷诺现象，即遇冷后肢端小动脉痉挛，导致手指发白，继之发绀和潮红，伴刺痛和麻木。反复发作的雷诺现象可导致指尖变细、溃疡、坏死、吸收。面部表现有鼻头变尖，口唇变薄，有放射状沟纹，口裂狭小，耳郭可变薄变小，面部僵硬，表情丧失，呈假面具样。本型进展缓慢，部分可自行缓解，抗着丝点抗体阳性预后较好。

(2) CREST 综合征：是肢端硬化型的特殊类型。表现为指（趾）硬化、皮肤钙质沉着、雷诺现象、食管蠕动缓慢和毛细血管扩张。病程缓慢，抗着丝点抗体阳性预后良好。

(3) 弥漫型：即系统性进行性硬皮病。皮损从躯干开始，后累及四肢、面部。病情进展迅速，晚期多侵犯内脏，预后差。系统损害以肺、食管、肾和关节多见。约 1/4 患者有弥漫性肺间质纤维化，绝大多数患者肺功能试验异常；1/3 以上患者食管受累，主要为吞咽困难。半数患者钡餐检查发现食管蠕动减弱或消失，骨关节中大小关节同时受累，以手掌小关节常见。主要为关节痛和关节炎。其中末节指骨的吸收较特殊。约半数患者发病 2~3 年后肾受累。尿中出现蛋白质、红细胞、管型等。严重者有氮质血症和肾性高血压。此外还可累及心脏、胃肠、肝等。心脏主要为心肌损害，引起心悸、呼吸困难、心脏扩大和心功能不全。

【实验室检查】

1．免疫检查

(1) ANA 阳性率 36%~90%，核仁型为主。

(2) Scl-70 阳性率为 34%~40%，为系统性硬皮病的标志性抗体。U_1 RNP 抗体常见于有雷诺现象者。

(3) 着丝点抗体：为 CREST 综合征的标志抗体，阳性率为 50%~96%。

(4) 其他：可有 γ-球蛋白增高，类风湿因子阳性等。

2．其他检查　可有贫血、红细胞沉降率快、血液流变学异常、尿蛋白、尿中有红细胞、管型等。

3．组织病理　特征性改变为真皮全层小血管周围稀疏的灶状淋巴细胞浸润。真皮胶原增生、变性，附属器减少。

【诊断】

1．局限性硬皮病　根据典型的皮肤局限硬化甚至萎缩以及组织病理改变较易诊断。

2．系统性硬皮病　多数患者表现为肢端的硬化，有雷诺现象。少数是全身弥漫的皮肤硬化。还可有食管症状等，严重的可累及肺、心脏、肾等脏器。

【治疗】

局限性硬皮病的治疗以外用药物为主，主要包括局部外用、皮损内注射等方法。

系统性硬皮病治疗较困难，主要的是早期积极治疗可延缓甚至阻止病情进展。

1．内用疗法

(1) 糖皮质激素：用于处于进展期的系统性硬皮病、有明显系统脏器损害者。泼尼松口服，一日 30mg 左右，连用数周。当关节症状、皮肤水肿和硬化等全身症状减轻后，逐渐减量，维持治疗以后 10~15mg/d。

(2) D-青霉胺：口服，初量 250mg/d，以后每隔 2~4 周日用药量增加 125mg，但每日用量不可超过 1 000mg。半年以后皮损变软，再改为维持用药，300~600mg/d。本药副作用较多，只适用于系统性进行性硬皮病或进展迅速的肢端硬化型硬皮病。

（3）血管扩张剂：①肼苯达嗪口服，25mg，一日3次；②硝苯地平口服，每次10mg，一日3次。

（4）抗凝药物：①低分子右旋糖酐；②司坦唑醇5mg，一日2次；③阿司匹林口服，0.3g，一日2次。

（5）其他：秋水仙碱口服，0.5～1.5mg/d，对缓解肢端动脉痉挛和皮肤硬化有一定效果。

2．外用治疗 主要用于局限性硬皮病，可外用皮质激素软膏或霜剂，钙调磷酸酶抑制剂，早期还可皮质激素局部封闭，2%普鲁卡因（或利多卡因）与复方倍他米松注射或泼尼松龙悬液2.5mg/ml每2～4周病损内注射1次。

3．理疗 用远红外线、蜡疗、音频等可缓解局部硬化。患者应注意肢体功能锻炼。

第三节 皮 肌 炎

【病因及发病机制】

皮肌炎（dermatomyositis）是一种累及皮肤和肌肉的弥漫性炎症性疾病。发病可能与感染、自身免疫与恶性肿瘤有关。

【临床表现】

主要表现为皮肤和肌肉病变。两者可单独或先后出现。中年患者多见，亦可见于儿童及老年人。

1．皮肤损害 典型皮疹为双眼睑、颧部、双上颊、额等水肿性红斑，其中以双上眼睑紫红斑最具特征性（彩图11-4）。皮损还常累及上胸部"V"字区，背部及四肢伸侧，肘、膝关节伸侧，出现干燥的红斑鳞屑性损害，项部、肩部及上背部可有弥漫性红斑，称为"披肩征"，可伴有皮肤异色改变和瘙痒，常日晒后加重。

Gottron丘疹是皮肌炎另一有诊断意义的体征，特点是指关节伸侧紫红、暗红色斑丘疹，覆盖细鳞屑。此外，还可有甲周红斑、结节性红斑、血管炎等。部分患者可出现皮肤钙沉着。部分患者有雷诺现象。

2．肌炎 主要为肌肉疼痛、乏力。任何部位横纹肌均可受累。最常受累的肌肉为肩胛带肌、四肢近端、颈部、咽喉肌群。出现上肢抬起、下蹲、上楼、抬头、吞咽困难及声音嘶哑等相应症状。严重时心肌和呼吸肌也可受累。

肌肉症状早期较轻，可仅有乏力而无肌痛，随病情发展而加重。但亦有肌肉病变急速发展，广泛肌无力和肌痛，短期内即丧失运动功能。部分患者仅有肌肉损害，而无皮损，此时称为多发性肌炎。

3．其他 可有发热、消瘦、贫血、关节炎等。部分患者可有间质性肺炎、肺纤维化，导致肺功能下降，呼吸困难，部分患者有心包炎、胸膜炎、腹膜炎等。

4．并发恶性肿瘤 10%～30%的患者合并恶性肿瘤，特别是40岁以上患者。并发恶性肿瘤以鼻咽癌、乳腺癌、卵巢癌、胃肠道肿瘤、肺癌等多见。当伴发恶性肿瘤时，皮损呈鲜红色，称为恶性红斑。

本病在儿童预后良好，如果合并肿瘤或内脏受累则预后较差。

【实验室检查】

1．免疫学 以Mi、PM-1和JO-1三种自身抗体最具特异性。

2. 血清酶　肌酸磷酸激酶（CK）、天冬氨酸氨基转移酶（AST）、丙氨酸氨基转移酶（ALT）、乳酸脱氢酶（LDH）和醛缩酶（ALD）可显著增高，是肌肉损伤的敏感指标。特别是 CK 和 ALD 是横纹肌受损的早期特异指标。一般血清酶值的变化与肌肉病变平行，可监测病情活动。血清酶常在肌力改善前 3～4 周降低，而在疾病复发前 5～6 周已升高。

3. 尿肌酸　尿肌酸排泄量大于每日 200mg，常可达 400～1 200mg。24h 尿肌酸量可作为病情活动的指标。

4. 肌电图　为肌源性萎缩相肌电图。

5. 肌活检　取压疼显著或肌力中等减弱但尚未完全萎缩的肌肉进行病理检查，可见局灶性或弥漫性炎症。

【诊断】

1. 典型皮疹包括上眼睑紫红斑，Gottron 丘疹，关节伸侧、上胸部红斑鳞屑性损害、"披肩征"及皮肤异色表现。

2. 肢带肌（肩胛带肌、四肢近端肌）和颈前屈肌对称性软弱无力，可有吞咽困难或呼吸困难。

3. 血清肌酶如 CK、AST、LDH 和 ALD 升高。

4. 肌电图呈肌源性损害。

【治疗】

1. 去除诱因　患者应避免强烈日晒。因感染而诱发者，可用抗生素，如发现恶性肿瘤，应积极治疗。

2. 内用疗法

（1）糖皮质激素：泼尼松 1～2mg/（kg·d），皮损和肌酶可较早恢复，但肌力常需数周或数月才有明显改善。肌力是病情改善与否的重要指标。待病情缓解后逐渐减量，维持量 7.5～20mg/d，连用数月至数年不等。儿童患者治疗量相对较大，泼尼松 1.5～2mg/(kg·d)。

（2）免疫抑制剂：可单独或与皮质激素联合应用。常用甲氨蝶呤，口服，每周 7.5mg～10mg；或硫唑嘌呤，100mg/d；环磷酰胺、环孢素和霉酚酸酯对皮肌炎也有效。

（3）血浆置换或静脉注射免疫球蛋白：可用于糖皮质激素及免疫抑制剂无效或病情严重者。

（4）支持疗法：高蛋白、高维生素，防止低血钾。可给予能量合剂。

第四节　口-眼-生殖器综合征（白塞综合征）

【病因及发病机制】

白塞综合征（Behcet's disease）以口腔、外生殖器溃疡、眼部和皮肤病变为主要特征。严重时内脏亦可受累。本病原因不明，可能在遗传基础上，因感染及其他环境因素诱发自身免疫而发病。本病在日本、韩国、中国、中亚、土耳其发病率较高，也称"丝绸之路病"。

【临床表现】

本病以青壮年居多。病程慢性。

1. 口腔溃疡　为本病的主要表现之一。患者的初发症状大多为口腔溃疡。溃疡直径 0.2～1cm，境界清，深浅不一，表面粉红色或淡黄色，周边有一鲜红色晕，部分愈合后留有瘢痕。溃疡单发或多发，常见于唇、齿龈、颊、上腭、舌、咽等处。疼痛明显，一般 2 周左右可自行愈合，但反复发作。

2．生殖器溃疡　多出现于口腔或皮肤病变之后，但有时可为初发症状。溃疡在男性主要出现在阴囊、阴茎和龟头，女性主要出现在大小阴唇、阴道和子宫颈。局部引流区域淋巴结可肿大。临床经过与口腔溃疡类似，常在1～3周内愈合，但常反复发作。

3．眼部病变　一般出现较晚。双眼常同时受累，可表现为虹膜睫状体炎、前房积脓、脉络膜炎、视神经乳头炎等，患者可因青光眼、白内障而失明。少数患者始终不出现眼部病变，称为不全型。

4．皮肤损害　以痤疮样、毛囊炎、结节性红斑等损害较常见。针刺试验呈阳性，在前臂屈侧以0.1ml生理盐水皮内注射，针刺部位于24～48h出现毛囊炎和脓疱样损害，在静脉注射点亦有类似反应。针刺试验阳性对本病有诊断价值。

5．内脏损害　患者可出现多发性游走性非对称性关节炎，或单发性关节炎，表现为关节红肿热痛或关节积液；本病还可伴血管炎，大小血管均可受累，表现为结节性红斑静脉炎、动脉炎等，其他内脏损害还包括脑膜炎症候群、尿道炎、肾炎、间质性肺炎等。

【诊断】

目前有多种诊断标准，任何有复发性和广泛口腔溃疡者均应怀疑白塞综合征的可能，但在诊断前应排除其他的有口腔溃疡的疾病，如炎症性肠病、天疱疮、成人阿弗他口炎、重症大疱性多形红斑等。其他症状还需要与女阴溃疡、风湿性关节炎等鉴别。诊断要点包括：

1．复发性口腔溃疡，一年中至少复发3次。

2．复发性生殖器溃疡。

3．眼损害，如前房积脓、脉络膜炎等。

4．皮肤损害，结节性红斑、毛囊炎样、痤疮样损害。

5．针刺反应阳性。

【治疗】

本病为慢性病，需长期治疗。

1．内用疗法

（1）糖皮质激素：常用泼尼松口服，每次10～20mg，一日3次，症状控制后逐渐减量，根据病情小量维持。适用于①急性眼部病变；②严重中枢神经系统损害；③伴高热等全身中毒症状；④严重口腔、外阴溃疡，疼痛剧烈。

（2）免疫抑制剂：常用环磷酰胺或硫唑嘌呤，病情控制后减量。

（3）秋水仙碱：0.5mg/d，一日2次。对眼部病变和结节性红斑样皮损效果显著。

（4）反应停：口服初量200mg/d，病情缓解后减量。对口腔和生殖器溃疡有效。

（5）非甾体消炎药：主要用于治疗发热、关节炎及结节红斑样损害。常用吲哚美辛、保泰松、阿司匹林等。

（6）免疫调节剂：可试用转移因子、左旋咪唑、丙种球蛋白等。

（7）改善微循环：常用链激酶、双嘧达莫、阿司匹林、低分子右旋糖酐，以降低血液黏稠度、防止和治疗血栓形成。

2．外用治疗　溃疡疼痛剧烈者，外用苯唑卡因软膏以缓解症状；溃疡长期不愈者，应常用1∶8 000高锰酸钾液清洁创面，亦可外用养阴生肌散促进其愈合。

第五节 移植物抗宿主病

【病因及发病机制】

移植物抗宿主病（graft versus host disease，GVHD）是由于移植的免疫活性细胞对宿主的组织器官产生免疫攻击所引起的一种免疫性疾病。主要累及皮肤黏膜、胃肠道和肝，也可累及其他器官。多见于同种异体骨髓移植、脏器移植等。

【临床表现】

GVHD 分急性和慢性，前者发生在移植后 3 个月内，后者发生在移植 3 个月以后。

1. 急性移植物抗宿主病

（1）皮肤损害：皮疹最初为轻微的弥漫性红色斑疹或丘疹，有痒感，多初发于躯干，以后扩展至面部和四肢。病情继续发展，可呈麻疹样、猩红热样、红皮病样、剥脱性皮炎样及中毒性表皮松解坏死症（toxic epidermal necrolysis，TEN）样，愈合后遗留明显的色素沉着。黏膜也常受累，唇、口腔、生殖器黏膜红肿、糜烂、溃疡、疼痛。

（2）其他：可有发热、食欲降低、腹泻、腹痛、呕吐和肝排异表现如肝酶升高。

2. 慢性移植物抗宿主病　慢性 GVHD 皮疹表现多样化。

（1）扁平苔藓样皮疹：可见各种不同的扁平苔藓样损害，常见于口腔黏膜，也可见于外生殖器黏膜及其他部位皮肤。

（2）硬皮病样皮疹：是较常见的皮损表现，可呈多发性硬斑病样，也可为系统性硬皮病样性。主要发生在四肢和躯干，为弥漫性斑片状红斑水肿，以后萎缩硬化，还可累及筋膜，呈硬化性筋膜炎表现。

（3）皮肤异色病样皮疹：可有色素沉着，色素减退斑相间，但没有明显的毛细血管扩张。

（4）特应性皮炎样皮疹：可有皮肤干燥、粗糙、湿疹样皮疹、皮肤瘙痒、血中嗜酸性粒细胞和/或血清总 IgE 水平升高。

（5）其他：包括慢性皮肤溃疡、斑秃、常伴有网状红斑和网状色素沉着以及色素脱失。

慢性 GVHD 的肝和肠道症状轻微。

【组织病理】

急性移植物抗宿主病表皮各层均可见到角质形成细胞坏死及局灶性淋巴细胞浸润，呈"卫星样细胞坏死"，表皮基底细胞灶性空泡和液化变性，真皮乳头和表皮真皮交界处散在的弥漫性淋巴细胞为主的浸润。

慢性移植物抗宿主病皮肤组织学改变可与皮炎扁平苔藓及硬皮病相似。可有毛囊、汗腺减少。

【诊断】

骨髓移植后发生急慢性皮疹，是诊断本病的主要依据。GVHD 的皮疹可与许多皮肤病相似，临床上需要与急性 GVHD 鉴别的有其他原因引起的 TEN、剥脱性皮炎、药疹、病毒疹（麻疹和巨细胞病毒疹）、细菌感染（猩红热）、脂溢性皮炎等。与慢性 GVHD 相鉴别的有湿疹、扁平苔藓、硬皮病、皮肤异色症、放射性皮炎、蕈样肉芽肿等。

【治疗】

尽量减少 GVHD 的危险因素是最重要的预防措施。对骨髓移植者用抗淋巴细胞血清或抗胸腺细胞球蛋白或血清，有一定的预防作用。

全身使用糖皮质激素及免疫抑制剂仍是治疗 GVHD 的首选方法。急性 GVHD 标准治疗为甲泼尼龙联合支持治疗。慢性 GVHD 治疗为泼尼松联合环孢素 A、甲氨蝶呤等免疫抑制剂。近几年来一些新的免疫抑制剂如霉酚酸酯（MMF）、他克莫司（tacrolimus）、西罗莫司（sirolimus）被广泛运用于治疗 GVHD 并取得较满意疗效，一些单克隆抗体如英夫利昔单抗（infliximab）、CD52 单抗也有一定疗效。光疗包括 UVB、PUVA 以及体外光照免疫疗法（ECP）等有一定作用。

局部治疗包括保湿剂、外用皮质激素、他克莫司软膏和吡美莫司乳膏等。

第六节 天 疱 疮

【病因及发病机制】

天疱疮（pemphigus）是一种严重的大疱性自身免疫性皮肤病，患者血清中存在抗表皮角质形成细胞桥粒蛋白成分的抗体。发病原因并未完全清楚，某些药物如青霉胺、保泰松、利福平等可诱发本病。

【临床表现】

好发于中青年，病程慢性。根据临床和病理特点将天疱疮分为下列各型：

1. 寻常型天疱疮　本型最为常见（彩图 11-5）。基本损害为在外观正常的皮肤上出现大疱，疱壁薄而松弛，疱液清亮，易破裂形成糜烂、渗出。如继发感染，则成脓性，常有异味。特异性体征为尼氏征阳性，即在外力作用下，水疱面积扩大，用手指摩擦外观正常的皮肤，表皮极易分离。皮损以头面、躯干、腋下等处多见。口腔黏膜易受累，且常是最先出现的损害。

2. 增殖型天疱疮　本型少见，发病部位常局限于口腔、外阴、肛周、腋下及腹股沟。初发皮损与寻常型类似，以后在糜烂基础上呈蕈样、乳头状增生，常继发感染。

3. 落叶型天疱疮　水疱更为浅表，迅速破裂，形成糜烂，其上覆盖黄褐色痂屑。尼氏征阳性，严重时全身皮肤呈红皮病样，遍布片状鳞屑，如落叶状。由于继发感染，常有异味。口腔黏膜一般不受累。

4. 红斑型天疱疮　好发于头面、胸上部、上背等脂溢部位。疱壁薄，极易破裂。常见皮损为红斑基础上的糜烂和油性鳞屑及结痂。口腔损害少见，一般情况好。

5. 副肿瘤性天疱疮　往往合并肿瘤，常见的是淋巴细胞增生性疾患。以口腔黏膜严重的糜烂、溃疡伴疼痛为特点，也常累及眼及外阴等其他黏膜部位。皮损呈多形性，有天疱疮样、多形红斑样及扁平苔藓样皮疹。

6. 其他　还有疱疹样天疱疮和 IgA 天疱疮等少见类型。

【实验室检查】

1. 组织病理　表皮内因棘层松解而出现大疱，疱液内及真皮浅层可见嗜酸性粒细胞浸润。

2. 免疫荧光检查

(1) 直接免疫荧光：用水疱周围外观正常皮肤为底物，经免疫荧光染色，几乎所有患者均可发现棘细胞间有 IgG、C3 沉积。

(2) 间接免疫荧光：以正常的表皮为底物，取活动期患者血清进行免疫荧光检测，示患者血清中有抗棘细胞间物质抗体，即天疱疮抗体。

> **知识链接**
>
> ### 天疱疮
>
> 1990年，Anhalt在《新英格兰医学杂志》发表论文《Paraneoplastic pemphigus. An autoimmune mucocutaneous disease associated with neoplasia》，成为国际上首次描述报道副肿瘤性天疱疮的学者。我国首例PNP报道于1999年，随后每年有新发病例的报告。在2004年，我国学者在《柳叶刀》杂志发表论文《Castleman's tumours and production of autoantibody in paraneoplastic pemphigus》，提出Castleman肿瘤可产生致病性自身抗体，肿瘤切除后6～11周皮疹可逐渐消退，黏膜症状也可逐渐改善。

【诊断】

患者皮肤出现薄壁松弛的大疱，易破溃为不易愈合的糜烂面，尼氏征（+），组织病理示表皮内水疱，直接免疫荧光示棘细胞间有IgG、C3沉积，即可诊断。

【治疗】

原则是早期诊断，早期治疗，首选糖皮质激素治疗。

1．内用疗法

（1）糖皮质激素：原则为初量足，控制后逐渐减量，适量长期维持。常选用泼尼松口服。根据皮损范围、严重程度决定最初剂量，轻者0.5mg/(kg·d)，重者1.0～1.5mg/(kg·d)。皮损完全控制后可逐渐减量，维持治疗时可隔日顿服，10～15mg/d，常需持续服药数年。对重症病例，可用甲泼尼龙或地塞米松冲击疗法。

在治疗期间，应注意并预防皮质激素的不良反应，如高血压、糖尿病、溃疡病、消化道出血、继发细菌或真菌感染、骨质疏松等。

（2）免疫抑制剂：常与皮质激素联合应用，亦可单独使用。常用甲氨蝶呤，每周10～15mg；环磷酰胺多采用静脉冲击疗法，每月一次，0.5～0.75g/m^2；硫唑嘌呤口服，每日100～150mg，环孢素3～5mg/(kg·d)；霉酚酸酯2g/d。应注意监测不良反应，尤其是血象及肝肾功能。

（3）静脉滴注丙种球蛋白：常用于较严重的病例，10～20g/d，连用3～5天。

（4）氨苯砜（DDS）：用于红斑型天疱疮。口服，一日100～150mg。

（5）抗生素：选用敏感抗生素，消除创面感染，促进糜烂愈合。

（6）支持疗法：维持水盐平衡，输白蛋白、鲜血或血浆，促进创面愈合。

2．外用治疗 糜烂面换药：1∶2 000小檗碱或1∶8 000高锰酸钾液清洁创面并湿敷。口腔有损害时，可用含3%过氧化氢、0.1%依沙吖啶及2%普鲁卡因的溶液漱口。

3．副肿瘤性天疱疮的治疗关键是肿瘤的治疗。

第七节 大疱性类天疱疮

【病因及发病机制】

大疱性类天疱疮（bullous pemphigoid，BP）是一种慢性表皮下大疱性皮肤病，其发病与自身免疫相关。患者以老年居多，活动期患者血液中可查到抗表皮基底膜抗体，预后较好。

【临床表现】

本病好发于60岁以上老年人，偶见于儿童。基本损害为出现于红斑或正常皮肤上的张力性大疱，自觉瘙痒，黄豆至鸡蛋大小，疱液早期清亮，数日后变浑浊。尼氏征阴性，疱壁不易破裂，破溃后糜烂面易愈合（彩图11-6）。皮损好发于躯干、腋下、四肢屈侧。少数患者口腔内可出现水疱、糜烂，多不严重。

部分患者早期以风团样或水肿性红斑为主，持续数周，易误诊为多形红斑或药疹。

【实验室检查】

1. 组织病理　为表皮下疱，真皮浅层有淋巴细胞及嗜酸性粒细胞浸润。取红斑检查，见真皮乳头水肿，真皮浅层淋巴细胞及嗜酸性细胞浸润。

2. 免疫荧光检查　直接免疫荧光示基底膜带 IgG、C3 沉积，间接免疫荧光 70% 以上活动期患者血清中有抗基底膜带抗体。

【诊断】

老年人皮肤上出现张力性大疱，尼氏征阴性。组织病理为表皮下疱，并有嗜酸性粒细胞浸润。直接免疫荧光示基底膜带 IgG、C3 线状沉积，即可诊断。

【治疗】

治疗原则是早期诊断，早期治疗。药物初量要足，尽早控制皮损。

1. 内用疗法　治疗原则与天疱疮相同。但类疱疮病情相对较轻，而且多为老年患者，往往有并发症如高血压、糖尿病、心脑系统病等，所以治疗方法较温和。

（1）轻症、皮损局限的患者，可首选外用强效皮质激素软膏，每日2次涂于患处。

（2）轻中症或有服用激素禁忌证的患者，可选四环素 0.5g，每日4次，或米诺环素 100mg，每日2次，同时服用烟酰胺 300mg，每日2次。

（3）糖皮质激素：视病情轻重，按泼尼松 0.4～1.0 mg/(kg·d) 服用。

（4）免疫抑制剂：对严重的病例在治疗开始时可考虑合并使用免疫抑制剂。

（5）氨苯砜（DDS）：适用于轻症者。口服，100mg/d，如 2～4 周后无效，应改用糖皮质激素。

（6）支持治疗：同天疱疮。

2. 外用治疗　糜烂面换药同天疱疮。

第八节 线状 IgA 大疱性皮肤病

线状 IgA 大疱性皮肤病（linear IgA bullous dermatosis，LABD）少见，患者以儿童及中青年居多。基本损害为张力性、厚壁水疱及大疱，排列呈环形或匍形性。尼氏征阴性，好发于面部、躯干及股内侧，自觉瘙痒，预后良好。组织病理检查示表皮下疱，疱内及疱下真皮浅层嗜中性粒细胞为主的浸润。直接免疫荧光示基底膜带有均质线状 IgA 沉积。本病与疱疹样皮炎、类天疱疮鉴别见表 11-2。治疗首选氨苯砜，口服，100～150mg/d，水疱在数天内可迅速消退。

表 11-2 大疱性皮肤病鉴别诊断

病名	发病年龄	大疱特点	皮损分布	黏膜损害	尼氏征	自觉症状	病理改变	免疫学改变
天疱疮寻常型	中老年	正常皮肤上松弛性大疱，易破形成糜烂面，不易愈合	头面，躯干，四肢	常见	(+)	瘙痒较轻	表皮内棘层松解性疱，疱在基底细胞层上，疱内可见棘层松解细胞	DIF：表皮细胞间荧光系 IgG 和 C3 沉着 IIF：血清中抗表皮细胞间物质抗体
大疱性类天疱疮	老年人	红斑或正常皮肤上大疱，疱壁紧张不易破	四肢屈侧，躯干	少见	(-)	瘙痒	表皮下疱，疱内和疱下真皮浅层嗜酸性粒细胞浸润	DIF：基底膜带线状荧光系 IgG 和 C3 沉积 IIF：血清中有抗基底膜带抗体
线状 IgA 大疱性皮病	成年人及儿童	红斑，丘疹，水疱，皮损多形性，水疱常弧状排列	躯干，四肢	少见	(-)	瘙痒与疱疹样皮炎的改变相似	表皮下疱	DIF：基底膜带线状荧光系 IgA 沉积

案例 11-1

患者男，39 岁，因全身起红斑、水疱 1 年，加重 1 个月入院。患者 1 年前无明显诱因全身起红斑、水疱、糜烂在外院诊断为"大疱性皮肤病"，给予泼尼松（量不详）治疗后皮疹好转，之后病情反复，近 1 个月加重。皮肤科检查：全身可见黄豆大或甲盖大的红斑、松弛性水疱大疱、糜烂面，水疱易破，尼氏征（+），口腔可见片状糜烂。实验室检查：血尿便常规、肝功、肾功、血糖、血脂、血清离子均正常。组织病理示：表皮内棘层松解性疱，疱在基底细胞层上，疱内可见棘层松解细胞。

1. 该患者临床诊断是什么病？
2. 进一步确诊需做什么检查？
3. 应首选什么治疗？

【名词解释】

1．亚急性皮肤型红斑狼疮
2．Gottron 丘疹
3．CREST 综合征
4．针刺试验

【简答题】

1．系统性红斑狼疮的患者可存在哪些免疫学异常？
2．列举皮肌炎的特征性皮肤改变及特异性血清酶的变化。
3．天疱疮的分型以及各型的临床特点。
4．天疱疮的治疗原则。
5．临床上表现为紧张的水疱大疱性皮肤病的鉴别诊断。

（吕新翔）

第十二章

红斑鳞屑性皮肤病

1. 掌握银屑病的分型、临床表现及治疗原则,了解银屑病的治疗进展。
2. 掌握多形性红斑的临床表现及治疗原则。
3. 熟悉本章叙述的红斑鳞屑性疾病的皮疹表现。

红斑鳞屑性皮肤病是一组以红斑、丘疹、鳞屑为主要损害,病因及发病机制不明或尚未完全明确的一类皮肤病。

第一节 银 屑 病

银屑病(psoriasis)俗称牛皮癣,是一种常见的慢性复发性炎症性皮肤病。在欧美人群中的患病率为1%~3%。我国人群患病率为0.12%~0.47%。各年龄均可发病,以青壮年为多。

【病因及发病机制】

目前认为银屑病的发生与遗传因素、环境因素有关。

1. 遗传因素 人群、家系、双胞胎调查及HLA研究均支持银屑病的多基因遗传倾向。银屑病常有家族发病史,一般认为约30%银屑病患者有家族史。双亲一方有银屑病时,其子女患银屑病的风险为16%左右;而双亲均有银屑病时,其子女患银屑病的风险高达50%,且发病早而严重。同卵双生患病率为63%,异卵双生仅为23%。HLA Ⅰ类抗原A1、A13、A28、B13、B17、B37和Cw6和Ⅱ类抗原DR7在银屑病患者中表达的频率高于正常人,其中Cw6位点与银屑病的相关性最明显。

2. 感染 是促发或加重银屑病的重要因素。点滴状银屑病患者发病前常有上呼吸道链球菌感染或急性扁桃体炎,给予抗菌药物治疗及扁桃体切除术后能使病情好转、皮损消退。

3. 免疫因素 许多研究表明,银屑病是一种免疫介导的炎症性疾病。银屑病患者血清中IgA、IgE、C3a、C4a水平高于正常人。银屑病患者皮损处和外周血中存在多种细胞因子的异常如IL-17,IL-12,IL-23,肿瘤坏死因子等。T淋巴细胞、角质形成细胞、朗格汉斯细胞、中性粒细胞和真皮血管内皮细胞均参与了银屑病的发病。

4. 神经精神因素 忧虑、精神过度紧张、精神创伤等心理因素也与银屑病发病有一定关系。

【临床表现】

根据银屑病的临床特征一般分为寻常型、脓疱型、关节病型及红皮病型4型。

1. 寻常型银屑病（psoriasis vulgaris） 是最常见的临床类型，大多急性发病（彩图12-1）。皮损初起为粟粒至绿豆大小的红色丘疹或斑丘疹，以后逐渐扩大融合成棕红色斑块，境界清楚，周围有炎性红晕，基底浸润明显，表面有复层银白色鳞屑，鳞屑在急性期较薄，慢性期较厚，轻轻刮除鳞屑可见淡红色半透明发亮的薄膜，称薄膜现象。再刮去薄膜出现散在的小出血点，呈露珠状，称点状出血现象（Auspitz征），是银屑病特征性损害，具有诊断价值。皮损不断扩大和增多，可出现多种形态。损害为粟粒至豆粒大小红色丘疹，呈点滴状散布全身皮肤，称点滴状银屑病，常见于儿童，尤多见于扁桃体炎后诱发者；损害较大，呈圆形，似硬币者，称钱币状银屑病；若损害不断扩大，相互融合成大片不规则形，占据躯干或肢体的大部分，称地图状银屑病；少数患者皮损有糜烂及渗液呈湿疹样，干燥后形成污褐色鳞屑及厚痂，并重叠堆积，状如蛎壳者，称蛎壳状银屑病。

皮损可发生于全身各处，以头皮及四肢伸侧多见，尤其是肘、膝关节的伸面，常对称分布。少数病例可长期局限于某一部位如头皮、小腿伸侧，而不扩散。自觉有不同程度的瘙痒。发生于头皮者，损害分散或呈片状，境界清楚，鳞屑很厚，毛发呈束状，但无毛发脱落。发生于面部者，鳞屑较少，颇似脂溢性皮炎，偶可呈蝶状分布似红斑狼疮。部分病例黏膜可受累，常见于龟头、包皮内侧、口唇及口腔黏膜。龟头及包皮内侧为边界清楚的干燥性红斑，刮之有银白色鳞屑；口唇可出现银白色鳞屑，口腔黏膜可有乳白色、灰白色丘疹或肥厚性斑片，基底浸润，周围有红晕。指（趾）甲损害可累及数个或全部，甲板上有点状凹陷，呈"顶针"状，甲板凹凸不平，失去光泽，有时出现纵嵴、横沟、肥厚、甲剥离等。

寻常型银屑病临床上一般可分为三期。①进行期：新皮疹不断出现，原皮疹不断扩大，损害呈鲜红色，皮损周围有红晕，瘙痒明显，因搔抓、摩擦、针刺或外伤等，可在受刺激部位发生银屑病损害，称为同形反应（Koebner征）。②静止期：皮损稳定，基本无新皮疹出现，原皮疹也不消退。③退行期：此期皮疹颜色变淡，鳞屑变薄，皮疹逐渐缩小变平，留有暂时性色素减退斑或色素沉着斑。多数患者夏季减轻或痊愈，冬季加重，少数患者则无此规律。

2. 脓疱型银屑病（psoriasis pustulosa） 较少见（彩图12-2）。分为泛发性脓疱型银屑病和掌跖脓疱型银屑病。

（1）泛发性脓疱型银屑病：多见于中年。可由寻常型银屑病进行期外用刺激性药物、内用糖皮质激素治疗而突然停药或减量过快、感染等因素激发，也有少数发病即为泛发性脓疱型银屑病。大多急性起病，发病前1~2日可出现高热、寒战、关节痛、皮肤灼痛及白细胞增多等。一般在寻常型银屑病的基本损害上出现密集的针头至粟粒大小黄白色无菌性小脓疱，脓疱可迅速增多，融合成脓湖。皮损可累及全身，但以四肢屈侧及皱褶部位多见。经2~3周脓疱干涸结成脓痂。皮损成批出现，脓疱破裂后出现糜烂、渗液及结痂。口腔颊黏膜也可出现小脓疱，甲板可出现肥厚、浑浊、萎缩、碎裂或溶解，甲板下有堆积成层的鳞屑，甲床也可出现小脓疱。病情减轻后可出现寻常型银屑病皮损。病程数月或更久，周期性反复发作，也可发展为红皮病型银屑病。常并发肝、肾等系统损害，也可因继发感染、电解质紊乱而危及生命。

（2）掌跖脓疱型银屑病：皮损只限于手足部，主要侵及掌跖，常对称分布。手部皮损多初发于大小鱼际处,渐扩展到掌心及手指部。足部损害好发于跖中部及跖内侧。皮损为对称性红斑,其上有成群的针头至粟粒大小的无菌性脓疱,疱壁较厚,不易破裂,经 1～2 周后脓疱干涸结痂、脱屑。脓疱反复成群发生,以致在同一部位可见脓疱、结痂及脱屑等不同期损害。自觉疼痛或瘙痒。指(趾)甲板可受累出现点状凹陷、变形、浑浊、肥厚、纵嵴、横沟、甲剥离,重者甲下积脓。在身体其他部位可见到典型银屑病皮损。

3. 关节病型银屑病(psoriasis arthropathia) 又称银屑病性关节炎(彩图 12-3),发病率占银屑病患者的 1%～2.5%。往往在寻常型银屑病久病之后,也可经反复多次复发、症状恶化后发生关节病变,或与脓疱型银屑病或红皮病型银屑病并发。除典型的银屑病皮损外,还伴有轻重不同的关节病变,受累关节红肿、疼痛,重者关节腔积液,活动受限,以至关节僵硬、变形。大小关节均可受累,也可见于脊柱,特别是手足等小关节。关节症状与皮肤症状同时加重或减轻。类似类风湿性关节炎症状,但类风湿因子阴性。

4. 红皮病型银屑病(psoriasis erythroderma) 此型多是寻常型银屑病进行期外用刺激性较强的药物或长期大量内用糖皮质激素突然停药或减量过快所致。脓疱型银屑病在脓疱消退阶段可表现为红皮病型银屑病。极少数患者初起即为红皮病。全身皮肤迅速出现弥漫性潮红浸润,表面有大量糠状脱屑。其间可见岛屿状正常皮肤。指(趾)甲增厚、浑浊、变形、脱落。口腔、鼻腔黏膜及眼结膜常有充血。常伴有发热、畏寒、头痛、关节痛及浅表淋巴结肿大。病程慢性,皮损消退后常出现典型银屑病损害。

> **知识链接**
>
> ### 银屑病
>
> 据不完全估计,全世界约有 1.25 亿人受到银屑病的困扰。2004 年,在欧洲最大生物科技公司 Serono 的赞助下,来自世界各地的银屑病患者和非银屑病患者代表组成了国际银屑病理事会,并在同年 7 月的会议上一致通过:把今后每年的 10 月 29 日定为"世界银屑病日"(World Psoriasis Day,简称 WPD)。银屑病日是为了引起全世界对银屑病患者的关注以及正确的认识,让银屑病患者得到更好的治疗。

【组织病理】

表皮角化不全,角质层可见中性粒细胞聚积成 munro 小脓肿,颗粒层变薄或消失,棘层增厚,表皮突延长,其末端较宽。真皮乳头上升呈杵状,乳头内毛细血管扩张。乳头上方表皮变薄,真皮上部血管周围有淋巴细胞浸润。脓疱型银屑病组织病理表皮可见 Kogoj 海绵状脓疱。

【诊断】

特征性皮损为境界清楚、表面有复层银白色鳞屑的红色斑块,可见薄膜现象及点状出血现象;好发于头皮及四肢伸侧,头皮损害可见束状发;病程慢性,反复发作;脓疱型银屑病是在寻常型银屑病的基础上成批出现多数无菌性小脓疱;关节病型银屑病关节症状与皮肤症状平行;红皮病型银屑病根据银屑病病史易于诊断。应与下列疾病鉴别:

1. 脂溢性皮炎　头部银屑病应与头部脂溢性皮炎鉴别。脂溢性皮炎为油腻细小鳞屑，刮除鳞屑后无点状出血，皮损境界不清，毛发稀疏脱落，无束状发。

2. 毛发红糠疹　在红斑的周围常能见到毛囊角化性丘疹，鳞屑少，中心有毳毛贯穿，第一、二指节背面多发，常伴掌跖角化。

3. 玫瑰糠疹　皮损主要位于躯干及四肢近端，为多数大小不等圆形或椭圆形红斑，长轴与皮纹走行一致，病程6～8周，有自限性。

4. 二期梅毒疹　皮疹广泛对称，常累及掌跖及黏膜，伴浅表淋巴结肿大，梅毒血清反应阳性。

【治疗】

应向患者说明银屑病是慢性良性皮肤病，解除其思想顾虑，重视心理治疗，包括科普教育、心理疏导及行为治疗等。急性期不宜饮酒及食用刺激性食物；应禁止外用刺激性强的药物及避免各种物理、化学刺激，因此银屑病需长期治疗和坚持治疗。目前对银屑病的疗法较多，但各种治疗均有一定局限性，不能防止复发。

1. 内用疗法

（1）甲氨蝶呤：用于红皮病型、关节病型、脓疱型及泛发性寻常型银屑病。10～15mg，每周1次肌内注射或口服。副作用有骨髓抑制、肝损伤等，治疗中应定期检查血常规、肝功能等。

（2）维A酸类：用于脓疱型、红皮病型、关节病型及慢性斑块型银屑病。常用阿维A 20～50mg/d，口服，连用2～4周，以后小剂量维持。副作用有皮肤黏膜干燥，长期应用可致高血脂及肝功能异常，停药后可恢复正常。最大的副作用是致畸作用，育龄期妇女服药期间和停药2年内应采取避孕措施。儿童应慎用。

（3）环孢素：用于其他疗法无效的严重寻常型银屑病、脓疱型、关节病型及红皮病型银屑病。开始剂量为3～5mg/(kg·d)，分2次口服，见效后递减剂量至停药。应注意高血压及肾毒性等副作用。

（4）抗生素：主要用于急性点滴状银屑病伴有上呼吸道链球菌感染者，可用青霉素类、大环内酯类、四环素类及头孢菌素类抗生素。泛发性脓疱型银屑病可用甲砜霉素。

（5）糖皮质激素：一般不主张系统使用糖皮质激素，仅用于泛发性脓疱型、关节病型及红皮病型银屑病且在其他疗法无效时，与免疫抑制剂、维A酸类联合应用可减少剂量。

（6）生物制剂：包括抗TNFα单抗、抗IL-12、IL-23单抗IL-17单抗等，用于重度银屑病疗效好，但较昂贵。

（7）其他药物：普鲁卡因250～500mg，维生素C 3g，加入5%葡萄糖注射液500ml中，每日1次静脉滴注，10次为一个疗程。

2. 外用疗法　急性期不宜外用刺激性强的药物。外用药物种类繁多，可根据皮损情况选择药物，包括角质促成剂、角质剥脱剂、糖皮质激素制剂、地蒽酚制剂、维生素D_3衍生物、焦油制剂、维A酸类制剂、水杨酸等。

3. 物理疗法

（1）水疗：常用水浴、糠浴、矿泉浴、焦油浴、药浴等。

（2）紫外线疗法：可采用宽谱UVB、窄谱UVB、PUVA、UVA、308nm准分子激光等。

案例 12-1

患者,男,36岁,主因周身红斑、鳞屑1年就诊。患者1年前偶然发现双肘部榆钱大小红斑,表面有白色鳞屑,无自觉症状。皮疹不断增多,渐波及四肢、躯干及头部,轻度瘙痒。曾自行外用糖皮质激素制剂。既往体健。其父亲为银屑病患者。皮肤科情况:头皮、四肢及躯干可见榆钱至分币大小棕红色斑块,境界清楚,表面覆较厚复层银白色鳞屑,刮除鳞屑可见薄膜及点状出血现象。皮损对称分布,以四肢伸侧及腰背部为重,头皮损害处毛发呈束状。

请分析:该患者要考虑哪些诊断,怎样进行下一步检查和诊疗?

第二节 副银屑病

【病因及发病机制】

副银屑病(parapsoriasis),是一组病因不明的以鳞屑性红斑丘疹为特征的慢性皮肤病。目前认为本病可能是由于机体对某种病原体引起超敏反应的一种血管炎性免疫复合物疾病。

【临床表现】

好发于青壮年,以男性多见。一般无自觉症状或仅有轻度瘙痒。病程慢性,不易治愈。根据临床表现将本病分为三个类型,即点滴型副银屑病、斑块型副银屑病、痘疮样型副银屑病。

1. 点滴型副银屑病(parapsoriasis guttata) 此型较多见。常于青春期发病。皮损为多数针头至粟粒大小淡红色或褐红色浸润性斑疹、斑丘疹或丘疹,互不融合,表面覆少许不易剥掉的细薄鳞屑,用力刮除鳞屑后无点状出血现象。好发于躯干两侧、股部和上臂,以屈侧为多。一般不累及头面、掌跖及黏膜。经数周或数月皮损可消退,留下暂时性色素减退斑,但可陆续出现新皮损,新旧皮损同时存在。无自觉症状,病程慢性,经数月至一年可自愈,也有数年不愈者,不影响健康。

2. 斑块型副银屑病(parapsoriasis enplaques) 此型较少见。好发于中年男性。皮损为单个或数个境界清楚的圆形、椭圆形或不规则形斑片或斑块,呈淡红或紫褐色,表面覆少许细薄鳞屑,分币至手掌大小。通常散在分布,有时可相互融合成大片,并可呈带状排列。好发于躯干及四肢近端,不累及黏膜。无自觉症状或轻度瘙痒。病程慢性,皮损可持续存在,多冬重夏轻,很少自行消退,久病后可出现苔藓样肥厚或萎缩,类似皮肤异色症样外观,少数可演变为蕈样肉芽肿。

3. 痘疮样型副银屑病(parapsoriasis varioliformis) 又称急性痘疮样苔藓状糠疹。多见于青年,无性别差异。常急性起病,出现发热、关节痛及浅表淋巴结肿大等全身症状。皮损为淡红色或褐红色针头至豌豆大小的丘疹、丘疱疹或脓疱,表面有鳞屑,也可见到出血性皮疹,中央可发生坏死、结痂,痂脱落后留有凹陷性瘢痕,坏死严重时可形成溃疡,愈后留有痘疮样瘢痕。皮损多突然出现于躯干及四肢屈侧,不累及掌跖和黏膜。无明显自觉症状。病程一般为数周至半年,可自然消退。

【诊断】

应与下列疾病鉴别。

1．点滴状银屑病　皮损表面有复层银白色鳞屑，可见薄膜现象及点状出血现象，特征性组织病理改变等，可与点滴型副银屑病相鉴别。

2．扁平苔藓　典型损害为紫红色多角形扁平丘疹，表面可见 Wickham 纹，组织病理具有特征性改变。

3．二期梅毒疹　皮损分布广泛对称，常累及掌跖、黏膜，伴浅表淋巴结肿大，梅毒血清反应阳性。

4．玫瑰糠疹　皮损为圆形或椭圆形红斑，表面覆细薄鳞屑，长轴与皮纹走行一致。好发于躯干及四肢近心端，病程有自限性。

【治疗】

目前尚无特效疗法，采用对症治疗，如口服抗组织药物，外用糖皮质激素或进行紫外线疗法。对斑块型副银屑病患者应注意随访，以便早期发现蕈样肉芽肿。

1．外用疗法　可选用糖皮质激素制剂、润肤剂、焦油制剂、5% 水杨酸软膏等。

2．内用疗法

（1）一般疗法：口服维生素 D、维生素 E、维生素 B、维生素 C 等。

（2）抗生素：应用四环素类或大环内酯类。

（3）氨苯砜：50mg，每日 2 次，对痘疮样型副银屑病有效。

（4）甲氨蝶呤：小剂量使用常有效。

（5）糖皮质激素：适用于病情严重的痘疮样型副银屑病。

3．光疗　可采用 UVB，也可用 PUVA 治疗。

第三节　玫瑰糠疹

【病因及发病机制】

玫瑰糠疹（pityriasis rosea）是一种常见的炎症性自限性皮肤病。病因尚不十分清楚。本病好发于春秋季节、有小范围流行性、病程有自限性、很少复发，提示本病可能与病毒有关，如微小病毒及 T 型疱疹病毒。

【临床表现】

多见于青少年，好发于春秋季节（彩图 12-4）。部分患者发疹前可出现轻度全身不适、低热、头痛、咽痛、淋巴结肿大等前驱症状。一般会先在躯干或四肢某部位出现一个直径 2～4cm 的圆形或椭圆形斑片，呈皮色、淡红色至玫瑰色，境界清楚，表面覆细薄糠状鳞屑，边缘有领圈样薄屑，称为母斑或前驱斑。经 1～2 周左右，成批出现皮损，圆形或椭圆形，中心略呈黄褐色，称为子斑或继发斑，其长轴与皮纹走行一致。常对称性分布于躯干和四肢近心端。头面部及掌跖部一般不累及。无自觉症状或有不同程度瘙痒。病程有自限性，经 6～8 周可自行消退，个别病例可迁延数月或更长，很少复发。非典型玫瑰糠疹可表现为无母斑，或仅出现母斑而无子斑；或呈不对称、不典型分布。

特殊类型者可形成丘疹性、水疱性、脓疱性、紫癜性、荨麻疹性及色素性玫瑰糠疹等。

【诊断】

根据皮损为圆形或椭圆形玫瑰色红斑，表面覆有细薄鳞屑，长轴与皮纹走行一致，好发于躯干及四肢近心端，病程有自限性可做出诊断。应与下列疾病鉴别：

1. 体癣　皮损数目较少，呈环状，边缘有小丘疹或水疱，真菌检查可呈阳性。
2. 银屑病　皮损好发于头皮及四肢伸侧，上覆银白色鳞屑，并有薄膜现象及点状出血现象，反复发作。
3. 二期梅毒疹　皮损为大小较一致的圆形或椭圆形蔷薇色或紫褐色斑，全身分布，常累及掌跖，无自觉症状，梅毒血清反应阳性。

【治疗】

本病可自然痊愈，应解除不必要的顾虑。

1. 内用疗法
（1）抗组胺药：瘙痒症状明显者可口服抗组胺药物。
（2）抗病毒药物：可用阿昔洛韦、利巴韦林、吗啉胍等。
（3）抗菌药物：可用大环内酯类或四环素类抗菌药。
（4）糖皮质激素：对皮损广泛、炎症显著者可采用小剂量短程糖皮质激素治疗，如泼尼松 20～30mg，每早口服，递减剂量至停药。
2. 外用疗法　外用抗炎及保护性止痒剂，如糖皮质激素或炉甘石洗剂等。
3. 紫外线疗法　窄谱 UVB 可明显缩短病程，用于皮损广泛、瘙痒严重者。

第四节　毛发红糠疹

【病因及发病机制】

毛发红糠疹（pityriasis rubra pilaris）是一种慢性毛囊角化性炎症性皮肤病。病因不明，有学者将本病分为遗传性和获得性两种类型。遗传性毛发红糠疹为常染色体显性遗传，发病早，常在婴儿期或儿童期发病，症状轻，病程迁延以至终生；获得性毛发红糠疹病因不清，可能与维生素 A 代谢异常、肝病、内分泌疾病等有关，可在任何年龄发病，病程有自限性。

【临床表现】

呈急性或缓慢起病。皮损早期可发生于头面部，表现为头皮较厚的灰白色糠状鳞屑，颜面潮红，有细薄糠状鳞屑而类似脂溢性皮炎。特征性皮损为红斑基础上或正常皮肤上出现密集成片的针头至粟粒大小淡红至红褐色毛囊性丘疹，丘疹顶端中央有角栓和毳毛贯穿，呈"鸡皮"样外观，触之有棘手感，皮疹密集可融合成大片红色至黄红色斑块，表面有不同程度的糠状鳞屑，但在其周围仍可见散在毛囊角化性丘疹。好发于头面、躯干及四肢伸侧，尤以膝、肘关节伸侧和第一、二指节背面为多，呈对称分布。病情严重者皮损可泛发全身，可发展成红皮病，但仍残存岛屿状正常皮肤。多数患者掌跖受累，呈特征性橘红色蜡样角化过度。指（趾）甲及毛发也常受累，甲板失去光泽、粗糙不平、有横沟纵嵴，质脆易碎，毛发脱落稀疏。发生于口周者可出现放射状皲裂。一般无明显瘙痒，很少累及内脏，病程慢性。

【组织病理】

最显著的病理变化是银屑病样皮炎，伴不规则角化过度和在垂直与水平方向交替出现的角化过度和角化不全。可有毛囊口角栓和灶性角化不全，颗粒层增厚，棘层松解或局灶性棘层松解性角化不良及真皮浅层血管周围轻度淋巴细胞浸润。

【诊断】

根据典型皮损为红斑基础上的毛囊角化性丘疹，融合成片，表面覆糠状鳞屑；好发于头皮、躯干及四肢伸侧，常伴掌跖角化过度不难诊断。应与下列疾病鉴别：

1. 毛发苔藓　毛囊性丘疹为正常皮肤颜色，无炎症，不融合。
2. 脂溢性皮炎　早期头面部皮损类似，但脂溢性皮炎无毛囊角化性丘疹。

【治疗】

1. 内用疗法

(1) 维生素类：维生素 A 5万 IU，每日3次口服，连服4～6个月，可加用维生素 E 100mg，每日3次口服。

(2) 维A酸类：异维A酸 0.5～1mg/(kg·d)，口服，或阿维A 20～30mg/d，口服。

(3) 免疫抑制剂：病情严重，其他治疗无效时，可用甲氨蝶呤，治疗方案同银屑病。环孢素对获得性患者有效，3～5mg/(kg·d)，分次口服，病情控制后逐渐减量至 1mg/(kg·d)，维持1～2个月。

2. 外用疗法　可单纯外用润肤剂，或选用 0.025%～0.1% 维A酸乳膏、10%～20% 尿素乳膏、5% 水杨酸软膏、卡泊三醇软膏等。

3. 物理疗法　可用中波紫外线或 PUVA，与维A酸联合应用疗效更佳。

第五节　白色糠疹

白色糠疹（pityriasis alba）又称单纯糠疹或面部干性糠疹，是一种以干燥鳞屑性淡色斑为特征的轻度炎症性皮肤病。病因不明。有人认为可能与马拉色菌感染有关。白色糠疹与特应性体质相关，目前多认为是一种非特异性皮炎，皮肤干燥、风吹、日晒、洗涤等可能是诱发因素。常见于儿童及青少年，任何季节均可发病，冬春季节较多见。皮损为圆形、椭圆形或不规则形色素减退斑片，直径可达数厘米，境界不十分清楚，表面干燥，覆有细小灰白色糠状鳞屑。好发于面部，有时也可见于颈部、躯干，少数可泛发全身。一般无自觉症状，部分可有轻度瘙痒。本病有自限性，经过数月或更长时间可自愈。治疗的目的主要是缩短病程，局部可外用保湿润肤剂或糖皮质激素，也可外用含抗真菌成分的复方制剂。

第六节　多形性红斑

多形性红斑（erythema multiforme）又称渗出性多形性红斑，是一种病因复杂的急性炎症性皮肤病。皮损具有多形性，常伴有黏膜损害，严重者出现全身症状。

【病因及发病机制】

病因复杂，目前多认为是机体对外来抗原产生的变态反应。变应原包括细菌、病毒、真菌、原虫、支原体、食物、药物、疫苗、血清等。近年来比较重视单纯疱疹病毒感染。另外，还与物理因素如寒冷和气候变化有关。

【临床表现】

多见于青年，女性多于男性，好发于春秋季节（彩图12-5）。发病前可有倦怠、头痛、咽痛、畏寒发热、食欲缺乏、关节痛及全身不适等前驱症状。皮疹在12～24h内突然发生，对称分布于颜面、躯干及四肢，尤其好发于面部、手足背、前臂及踝部，部分可累及黏膜。皮损呈多形性，有红斑、斑丘疹、丘疹、水疱、大疱、血疱和紫癜等。自觉灼痛、胀痛或瘙痒。根据皮损特点，可分为以下三型：

1. 斑疹-丘疹型　此型最常见。皮损为扁豆至钱币大小圆形或椭圆形水肿性红斑或扁平丘疹，颜色鲜红，境界清楚，皮损向周围扩大。1～2天后中央颜色变暗呈紫红色，或出现水疱、血疱或紫癜，边缘淡红或鲜红色，形如虹膜样或靶样，为本病的特征性损害，有诊断价值。常对称分布，自觉瘙痒，黏膜损害轻或无。病程2～4周。

2. 水疱-大疱型　可由斑疹-丘疹型发展而来。皮损中央形成水疱、大疱或血疱，周围绕以红晕，呈虹膜样，尼氏征阴性。此型常有黏膜损害，口腔、鼻腔及外生殖器黏膜均可受累，表现为红斑、水疱、糜烂或浅表溃疡，自觉疼痛。眼可发生卡他性结膜炎，少数侵犯角膜和巩膜。全身症状有关节痛、发热、蛋白尿、血尿等。

3. 重症型（Stevens-Johnson综合征）　此型发病急剧，有较重的前驱症状，如高热、头痛、乏力、咽痛、关节痛及全身不适。皮损发展迅速，常广泛分布于全身，尼氏征可阳性。黏膜损害出现早且严重，全身腔口部位黏膜均可受累，可出现水疱、糜烂、溃疡及出血，自觉疼痛，严重者食管及胃肠道黏膜受累，进食困难。眼部损害发生率高且严重，表现为结膜炎、角膜炎或角膜溃疡、虹膜炎甚至全眼球炎。病程3～6周。如延误治疗，少数患者可发展为中毒性大疱型表皮松解坏死症（foxic epidermal necrolysis，TEN）。

> **知识链接**
>
> ### 多形性红斑
>
> 药物诱发的重症多形性红斑是皮肤科重症，需要及早诊治，否则可进展为中毒性表皮坏死松解症。随着人类基因组学和药物基因组学研究的不断深入，研究发现中国人汉族卡马西平所致的重症多形性红斑/中毒性表皮坏死松解症与HLA-B*1502、HLA-A*2402基因相关，而别嘌呤醇所致的重症多形性红斑/中毒性表皮坏死松解症与HLA-B*5801基因相关。

【组织病理】

表皮角质形成细胞出现不同程度的坏死，基底细胞液化变性，可形成表皮下水疱，可见真皮上部水肿，血管周围淋巴细胞为主的浸润。

【诊断】

根据多形性皮损伴虹膜样损害，可累及黏膜；对称分布，好发于面部及肢端；病程有自限性诊断。应与下列疾病鉴别。

1. 冻疮　发生于冬季，好发于肢体末端外露部位，表现为局限性暗红色肿胀，严重时出现水疱、糜烂，但无虹膜样损害，无黏膜损害，自觉瘙痒灼痛，遇热后加剧。

2. 大疱性类天疱疮　多发生于老年人，早期为水肿性红斑，常有大疱，但无虹膜样损害，结合组织病理可鉴别。

【治疗】

寻找可疑病因，给予相应治疗，如控制感染、停用一切可疑致敏药物等。

1. 一般治疗　对中重症型患者，应卧床休息，加强护理，给予高热量、高蛋白及多种维生素饮食。

2．内用疗法

（1）轻者一般给予抗组胺药物、钙剂、维生素C等。

（2）糖皮质激素：对中重度患者应尽早应用糖皮质激素，如静脉点滴氢化可的松200～400mg/d或口服泼尼松30～40mg/d或肌内注射地塞米松10～20mg/d，全身症状及皮损好转后逐渐减量至停药。

（3）抗生素类：及时选用有效抗生素控制和预防感染。

（4）抗病毒药物：阿昔洛韦0.2g，每日5次口服，或阿昔洛韦0.5g，每日2次静脉滴注，5～7日为一疗程。

3．外用疗法　以消炎、止痒、收敛、防止继发感染为原则。

（1）皮肤损害：可外用炉甘石洗剂、糖皮质激素制剂；对大面积糜烂者应干燥暴露，严格隔离消毒。

（2）黏膜损害：口腔黏膜损害，可用复方硼砂溶液或2%碳酸氢钠溶液漱口。为减轻进食疼痛，可在进餐前用2%普鲁卡因溶液漱口或喷涂1%～2%盐酸丁卡因溶液。眼部损害用生理盐水冲洗后，交替滴氯霉素滴眼液和氢化可的松滴眼液。肛门及外阴部损害，可用生理盐水或用1：（1000～2000）黄连素溶液湿敷。

第七节　扁平苔藓

扁平苔藓（lichen planus）是一种特发的皮肤黏膜炎症性疾病，可能与药物、感染、自身免疫、内分泌异常及精神因素等有关。

【病因及发病机制】

本病病因及发病机制尚不清楚，但已经发现与多种疾病过程和因素有关，包括病毒感染尤其是HCV（hepatitis C virus）、自身免疫性疾病、接种疫苗、药物、金属修补材料及细菌感染等。越来越多的证据表明扁平苔藓是T细胞介导的疾病。

【临床表现】

好发于青年及成年。典型皮损为多角形或圆形紫红色扁平丘疹，直径0.1～1.0cm大小，境界清楚，表面有蜡样光泽，丘疹表面可见灰白色斑点或网状条纹，外涂液状石蜡会更加明显，称为Wickham纹，是本病的特征性损害。皮损可孤立、散在或融合成片。在急性期因搔抓可出现串珠状同形反应（Kobner现象）。皮损可泛发全身，常对称分布，四肢屈侧多见，尤以腕屈侧、前臂、股内侧、小腿及腰臀部最易受累。自觉不同程度的瘙痒，病程慢性，可持续数月至数年。

黏膜扁平苔藓多与皮损伴发，也可单独发生。黏膜损害多见于口腔颊黏膜上下咬合部，口唇、齿龈及舌部等处，也可见于外生殖器黏膜。典型黏膜损害为白色网状细纹或斑点，还可出现丘疹、斑块、萎缩、糜烂及溃疡等。口唇部损害为红斑糜烂伴黏着性鳞屑。龟头部为境界清楚的红色扁平丘疹或网状白斑。黏膜损害可无自觉症状或有烧灼伴疼痛感。

甲扁平苔藓可累及数个或全部指（趾）甲，表现为甲板变薄、变形、表面粗糙、无光泽，表面可有纵嵴或纵裂，甲下角化过度，萎缩甚至甲板消失。甲皱襞粘连在甲床上形成甲翼状胬肉，此为甲扁平苔藓的特征性损害。如甲母质被破坏，则指（趾）甲难以恢复。

扁平苔藓除上述的典型类型外，临床上还有一些常见的类型，如：线状扁平苔藓，皮损呈线状或带状排列，多位于肢体的一侧；环状扁平苔藓，皮损排列呈环状，也可由较大的丘疹中央消退后向周围扩大形成，多见于龟头；肥厚性扁平苔藓，皮损聚集成肥厚增殖性斑块，多见于胫前及踝部；大疱性扁平苔藓，在扁平丘疹、斑块或正常皮肤上出现水疱或大疱；色素性扁平苔藓，皮损为灰褐色或紫褐色斑疹或斑丘疹，炎症不明显；毛发扁平苔藓，表现为红斑、毛囊性丘疹，发生于头皮者可形成永久性脱发，呈斑片状，偶为弥漫性；光化性扁平苔藓，与日晒有关，好发于面部、手背、前臂等外露部位，皮损除典型的扁平苔藓损害外，可见色素性或色素减退性斑片，边缘高起，中心呈紫褐色。

【组织病理】

典型病理表现为表皮角化过度，颗粒层楔形增厚，棘层不规则增厚，基底细胞液化变性，皮突呈锯齿状，真表皮交界处致密淋巴细胞带状浸润，可见噬色素细胞及胶样小体。

【诊断】

根据多角形或圆形紫红色扁平丘疹，表面有 Wickham 纹，好发于四肢屈侧，常累及黏膜及典型组织病理改变可诊断。本病需与皮肤淀粉样变性、黏膜白斑、环状肉芽肿、唇部盘状红斑狼疮相鉴别。

【治疗】

多采用综合治疗。一般治疗包括消除精神紧张，限制烟酒及刺激性食物。与药物因素有关者，需停用可疑致敏药物。

1. 内用疗法

(1) 抗组胺药：对瘙痒严重者应用，以减轻瘙痒症状。

(2) 糖皮质激素：适用于急性泛发者、指（趾）甲和毛发严重受累者或黏膜溃疡严重者，泼尼松 30～40mg/d 口服，有效后逐渐减量至停药。肥厚性扁平苔藓也可用糖皮质激素皮损内注射。

(3) 羟氯喹：对光化性扁平苔藓、大疱性扁平苔藓、黏膜扁平苔藓和甲扁平苔藓有效。羟氯喹 200mg，每日 2 次口服，8 周后改为 100mg，每日 2 次口服，维持 4 周。

(4) 氨苯砜：25～50mg，每日 2～3 次口服，对皮肤和黏膜糜烂、溃疡及大疱性扁平苔藓有一定疗效，疗程视病情而定。

(5) 维 A 酸类：可用于常规疗法无效、病情严重者及肥厚性扁平苔藓患者。异维 A 酸 10～30mg/d，口服；或阿维 A 20～50mg/d，口服，疗程 2～3 个月。

(6) 免疫抑制剂：环孢素 3～6mg/(kg·d)，疗程 6～8 周；雷公藤多苷 20mg，每日 3 次，疗程 2 个月。也可用其他免疫抑制剂如硫唑嘌呤、环磷酰胺、甲氨蝶呤等。

2. 外用疗法　可外用糖皮质激素制剂、钙调磷酸酶抑制剂、维 A 酸类制剂及各种焦油制剂等。

3. 物理疗法　可采用 UVA1 及窄谱 UVB 治疗，可采用 PUVA 疗法，适用于泛发性和毛发扁平苔藓，液氮冷冻适用于肥厚性扁平苔藓的皮损。

第八节　线状苔藓

【病因及发病机制】

线状苔藓（lichen striatus）是一种原因不明的自限性炎症性皮肤病。

【临床表现】

好发于儿童。皮损为针头至粟粒大小苔藓样多角形或圆形扁平丘疹，呈淡红色、灰白色或正常皮肤颜色，表面覆有少许鳞屑，略有光泽。皮损群集增多相互融合，形成长短、宽窄不一的线状或条带状排列。多沿 Blaschko 线单侧分布于四肢或颈部，也可见于身体其他部位。一般无自觉症状。病程慢性，通常在 3~6 个月皮损自行消退，消退后不留痕迹或遗留暂时性色素减退斑。

【诊断】

1. 线状扁平苔藓　皮损为多角形扁平紫红色丘疹，丘疹表面可见到 Wickham 纹，瘙痒明显，组织病理改变有特异性。

2. 表皮痣　婴幼儿期发病，损害为角化性丘疹、坚硬，随年龄增长而逐渐排列成线条状，不会自然消退。

【治疗】

本病多无自觉症状，可自然消退，一般不需治疗。可局部外用糖皮质激素制剂。

第九节　光泽苔藓

【病因及发病机制】

光泽苔藓（lichen nitidus）是一种原因不明的慢性丘疹性皮肤病。有学者认为它可能是扁平苔藓的一个亚型，大部分学者认为它是一种独立疾病。

【临床表现】

本病多见于儿童或年轻人。皮损为多发、针头大小、形态一致的扁平丘疹，表面有光泽，多呈正常皮肤颜色，也可呈淡红色、淡白色或淡黄色，群集而不融合。可出现同形反应。好发于上肢屈侧、生殖器、胸腹部和手背，面部、颈部、下肢及掌跖也可受累，甚至播散全身。偶见口腔黏膜损害。指甲也可受累，甲板可出现点状小凹点、纵嵴及纵纹增多等。一般无自觉症状。病程慢性，可自然消退，但有时可再发。

【组织病理】

组织病理具有诊断意义。可见一个或多个真皮乳头内局限性上皮样细胞为主的浸润，也可有淋巴细胞浸润灶两侧的表皮突向下延伸，环抱着浸润细胞团块呈抱球状，浸润灶顶部表皮萎缩变薄，可见角化不全"帽"，颗粒层减少，基底细胞液化变性伴色素失禁。

【诊断】

根据皮疹形态、好发部位、无自觉症状及特异组织病理学改变可以确诊。需要与扁平苔藓、阴茎珍珠状丘疹、扁平疣、毛发苔藓等鉴别。

【治疗】

本病有自限性，一般不需要治疗。局部可外用糖皮质激素制剂、5% 水杨酸软膏或 0.1% 维 A 酸乳膏等。必要时可口服抗组胺药物、维 A 酸类及维生素 E。

第十节　硬化性苔藓

硬化性苔藓（lichen sclerosus）又称硬化性萎缩性苔藓，是一种病因不明的慢性炎症性皮肤黏膜疾病。具有典型临床特征，晚期形成羊皮纸样萎缩。

【病因及发病机制】

病因及发病机制不明，目前主要有以下几种学说：

1. **免疫学说** 约 20% 患者至少具有一种自身免疫性疾病，如斑秃、白癜风、甲状腺疾病等；80% 患者血清中存在抗细胞外基质蛋白 -1 抗体。
2. **遗传因素** 本病可见家族性发病，同卵双生或异卵双生的双胞胎可同患本病。有研究发现 MHC-Ⅱ类抗原 HLA-DQ7 与本病相关。
3. **感染** 本病发病前常有阴道炎、慢性包皮龟头炎病史。患者接受抗感染治疗有效。近来发现人类乳头瘤病毒（HPV），尤其是 HPV-16 感染与硬化性苔藓有一定的关系。
4. **其他** 氧化应激在发病中可能起作用，在皮损中观察到表皮基底细胞层发生脂质过氧化反应。

【临床表现】

本病可发生于任何年龄，女性发病率高于男性。

1. **生殖器以外的硬化性苔藓** 多见于肩部、颈部、也可见于躯干及四肢。皮损初起为群集粟粒大小或更大的瓷白色或象牙白色的扁平丘疹，呈多角形、圆形、椭圆形或不规则形，境界清楚，有光泽，紧密排列而不融合，周围绕以红晕，部分损害中心稍凹陷，触之较硬。丘疹扩大可融合成境界清楚的白色硬化性斑块，表面有均匀分布的黑头粉刺样毛囊角栓并有皱褶，出现羊皮纸样萎缩。斑块中央有时可见水疱、大疱或血疱。晚期皮损表面光滑，角栓消失，成为略微凹陷的色素减退性萎缩斑。也有皮损自行消失不留痕迹者。大疱性损害消失后可形成较多的粟丘疹。皮损多单发，少数为泛发性。无自觉症状或轻度瘙痒。

2. **生殖器肛门硬化性苔藓** 本病最常见部位为男女生殖器部位，常是唯一受累部位。在女性常累及外阴和肛周，好发部位为大小阴唇、阴蒂，可延伸至会阴、肛周及腹股沟。典型损害为瓷白色丘疹和斑块，境界清楚，表面毛细血管扩张，可有轻度糜烂，周围有浅红色肿胀区，之后形成色素减退性硬化萎缩性斑块。自觉剧痒，由于不断搔抓、摩擦和潮湿，出现糜烂和皲裂，呈湿疹样。偶见水疱、大疱及出血性损害，伴有疼痛及烧灼感，导致排尿及性交困难。约 30% 患者可累及肛周，与外阴、会阴部的白色萎缩斑共同构成特殊的"8"字形。少数患者大小阴唇、阴蒂及系带可完全萎缩，导致阴道口变窄，在严重病例，可出现女阴闭塞以致无法性交。

男性患者损害多位于包皮内侧、冠状沟和龟头，偶尔累及阴茎、阴囊和生殖器以外皮肤。瘙痒或疼痛较常见。损害为瓷白色扁平丘疹或萎缩性水肿性斑片，表面干燥、皱缩伴少量鳞屑，常形成瘢痕。严重者包皮硬化、弹性差，包皮末端常形成环状硬化带，包皮口绷紧缩小，导致包茎、反复发作的包皮龟头炎及勃起疼痛。尿道口狭窄可出现排尿困难和尿道堵塞。

3. **儿童硬化性苔藓** 其发病率占硬化性苔藓的 10%~15%，其中 2%~15% 的病例在 13 岁之前发病，男女之比为 1∶10，约 90% 的患儿损害发生于外生殖器部位。女性患儿损害特征与成年女性相同。男童硬化性苔藓通常累及包皮，常导致包茎。儿童硬化性苔藓可自行消退，生殖器以外的皮损通常在青春期前后消失，约 2/3 生殖器肛门损害在月经初潮之前消退。在男童，对包茎行包皮环切术后可使损害消退、缓解或无改善。

生殖器硬化性苔藓在少数情况下可并发恶性肿瘤，最常见的是鳞状细胞癌、疣状癌、基底细胞癌和黑色素瘤。

【组织病理】

早期损害的病理变化为界面性皮炎，充分发展的损害可见角化过度伴角栓，棘层萎缩伴基底细胞液化变性，真皮浅层胶原纤维水肿和均质化，弹性纤维稀少。毛细血管和淋巴管扩张，真皮中部慢性炎症细胞呈带状浸润，以淋巴样细胞为主，并可见组织细胞。在水肿严重的区域可形成临床上所见的水疱，位于表皮下。

【诊断】

根据皮损为瓷白色萎缩性斑片，表面有均匀分布的黑头粉刺样毛囊角栓和中央轻度凹陷的形态等特征，好发部位，结合组织病理确定诊断。但需与下列疾病鉴别：

1. 萎缩性扁平苔藓　初起损害多呈紫红色扁平丘疹，以后萎缩发白，其外围仍可见紫红色扁平丘疹。组织病理有诊断意义。

2. 硬斑病　皮损为境界清楚的斑状或点滴状肿胀硬化斑，边缘有紫红色晕、中心呈象牙白色或黄白色，无均匀分布的黑头粉刺样毛囊角栓。

此外，发生于生殖器肛门部位时，还应与 Bowen 病和乳房外 Paget 病鉴别。

【治疗】

本病可自行消退，尤其是儿童和年轻女性患者。主要为对症处理，缓解症状，但生殖器肛门硬化性苔藓，应早期治疗以阻止局部发生解剖学改变及恶变。

1. 外用疗法　可选用糖皮质激素制剂、钙调神经磷酸酶抑制剂、性激素制剂、焦油制剂等。

2. 内用疗法

（1）维 A 酸类：阿维 A 20～30mg/d，口服，或维胺酯 25 mg，每日 3 次，或异维 A 酸 10～20mg/d，口服，疗程常为 3 个月。

（2）抗生素类：可选用大环内酯类或青霉素类。

（3）司坦唑醇：2mg，每日 3 次，共 3 个月。用于男性生殖器硬化性苔藓，疗效较好。

（4）维生素类：口服维生素 A、维生素 C、维生素 K 及大剂量维生素 E。

3. 物理治疗

（1）激光或液氮冷冻治疗：外用药无效的局限性硬化性苔藓对冷冻有效，能迅速缓解瘙痒等症状。

（2）光疗：可采用 UVA 或 PUVA 治疗生殖器、肛门以外的硬化性苔藓。

4. 手术疗法　发生在男性包皮部位，切除受累或过长的包皮可消除症状。

第十一节　毛发苔藓

毛发苔藓（lichen pilaris）又称毛周角化病或毛发角化病，是一种毛囊角化异常性慢性皮肤病。病因及发病机制不明，常有家族发病史，部分伴发鱼鳞病、掌跖角化病，可能为常染色体显性遗传。本病多在儿童期发病，至青春期最为明显，以后随年龄增长逐渐改善。皮损为针头大小的毛囊角化性丘疹，呈正常皮肤颜色或淡褐红色，丘疹顶端有一个圆锥形灰褐色角栓，中央有一根毳毛穿出或卷曲在内，剥除角栓后可见漏斗状小凹窝，很快又有新生的角栓形成。皮损多发，散在分布或密集成群，但彼此孤立不相融合，似"鸡皮"样外观。常对称分布于上臂伸侧、大腿伸侧及臀部，也可见于前臂、面颊和肩胛部。本病经过缓慢，常伴发皮肤干燥，冬重夏轻。无自觉症状或微痒。预后良好，一般不需要治疗。角化明显者可内服维生素 A 2.5 万～5 万 IU，每日 3 次；或维生素 E 100mg，每日 3 次。局部外用 5% 水杨酸软膏、10%～20% 尿素乳膏或 0.1% 维 A 酸乳膏等。轻者可仅外用保湿润肤剂。

第十二节 红皮病

【病因及发病机制】

红皮病（erythroderma）又称为剥脱性皮炎（exfoliative dermatitis），是以全身广泛潮红脱屑为特征的一类炎症性皮肤病，病程慢性。不是一个独立疾病，而是多种疾病的临床表现。根据病因分为原发性和继发性两大类。原发性难以找到任何原因。继发性若继发于药物反应则预后较好，若继发于某些皮肤病如银屑病、湿疹和某些恶性肿瘤如肺癌、蕈样肉芽肿等，则预后不好。

【临床表现】

分为急性与慢性。

1．急性红皮病　发病急骤，伴有高热、全身乏力、肝脾大及淋巴结肿大。皮损为细小密集的红斑，迅速增多，融合成片，伴有弥漫潮红、肿胀及大量脱屑，掌跖可呈手套、袜套样脱屑，常伴有剧烈瘙痒，经过1～2个月后皮肤逐渐恢复正常，留下色素沉着。

2．慢性红皮病　表现为全身弥漫潮红、肿胀、脱屑、浸润。反复脱屑可因蛋白质大量丢失出现低蛋白血症、酮症酸中毒，还易继发感染及消化道功能障碍、心血管病变等。

【诊断】

红皮病的诊断不难，主要在于寻找红皮病的病因，通过病史及反复仔细检查，对原因不明者需要长期随访。

【治疗】

局部治疗　急性渗出时可以小面积湿敷，大面积脱屑时可外用无刺激性单软膏、甘油洗剂，以防干裂和表皮水分进一步丢失。对黏膜损害可用红霉素眼膏防止感染和粘连。

系统治疗

1．病因治疗　对药物引起的，立即停用可疑药物，并促进药物排泄。对恶性肿瘤患者，应积极治疗原发病。

2．糖皮质激素　对病情严重患者，经过其他方法治疗仍不能控制者，可适当应用皮质类固醇，一般可采用泼尼松60～80mg/d，控制病情后逐渐减量。

3．抗组胺药物　对瘙痒明显者，可用1～3种抗组胺药。

4．抗生素　对肺、皮肤感染者，应当使用敏感的抗生素。

5．支持治疗　对低蛋白血症、贫血、水电解质紊乱进行纠正。

思考题

【名词解释】

1．薄膜现象、点状出血现象

2．同形反应

3．Wickham 纹

4. 玫瑰糠疹母斑

【简答题】
1. 试述银屑病的临床分型及各型临床表现。
2. 简述玫瑰糠疹的临床表现。
3. 简述多形红斑的临床表现。
4. 简述扁平苔藓的临床表现。

（陆　洁）

第十三章 血管炎及血管病

学习目标

1. 了解常见的血管炎及血管病种类。
2. 掌握过敏性紫癜的分型、临床表现及治疗原则。

血管炎及血管病是指原发于皮肤血管的一类炎症性皮肤病,血管炎在组织病理上表现为血管壁及血管周围有炎细胞浸润,伴血管损伤。可以仅累及皮肤或为系统性血管炎的皮肤表现。病因复杂,发病机制可能与免疫复合物介导的免疫反应有关。血管病以细小紫癜样皮疹为特点,可能与血流动力学相关。本章介绍几种常见的血管性皮肤病。

第一节 过敏性紫癜

过敏性紫癜(anaphylactoid purpura)又称 Henoch-Schönlein 紫癜,是以循环 IgA 为主的免疫复合物沉积于血管壁引起的一种皮肤小血管炎。本病经典的四联症为皮肤紫癜、关节痛、腹痛及血尿。

【病因及发病机制】

过敏性紫癜致病因素复杂。细菌常见的是溶血性链球菌,病毒如流感病毒,食物包括鱼虾、鸡蛋等,常见药物包括水杨酸盐类、抗生素类、巴比妥类等,虫咬或其他变应原等均可诱发本病。恶性肿瘤和自身免疫性疾病亦可导致发病。发病机制尚未完全阐明,与其他皮肤小血管炎一样,免疫复合物在过敏性紫癜的发病机制中起着重要的作用。由于抗原抗体反应,循环 IgA 为主的免疫复合物在血管壁沉积,激活补体并导致血管壁及其周围产生炎症,造成损伤。

【临床表现】

最常见于 10 岁以下的儿童,也可发生于任何年龄,成人中男性发病率略高于女性。发病高峰在冬季,通常发生于上呼吸道感染后 1~2 周,在儿童更加常见。皮损初起为红斑,随后可发展为针尖至直径数毫米大小的紫癜,包括瘀点、瘀斑及丘疹,部分可融合。风团、水疱、血疱及坏死也可见到。皮损常对称分布,以下肢伸侧及臀部多见,上肢、躯干和面部也可受累。单个皮损通常在 10~14 天内消退,但新皮损成批发生,整个皮肤表现一般在数周到数月后消退。仅累及皮肤者皮疹往往较轻。

约75%的患者伴有关节、肌肉和胃肠道受累。并发关节肿痛、活动受限，称为关节型紫癜，以膝、踝关节多见，也可累及肘、腕及指关节。胃肠道受累时可有脐周和下腹部绞痛，重者可有恶心、呕吐、便血等，可合并肠套叠或肠穿孔，称为腹型紫癜。肾损害也很常见，可出现血尿、蛋白尿、管型尿，称为肾型紫癜，通常为轻度并且有自限性，仅2%的患者会发展成慢性肾炎。同时有两个以上器官受累者称为复合型紫癜，上述各型合并存在时称为混合型紫癜。

知识链接

过敏性紫癜

过敏性紫癜是儿童期最常发生的血管炎，虽然临床症状较轻且具有自愈性，但是严重者可出现胃肠道受损症状（腹痛、肠出血、肠梗阻、肠穿孔及肠套叠）、肾损害及其他器官（脑、肺等血管炎）损害，甚至可危及生命，需要临床医师及时采用适当的诊治方案。由于过敏性紫癜发病机制不清，为规范儿童过敏性紫癜临床诊治，中华医学会儿科学分会免疫学组在2013年7月第51卷第7期《中华儿科杂志》上发表《儿童过敏性紫癜循证诊治建议》。

【组织病理及免疫病理】

皮肤组织病理显示为典型的白细胞碎裂性血管炎，表现为真皮浅层毛细血管及毛细血管后微静脉管壁中性粒细胞浸润，发生核碎裂及受累的血管壁出现纤维素样坏死，红细胞外溢及血管内皮细胞损伤，包括肿胀、皱缩及脱落。

直接免疫荧光显示皮损血管周围IgA、C3和纤维素沉积，在肾小球膜处也可见IgA沉积。

【实验室检查】

白细胞总数升高，血小板数量、形态和功能及出血、凝血时间均正常，毛细血管脆性实验阳性，血沉增快。尿常规检查可有红细胞、蛋白及管型。

【诊断】

根据皮肤紫癜，以双下肢伸侧为主，对称分布及血液学检查无异常即可确诊。过敏性紫癜应与婴儿急性出血性水肿相鉴别。后者发病年龄小于2岁，仅累及皮肤，皮损好发于面部、耳及四肢远端，自觉疼痛，多伴有发热，病程较短，通常在1~3周内完全消退且无复发。腹型紫癜应与急腹症鉴别；肾损害明显而皮疹不突出时，应与其他肾病鉴别。

【治疗】

尽量休息，寻找并去除致病因素，避免可疑的食物和药物，清除感染病灶，适当应用抗菌药物。有关节症状和发热者可酌情给予非甾体类抗炎药。对于病情较重者，可给予中等剂量糖皮质激素及免疫抑制剂。发生肠套叠、肠梗阻、大出血者应考虑手术治疗。

> **案例 13-1**
>
> 患儿，女，8岁，因双下肢瘀点、瘀斑3天就诊。患儿于3天前双下肢出现瘀点、瘀斑，逐渐增多，无自觉症状，同时伴有双踝关节肿痛，活动受限。无胃肠道症状。发疹前10天患"上呼吸道感染"，伴低热、乏力及全身不适。皮肤科情况：双下肢可见对称分布针尖至榆钱大小的瘀点、瘀斑，双足踝肿胀。
> 请分析该患儿要考虑哪些诊断？如何进行下一步检查以明确诊断？

第二节　变应性皮肤血管炎

变应性皮肤血管炎（allergic cutaneous vasculitis）又称白细胞碎裂性血管炎、超敏性血管炎。是一种主要侵犯真皮浅层毛细血管和小血管的炎症性皮肤病。好发于下肢，皮损呈多形性，对称分布，伴有疼痛和烧灼感，病程慢性，易反复发作。

【病因及发病机制】

本病是多因素疾病，发病与Ⅲ型变态反应关系密切。可能由感染、药物、食物、吸入物、恶性肿瘤及自身免疫等原因产生免疫复合物而引起本病。感染包括链球菌、结核杆菌、乙肝病毒、EB病毒、念珠菌等；常见的药物有磺胺类、青霉素类、对氨基水杨酸、保泰松、别嘌呤醇及青霉胺等；食物中的异种蛋白质；吸入的过敏原；肿瘤组织抗原及某些自身抗原如冷球蛋白等均可作为抗原，在体内产生相应的抗体，形成循环免疫复合物。由于下肢血流的液体静脉压高，易使循环中的免疫复合物沉积于小血管和毛细血管壁而导致血管炎。

【临床表现】

好发于中青年，多为急性发病。初起皮损为粟粒到绿豆大红色斑疹和紫癜，渐增大为暗红色结节，并可发生水疱和血疱，结节坏死可形成溃疡，上覆干性痂皮。典型皮疹呈多形性，包括红斑、丘疹、紫癜、风团、水疱、结节、坏死及溃疡等。皮疹成批发生，持续1~4周后消退，遗留色素沉着或萎缩性瘢痕。损害以下肢、臀部为主，也可见于上肢和躯干，常对称分布。自觉疼痛和烧灼感。可伴有发热、乏力及关节痛等症状。部分患者可伴发内脏损害，如肾受累，主要为肾小球肾炎；胃肠道受累导致腹痛、便血；神经系统受累可出现头痛、感觉及运动障碍或复视等；严重时可危及生命，称为变应性皮肤-系统性血管炎。病程呈慢性经过，常反复发作。

【组织病理及免疫病理】

主要为真皮乳头下和网状层的小血管炎和毛细血管炎。典型变化有毛细血管扩张、内皮细胞肿胀、管腔变狭窄、闭塞、血栓形成、管壁有纤维蛋白样变性或坏死。血管壁及其周围有中性粒细胞浸润，可见白细胞破碎和红细胞外溢等。

直接免疫荧光显示皮损早期血管壁有IgG为主的免疫球蛋白和补体C3沉积。

【实验室检查】

可有血沉增快、白细胞总数升高、血小板减少、贫血、球蛋白升高、补体下降和类风湿因子阳性等。

【诊断】

根据临床急性起病，慢性病程，以双下肢为主的红斑、丘疹、紫癜、风团、结节、坏死和溃疡等多形性皮损同时存在为特征，结合组织病理学检查可确诊。应与过敏性紫癜鉴别，后者皮损较单一，主要为紫癜或有风团样皮疹，可伴关节痛、胃肠道症状和血尿、蛋白尿。

【治疗】

寻找并去除可疑致病因素，如停用可疑药物，预防感染。治疗选择敏感抗菌药物，维生素C、维生素P、双嘧达莫及非甾体类抗炎药等。对皮损较重或系统受累者首选糖皮质激素，如泼尼松 30～40mg/d，病情控制后逐渐减量至停药，对较重者也可联合选用环磷酰胺、甲氨蝶呤、氨苯砜、秋水仙碱等。

第三节 结节性红斑

结节性红斑（erythema nodosum）是常见的脂膜炎性皮肤病。急性起病，典型表现为双侧胫前皮肤突然出现红斑及疼痛性皮下结节。

【病因及发病机制】

病因不明。目前普遍认为结节性红斑是机体对多种外来抗原刺激发生的迟发型超敏反应。尤其与感染密切相关，特别是溶血性链球菌，其他可能的病原微生物包括病毒、衣原体、支原体、分枝杆菌、真菌等；药物包括雌激素、口服避孕药、磺胺类、青霉素类、溴剂及碘剂等；某些系统性疾病如白塞病、炎症性肠病、结节病等常可伴有结节性红斑。

【临床表现】

结节性红斑可发生于不同年龄、不同性别，但以中青年女性多见，好发于春秋季。发疹前数天常有上呼吸道感染等前驱症状，包括低至中度发热、关节肌肉疼痛、全身乏力等。皮损为对称性红斑、疼痛性结节，成批出现。好发于双侧胫前，亦可累及大腿和前臂，偶尔出现在躯干、颈部和面部。皮损局部温度升高，不融合，不破溃。一般经3～6周缓慢消退，不留瘢痕，但可复发。部分患者持久不退，可持续1～2年，称为慢性结节性红斑或迁延性结节性红斑。

由于结节性红斑与多种系统性疾病关系密切，因此可以是某些系统性疾病重要的皮肤表现。例如，结节性红斑可以在炎症性肠病活动前出现或同时出现。结节性红斑也可以作为某些疾病预后的指征，如结节病患者出现结节性红斑，提示为良性且具有自限性的类型。

【组织病理】

特征为间隔性脂膜炎。早期脂肪小叶间隔水肿伴有少量中性粒细胞、淋巴细胞浸润，可见到由组织细胞围绕中性粒细胞或微裂隙聚集而成的Miescher微肉芽肿；晚期还可见到由上皮样细胞和异物巨细胞构成的肉芽肿。

【诊断】

根据典型临床表现，发病前有感染史或服药史，结合组织病理可确诊。本病应与硬红斑鉴别，硬红斑皮疹好发于小腿后侧与外侧，可以破溃，部分患者与结核杆菌感染有关，PPD试验强阳性。

【治疗】

急性期应卧床休息，抬高下肢，寻找并去除病因是治疗及防止复发的关键。有链球菌感染者应选用敏感抗菌药物，疼痛明显者可用非甾体类抗炎药，可口服泼尼松 15～30mg/d，症状缓解后逐渐减量至停药。

第四节　坏疽性脓皮病

坏疽性脓皮病（pyoderma gangrenosum）是一种慢性复发性皮肤溃疡性疾病，常合并潜在的系统性疾病。

【病因及发病机制】

病因及发病机制尚不清楚，目前普遍认为发病与潜在的免疫异常有关。由于坏疽性脓皮病常伴有系统性疾病，因此怀疑本病与自身免疫有关。有报道本病与细胞免疫、中性粒细胞、单核细胞功能和体液免疫缺陷、内脏或血液系统恶性病变有关。皮肤损伤常为本病的重要诱因之一。

【临床表现】

本病可发生于任何年龄，但以 20～50 岁的女性更多见。50%～70% 患者合并有系统性疾病，最常见的为炎症性肠病、关节炎或血液系统疾病等。

皮损初起可为炎性丘疹、水疱、脓疱或结节。很快发生中心坏死，形成大小不等的疼痛性溃疡，不断向周围潜行性扩大且向深层发展，境界清楚，基底为脓性肉芽，边缘皮肤呈紫红色肿胀。溃疡周围可出现卫星状排列的紫色丘疹，破溃后又与中心部溃疡融合。溃疡中心可不断愈合，形成筛状萎缩性瘢痕。皮损数目从一个到多个不等，散在或丛集。好发于下肢、臀部或躯干，其他部位包括黏膜也可受累。一般有剧烈的疼痛。病程经过可急可缓，急性者皮肤溃疡在数日内迅速扩大，轻者溃疡经数周至数月逐渐发展。本病可复发，间隔时间从数月到数年。

【组织病理】

早期皮损可见中性粒细胞性血管反应。充分发展的损害溃疡区表皮缺如，真皮坏死，周围有密集中性粒细胞浸润，其外可见组织细胞及淋巴细胞浸润。

【诊断】

根据炎症丘疹、水疱、脓疱、潜行性溃疡，有剧烈疼痛及特定的发病部位等临床特点，可以诊断，但必须与下列疾病进行鉴别。

1. 感染性溃疡　皮肤活检组织进行针对细菌、真菌等病原体的特殊染色和培养，可帮助排除细菌、分枝杆菌和真菌病。梅毒血清学试验以除外梅毒肉芽肿性溃疡。

2. 急性发热性嗜中性皮病　发病突然，不形成溃疡，愈后无瘢痕。

【治疗】

尚无特殊及有效的治疗方法。应根据皮损的数量、严重程度及伴随的系统性疾病选择治疗方法和强度。积极治疗潜在原发疾病。系统应用抗菌药物有助于控制皮损的继发感染。

1. 内用疗法

（1）糖皮质激素：适用于病情较重的急性病例。泼尼松 40～80mg/d，口服，症状控制后，可迅速减量。如果用常规剂量无效或其他药物无法控制时，可试用冲击疗法。

（2）免疫抑制剂：可联合糖皮质激素治疗，或糖皮质激素无效时单独使用，或帮助减少糖皮质激素用量。如硫唑嘌呤、环磷酰胺、苯丁酸氮芥、苯丙氨酸氮芥等。甲氨蝶呤对伴有关节炎或炎症性肠病的病例有效。环孢素、他克莫司可作为糖皮质激素治疗抵抗或出现明显副作用的替代治疗药物。沙利度胺也有一定疗效。

(3) 氨苯砜：150～200 mg/d，口服，适用于慢性病例。

2．外用疗法

局部治疗用于早期及轻症患者，或作为辅助治疗。通常用生理盐水湿敷后外涂抗菌制剂。也可用2%色甘酸钠溶液湿敷。糖皮质激素外用效果差，皮损内注射有较好的疗效。个别病例在清除溃疡坏死组织后，或在局部切取活检组织标本后，皮损明显好转。

第五节　色素性紫癜性皮肤病

色素性紫癜性皮肤病（pigmented purpuric dermatosis）又称单纯性紫癜、慢性毛细血管炎。是一组好发于小腿伸侧以瘀点和色素沉着为主要表现的原因不明的毛细血管炎症性疾病。

【病因及发病机制】

病因不明。真皮乳头层毛细血管轻微炎症及出血引起。重力和静脉压力升高是重要的局部诱发因素。

【临床表现】

一般分为3型，分述如下：

1．进行性色素性紫癜性皮肤病（progressive pigmented purpuric dermatosis）又称Schamberg病，可发生于任何年龄，以中老年男性多见。皮损初起为群集针尖大小红色瘀点，密集成片并向外扩展，中心部由于含铁血黄素沉积逐渐变成黄色至棕褐色，新的瘀点不断发生，似辣椒粉样散在于陈旧皮损内及其边缘。皮损数目多少不等，好发于小腿及踝部。一般无自觉症状，极少数可有轻微瘙痒。可持续多年，最终自愈。

2．色素性紫癜性苔藓样皮炎（pigmented purpuric lichenoid dermatitis）又称Gougerot-Blum病，多见于40～60岁男性。皮损为针尖大小铁锈色苔藓样丘疹，伴有紫癜性损害，可融合成境界不清的苔藓样斑块。好发于小腿，也可累及大腿及躯干下部。

3．毛细血管扩张性环状紫癜（purpura annularis telangiectodes）又称Majocchi病，可发生于任何年龄，以青年女性多见。皮损初起为紫红色环状斑，直径1～3cm，斑疹中出现点状暗红色毛细血管扩张或辣椒粉样瘀点。由于含铁血黄素沉积，皮损可呈紫色、黄色或棕色，可持续数月或数年不变，或中心消退，边缘缓慢扩展呈多环状。开始时分布于小腿，渐向上发展至大腿、臀部及躯干。无自觉症状，慢性经过，有自愈倾向。

【组织病理】

可见真皮乳头毛细血管扩张，内皮细胞肿胀，红细胞外溢，血管周围淋巴细胞浸润及吞噬了含铁血黄素的巨噬细胞。

【诊断】

根据临床表现，诊断不难。需与过敏性紫癜、淤滞性皮炎等鉴别。

【治疗】

筛查和治疗静脉曲张等原发性血管疾病。可内服维生素C、维生素P；外用糖皮质激素制剂，特别是有瘙痒或较明显红斑的患者。

【简答题】

1．试述过敏性紫癜的临床表现。
2．简述变应性皮肤血管炎的临床表现。
3．简述结节性红斑的临床表现。
4．简述坏疽性脓皮病的诊断要点。
5．简述色素性紫癜性皮肤病的分型及临床表现。

（陆　洁）

第十四章

遗传性皮肤病

> **学习目标**
> 1. 了解常见的遗传性皮肤病。
> 2. 熟悉遗传性皮肤病的临床表现,了解相关的病因及发病机制。

遗传性皮肤病常由一定的遗传基因决定,并可按一定的方式在父母和子女间进行遗传。根据不同的遗传方式可以分为①单基因遗传:由单个基因的突变引起,包括常染色体显性遗传、常染色体隐性遗传和性连锁遗传;②多基因遗传:由遗传因素和环境因素共同作用引起;③其他:包括线粒体病、染色体病等。遗传性疾病往往具有以下临床特点:①常有家族性,即患者在亲祖代中以一定数量比例出现。②不传至无亲缘关系的个体。③同卵双生同时患病概率增多。

目前已经确定的遗传性皮肤病有 300 种之多,目前对这些疾病的研究包括遗传流行病学研究、分离分析、连锁分析、突变筛查、全基因组关联研究及全基因组外显子测序等,这些均有利于开展易感个体的基因诊断、遗传咨询以及可能的基因治疗。

第一节 鱼鳞病

鱼鳞病(ichthyosis)是一组常见的遗传性角化异常性皮肤病。临床类型包括寻常性鱼鳞病、性联隐性鱼鳞病、表皮松解性角化过度鱼鳞病(先天性大疱性鱼鳞病样红皮病)、板层状鱼鳞病、先天性非大疱性鱼鳞病样红皮病等。

【病因及发病机制】

寻常性鱼鳞病为常染色体显性遗传,和中间丝聚合蛋白(FLG)有关,基因定位于 1q21。性联隐性鱼鳞病和类固醇硫酸酯酶有关,基因定位于 Xp22.3。表皮松解性角化过度鱼鳞病为常染色体显性遗传,与角蛋白 1(KRT1)和角蛋白 10(KRT10)基因突变有关。板层状鱼鳞病为常染色体隐性遗传,目前已明确 5 个致病基因,即 TGM1、ABCA12、CYP450、ALOXE3 和 ALOX12B。先天性非大疱鱼鳞病样红皮病和 TGM1、ABCA12、ALOXE3 与 ALOX12B 有关。

【临床表现】

1. 寻常性鱼鳞病 本型最常见,多自婴幼儿发病,累及四肢伸侧,尤以小腿为著(彩图 14-1)。典型皮疹为淡褐色至深褐色菱形或多角形鳞屑,中央固着,边缘游离,皮肤干燥。

严重者伴有掌跖角化过度、皲裂，指、趾甲改变，可并发特应性皮炎、哮喘，症状冬重夏轻，多数患者青春期后病情减轻。

2. **性联隐性鱼鳞病** 较少见，由于本病的基因在 X 染色体上，多见于男性，女性多为携带者。出生时或生后不久发病，常累及全身，以四肢伸侧和躯干下部为重，也可累及面部、颈部。鳞屑大而显著，呈黄褐色或棕褐色，皮肤干燥粗糙。患者可伴有精神抑郁、骨骼异常和性腺机能减退，有的伴有角膜后层浑浊。

3. **表皮松解性角化过度鱼鳞病** 又称先天性大疱性鱼鳞病样红皮病。出生时即有，皮肤潮红湿润，经摩擦出现松弛性大疱，易破溃出现糜烂面。数日红斑消退，出现广泛鳞屑，四肢屈侧及皱褶处可见疣状鳞屑，掌跖呈板层样角化。随年龄增长本病可减轻。

4. **板层状鱼鳞病** 出生时或出生后不久即发病，黄棕色四方形鳞屑可遍及全身皮肤，轻者仅发生于肘窝、腘窝及颈部，严重者鳞屑可厚如铠甲。1/3 患者有眼睑、口唇外翻。

5. **先天性非大疱鱼鳞病样红皮病** 90% 患者出生时表现为火棉胶婴儿，膜脱落后呈脱屑性红皮病样改变，在儿童期红皮病减轻，鳞屑增多，鳞屑可累及全身，包括头皮、耳、面部、皱褶部及掌跖。鳞屑呈白色或灰色，细薄、半附着状。可伴有手指挛缩，70% 伴掌跖角化过度、半数病例伴有甲损害包括甲粗糙不平、指甲下疣状增生或角化不全，睫毛和眉毛脱落的发生率高于板层状鱼鳞病，但是眼睑外翻、口唇外翻却较板层状鱼鳞病发生率低。

【组织病理】

1. **寻常性鱼鳞病** 角化过度，颗粒层变薄或缺如，真皮或血管周围有散在淋巴细胞浸润。

2. **性联隐性鱼鳞病** 角质层、颗粒层增厚，表皮突显著，血管周围有均匀分布的淋巴细胞浸润。

3. **表皮松解性角化过度鱼鳞病** 角化过度，颗粒层增厚，颗粒层及棘层上部细胞空疱化，真皮浅层有少量炎症细胞浸润。

4. **板层状鱼鳞病** 角化过度，颗粒层和棘层增厚，表皮突延长，毛囊内有角栓，真皮上部血管周围有轻度炎性细胞浸润。

5. **先天性非大疱性鱼鳞病性红皮病** 角化过度伴轻度角化不全和棘层肥厚，真皮浅层淋巴细胞浸润。

【诊断】

根据特征性的分布及皮疹形态，诊断容易确立。各型之间的鉴别可根据发病年龄、症状、家族史等。

【治疗】

外用以润肤、轻度剥脱为主，可应用 10%～20% 尿乳膏、维 A 酸乳膏等。病情较重者可口服维生素 A 或维 A 酸类。

第二节　着色性干皮病

【病因及发病机制】

着色性干皮病（xeroderma pigmentosum，XP）是一种常染色体隐性遗传病，是第一个被发现的与损伤 DNA 修复缺陷有关的疾病，和基因 XPA、XPB、XPC、XPD、XPE、XPF、XPG 及 1 个 XP 变异型（XPV）有关，在各种族人群中均有报道，以日本人和中东人发病率最高，常见于患者的祖父母、父母有近亲婚配史或同一家族中有数人患病者。

【临床表现】

出生几周内出现，60%的患者首先表现为极度光敏感，需数天或数周缓解，有时被误诊为脓疱疮或蜂窝织炎；40%的患者开始无晒伤反应，2岁左右在曝光部位出现雀斑样色素沉着，常出现畏光。若不进行光防护，皮肤出现老化、干燥、粗糙、萎缩。小的色素减退斑夹杂其间，甚至为首发表现。后期可出现毛细血管扩张，灰泥角化。

在20岁时鳞状细胞癌和基底细胞癌发病率是正常人的1000倍，恶性黑素瘤发病率是常人的2000倍，内脏肿瘤的发病率是常人的50倍，尤其是中枢神经系统。40%的患者可伴发眼部病变，如畏光、结膜充血、持续的光照可引起严重的角膜炎、角膜浑浊、血管增生、肿瘤。口腔肿瘤的发病率升高，尤其是舌尖鳞癌。20%~30%的患者有神经系统症状和智力缺陷，表现为感觉神经性耳聋、共济失调、反射消失、小头畸形、智力下降以及视力减退。

【诊断】

典型病例根据临床表现即可确诊，但发病较晚者需要与着色性干皮病样综合征相鉴别。后者30~40岁发病，细胞内DNA修复复制过程正常，但紫外线照射后DNA修复较差。

【治疗】

该病尚无有效治疗药物，但皮损可通过正确而严格的防护得到控制，如：家中、汽车、学校的窗子贴防紫外线膜；外出时曝光部位应用遮光剂或防晒膏，穿长袖，戴手套和防光面具，或宽檐帽及太阳镜。定期看医生，癌前病变及时去除。经常进行眼科检查。严格的防光可引起维生素D缺乏，需及时补充。应避免吸烟及接触其他环境致癌物。常规的听力检测、头围测量、步态判定及深反射检查有助于检查神经异常。可进行相应的治疗包括助听、理疗、作业疗法和语言治疗。

第三节　色素失禁症

【病因及发病机制】

色素失禁症（incontinentia pigmenti，IP）系性连锁遗传性皮肤病，又称Bloch-Sulzberger综合征，多见于女孩，15%~40%有家族遗传史。80%的患者为NEMO基因突变所致，该基因亦称IKKy基因。

【临床表现】

常见于女婴，出生后1周左右发病。临床上分为红斑、水疱、脓疱期（出生至4个月），疣状期（几个月），回样色素沉着期（6个月至成人），线样色素减退、皮肤苍白、瘢痕形成期四期，几期间可有重叠。红斑、水疱好发于躯干两侧、乳房周围和四肢等部位，排列成行，约2个月水疱消退，出现表面光滑的红色结节或斑块，进入疣状期，损害好发于手背、足背，尤其是指、趾侧面。持续2个月左右自行消退，进入色素沉着期，此期色素沉着如撒胡椒面或泼水，损害不沿Blaschko线或神经分布，蓝灰色至棕色，色素在2岁前不断增深，之后逐渐变淡，20岁后可完全消失。少部分患者可出现色素减退、皮肤苍白、瘢痕形成。

患者一般情况良好，部分患者伴有假性秃发、牙齿发育不全、牙畸形、甲萎缩、掌跖多汗、癫痫、智力迟钝及心脏病等，也可有白内障、斜视、视神经萎缩、视网膜新生血管形成、视网膜脱落等眼部病变及罕见小头畸形、侏儒、脊柱裂、腭裂、唇裂等。

红斑水疱期可有明显的血嗜酸性粒细胞升高。

【诊断】

本病应和大疱性表皮松解症及儿童期的大疱性类天疱疮鉴别。本病水疱的组织病理检查示表皮内水疱有嗜酸性粒细胞,具有特征性。而且水疱很快消退,成为特征性色素沉着斑。女婴有大疱和线状结节,或大疱和疣状损害合并出现,有特征性的色素沉着斑点出现容易诊断。

【治疗】

无需特殊治疗,部分患者色素沉着斑随年龄增长可自然消退。

第四节　神经纤维瘤病

神经纤维瘤病(neurofibromatosis)是常染色体显性遗传的全身性神经性外胚叶异常性疾病,25%~50%有家族史。

【病因及发病机制】

本病是由于基因缺陷使神经嵴细胞发育异常而导致的多系统损害。常分为神经纤维瘤病Ⅰ型(NFⅠ)和Ⅱ型(NFⅡ)。NFⅠ基因定位于染色体17q11.2,NFⅡ基因定位于染色体22q12.2。其中NF-Ⅰ型最为常见,约占所有神经纤维瘤病的90%。

【临床表现】

本病男性多见,可侵犯多种脏器,典型表现为咖啡斑、腋窝及腹股沟雀斑、皮肤和神经肿瘤。

Ⅰ型神经纤维瘤病:皮肤表现常为该型的首发症状,咖啡斑为本病的基本特征之一,可累及99%以上的患者。多自幼发生,分布于躯干、腰背部,棕色,形状、大小不一,边界清楚,随年龄增长可逐渐增多变大,出现6个以上直径大于1.5cm的咖啡斑或有腋窝及腹股沟雀斑有诊断价值。

神经纤维瘤为本病的另一特征,出现较晚,分皮肤型、皮下型、丛状神经纤维瘤。皮肤型又称软纤维瘤型,多发生于少年,数目较多,皮损为直径数毫米至数厘米或更大的触之有疝囊样感的肿物,淡红色,带蒂或无蒂,表面平坦或突出表面,呈圆形或卵圆形。皮下型又称橡皮样多发性神经瘤,是位于神经干的肿瘤,伴有皮肤和皮下组织增生,严重时因皱褶和松垂而引起畸形,若发生于肢体可呈巨肢症。丛状神经纤维瘤常为先天性,可累及深部神经根,10%有恶变倾向,恶变后易于转移,常引起毁容及神经功能障碍。

眼部的特征性改变为虹膜色素错构瘤,又称Lisch结节。

Ⅱ型神经纤维瘤病:首发表现为前庭神经鞘瘤引起的突发失聪,肿瘤均为良性,常压迫周围神经引起疼痛、神经功能障碍和颅内压升高。另外可引起耳鸣、平衡失调,易于患脑膜瘤和神经胶质瘤、神经纤维瘤及后囊浑浊。

患者可伴有各种各样的色素痣、贫血痣、局限性多毛痣、回状头皮及巨舌症等。5%~10%患者口腔黏膜出现乳头状瘤。60%患者伴有智力障碍,40%有神经系统症状,可引起癫痫发作。胃肠道损害可出现出血或梗阻。病变波及下泌尿道时,出现泌尿道症状。

本病一般无自觉症状,神经纤维瘤多属良性,仅少数可发生恶变。

【诊断】

诊断要点包括:①躯干、四肢多发咖啡斑,腋窝及腹股沟雀斑;②神经纤维瘤损害;③智力障碍和多系统损害。

【治疗】

对症治疗,瘙痒、癫痫发作等可应用抗组胺类药物及镇静药物。影响容貌或妨碍肢体活动的巨大神经纤维瘤和怀疑发生恶变的神经纤维瘤应手术切除。

第五节　结节性硬化

【病因及发病机制】

结节性硬化（tuberous sclerosis）是常染色体显性基因遗传所引起的多系统错构瘤，致病基因为 TSC1 和 TSC2，分别定位于 9q34 和 16p13.3。主要的特征为面部血管纤维瘤、癫痫和智力障碍。

【临床表现】

本病男女发病数相同，但男性症状较重。

1．皮肤损害　多在幼年出现，偶或出生时即有。

（1）75% 患者面部出现血管纤维瘤：为特征性损害，对称分布于鼻唇沟、鼻及颏部，皮损为针头至黄豆大小结节或丘疹，黄色或棕红色，表面光滑伴有毛细血管扩张。

（2）甲周纤维瘤：青春期或其后出现，为甲皱襞或甲根部长出的疣状赘生物，淡红至淡褐色。

（3）90% 患者可见叶状白斑：为散在分布、大小不一、数个卵圆或柳叶状的色素减退斑。

（4）前额及头皮有硬的纤维瘤样斑块；颈周及腋部有软的带蒂的纤维瘤；多数患者腰骶部有鲛鱼皮状斑块，呈不规则形，单个或数个，直径数毫米或较大，淡棕色或鲜红色。

2．系统损害　神经系统损害表现为婴儿期抽搐、认知障碍、孤独症、智力低下，也有的患者智力正常，多数患者有癫痫史。颅内的结节性肿瘤为神经胶质瘤，可引起偏瘫、全瘫等。肾的肿瘤常引起无痛性血尿、蛋白尿。眼部受累主要为视网膜晶体状瘤，可引起失眠、突眼、青光眼、白内障等。心脏受累者常因心力衰竭而死亡，多数患者仅表现一个症状，而尸检病变往往侵犯多个脏器。

【诊断】

诊断要点包括：①面部以鼻周为主红色丘疹及结节；②甲周纤维瘤、鲛鱼皮样斑块、叶状色素减退斑；③癫痫、智力障碍。

【治疗】

对面部血管纤维瘤、甲周纤维瘤等皮损，必要时可做刮除术或激光、电灼、冷冻治疗，本病引起的内脏损害尚无满意疗法，仅做对症处理，必要时行外科手术治疗。

第六节　大疱性表皮松解症

大疱性表皮松解症（epidermolysis bullosa，EB）属常染色体显性或隐性遗传，根据其病理改变的部位和分子遗传学基础分为单纯型（水疱发生于表皮内）、交界型（水疱发生于透明层）和营养不良型（水疱发生于致密板下层）以及 Kindler 综合征（水疱发生于透明层及致密板下层）。

【病因及发病机制】

本病是因编码表皮和基底膜带结构蛋白成分的基因突变，使这些蛋白合成障碍或结构异常，导致皮肤容易发生松解而成。单纯型与编码角蛋白 5 和 14 的基因突变有关，交界型与 Laminin332 的基因突变有关，营养不良型与编码Ⅶ型胶原的基因突变有关。Kindler 综合征系

FERMT1 基因（KIND1 基因）突变所致，属于常染色体隐性遗传。

【临床表现】

本病多自幼发病，好发于易受摩擦部位，主要症状是皮肤经轻微摩擦或碰撞就可出现水疱。

1. 单纯型　水疱常发生于足跟、足底、手、肘、膝等易受摩擦处，疱破后 1~2 周即愈合，愈后不留瘢痕或萎缩，黏膜和甲很少受累，至青年期病情减轻。

2. 营养不良型　患者出生后四肢伸侧、关节、口腔黏膜即出现大疱，愈后残留萎缩性瘢痕，常有甲营养障碍，秃发。

3. 交界型　罕见，出生后即呈广泛分布的大疱和糜烂面，尼氏征阳性，黏膜广泛受累，可出现继发感染，患者多在 2 岁内死亡。

4. Kindler 综合征　患者自出生时发病，在新生儿时期水疱症状严重而且泛发，到后期则症状趋向缓和。除此之外，患者常有皮肤异色症和光敏感现象，可合并结肠炎、齿龈炎、食管炎、尿道狭窄、并指、睑外翻等。

【诊断】

诊断要点包括：①自幼发病；②皮损为轻微受外力后出现水疱、大疱，好发于手、足、肘、膝易摩擦部位；③有家族史。

【治疗】

本病无特殊治疗，应避免外伤，一旦出现水疱应及时对症处理，可口服大剂量维生素 E，重者应用皮质类固醇，抗生素可防止继发感染。

第七节　家族性良性慢性天疱疮

【病因及发病机制】

家族性良性慢性天疱疮（familial benign chronic pemphigus）又称 Hailey-Hailey 病，为一种常染色体显性遗传性水疱性皮肤病，与编码一种钙离子泵的基因 ATP2C1 突变有关，70% 患者有家族史。

【临床表现】

本病多在青春期发病，好发于颈部、腋窝、腹股沟、脐周，也可发生在肛周和生殖器周围，皮损为在外观正常皮肤或红斑上发生成群的水疱或大疱，尼氏征阳性。疱液早期澄清，很快变浑浊，破裂后形成糜烂或结痂，中心渐愈，周边又形成新皮损，呈珠状，也可呈扁平柔软湿润增殖面，有腥臭味。一般无全身症状，可有不同程度瘙痒，慢性病程，冬季能自行缓解，夏季恶化。细菌或浅部真菌感染、浸渍、出汗及机械刺激常可加重皮损。

【组织病理】

表皮内棘层松解呈倒塌砖墙样外观，累及全层，可见角化不良细胞，具有特征性。

【诊断】

根据青春期发病，有家族遗传史，皮损好发于间擦部位，表现为红斑、水疱、糜烂、结痂，结合病理检查可以确诊。主要的鉴别诊断包括其他疱病、脓疱疮及 Darier 病。

【治疗】

外用抗生素、糖皮质激素、他克莫司、吡美莫司有一定疗效。可系统应用四环素、红霉素、米诺环素。也可口服氨苯砜 100mg/d，维持量 50mg/d。皮损部位可试用浅层放射线或放射性同位素治疗。皮损局限且顽固时，可考虑皮损切除植皮。

第八节　口周色素沉着 - 肠息肉综合征

【病因及发病机制】

口周色素沉着 - 肠道息肉综合征（perioral pigmentation-intestinal polyposis syndrome）又称 Peutz-Jeghers 综合征，是一种较为少见的常染色体显性遗传性疾病，致病基因为 STK11 基因。

【临床表现】

口腔黏膜、口周、眼周、肛周，鼻孔周围及指、趾皮肤色素斑为本病必具特征。常在 5 岁前出现，至青春期和成人期更为明显。色素斑为褐色或黑色，不隆起。

消化道错构瘤性息肉是本病的另一特征，可发生在胃、十二指肠、空肠、回肠及结肠，以空肠多见。不论息肉发生于何处，均有诊断意义。息肉呈多发性，X 线胃肠造影、气钡灌肠造影影像似憩室，0.1～5cm 大小，常引起慢性出血、贫血以及复发性肠梗阻及肠套叠。也可发生于肠外如肾盂、支气管、胆囊、鼻道、膀胱及输尿管。患结肠癌、直肠癌、胃癌、胰腺癌、乳腺癌及卵巢癌的风险增加。

【诊断】

典型的色素斑，反复发作的胃肠道症状，必要时行 X 线或内镜检查以确诊。

【治疗】

发现口周色素斑需行 X 线检查以明确诊断并做家族遗传学调查。一旦确诊，应根据其急缓、病变大小、位置，全面考虑是否手术治疗以去除病因。由于肠息肉分布范围广，如无严重外科并发症，一般不作预防切除。但对位于直肠的息肉应尽早切除，常采用内窥镜电灼切除。至于口周或口腔黏膜黑斑，如无特殊美容要求，可不作处理。

思考题

1. 各型鱼鳞病的临床特点？
2. 遗传性大疱性表皮松解症的临床类型及特点？
3. 结节性硬化症的特征性表现？

（李保强）

第十五章

角化性皮肤病

学习目标

1. 了解常见的角化性皮肤病。
2. 熟悉角化性皮肤病的临床表现，了解相关的病因及治疗。

角化性皮肤病又称角皮症（keratoderma）是以表皮角化过度为主要病变的一类皮肤病。其发病多与遗传有关。临床表现因病种及受累部位不同而不同。组织病理变化以角化过度为主，部分也可出现角化不全、角化不良等。该病目前治疗较困难，多数情况下仅能对症治疗。

第一节 汗孔角化病

【病因及发病机制】

汗孔角化病（porokeratosis）是一种较少见的、遗传性的慢性进行性角化性皮肤病。属常染色体显性遗传，男性多见，常自幼发病，也有起于成年者。

【临床表现】

临床分为斑块型汗孔角化病、浅表播散型汗孔角化病、线状汗孔角化病、点状汗孔角化病、播散浅表性光化性汗孔角化病、掌跖合并播散性汗孔角化病等多个类型。

好发于四肢、面、颈、肩部及外阴，也可累及头皮及口腔黏膜。皮损初始为角质性小丘疹，缓慢向周围扩展成环形、地图形、匐形性或不规则形的边界清楚的斑片，边缘呈角质性堤状隆起，灰色或棕色，中央皮肤干燥光滑伴轻度萎缩，汗孔处可见针头大细小角质栓。不同部位皮损不尽相同，面部的皮疹边缘窄、颜色深而像一圈黑线，掌跖部的可呈疣状或胼胝样改变，口腔黏膜的呈乳白色索状隆起，而在阴茎、龟头处则呈糜烂性改变，指（趾）甲受累可增厚、浑浊、纵嵴。慢性病程，一般无自觉症状。

【诊断】

根据好发部位、临床表现，一般不难诊断。本病需要与扁平苔藓、疣、光线性角化病、鲍恩病、晚期梅毒疹等相鉴别。

【治疗】

全身治疗可选择维A酸类药物或维生素A，局部可外用10%水杨酸软膏、0.1%维A酸软膏或用5-氟尿嘧啶软膏封包治疗，亦可采用电灼、激光、冷冻或手术切除。

第二节　掌跖角化病

【病因及发病机制】

掌跖角化病（keratosis palmoplantaris）是以掌跖部皮肤弥漫性或局限性增厚和角化过度为特点的一组慢性皮肤病。本病为常染色体显性遗传，常有家族史。弥漫型掌跖角化病与角蛋白 1（KRT1）和角蛋白 9（KRT9）基因突变有关，点状掌跖角化病致病基因尚不明确。

【临床表现】

本病临床类型较多，常见的有：

1. 弥漫型掌跖角化病　常自婴儿期发病，最初为局灶性的掌跖部皮肤粗糙增厚，1 岁以后，掌跖部出现弥漫性角质增厚性斑块，边界清楚、表面光滑、色黄、质硬，重者呈疣状增生，可发生皲裂引起疼痛，冬季尤重。常伴有掌跖多汗、甲板增厚、浑浊。部分患者可合并鱼鳞病或其他先天性异常如假性指（趾）断症。

2. 点状掌跖角化病　多在 20～30 岁发病。皮损为掌跖部角化性丘疹，粟粒至绿豆大小，圆形或椭圆形，散在分布或排列成片状或线状，丘疹中心剥离后呈火山口样外观。少数患者可累及手足背、肘膝部，一般不伴手足多汗。

【诊断】

根据患者发病年龄、家族史及临床表现等特点，一般不难诊断。弥漫型掌跖角化病需与胼胝相鉴别；点状掌跖角化病应与汗孔角化病、疣等鉴别。

【治疗】

局部外用 10%～20% 水杨酸软膏、0.1% 维 A 酸霜或皮质类固醇软膏封包治疗，严重者可口服维 A 酸类药物。

第三节　对称性进行性红斑角化病

对称性进行性红斑角化病（keratosis erythematosa symmetrica progressive）的病因不明确，可能与常染色体显性遗传有关，但也有人认为本病是毛发红糠疹的一种亚型。常在幼年发病，少数也可在成年发病。皮损初为双侧掌跖部弥漫性红斑及角化过度，上附片状鳞屑，后逐渐扩展至手背、足背及肘膝关节的伸侧面，躯干部一般不累及，指（趾）甲增厚失去光泽。病程进展缓慢，冷、热等环境因素或情绪波动可加重本病。患者一般无自觉症状，健康状况不受影响。目前无特效疗法，可内服维 A 酸类、维生素 A 或维生素 E；局部可外用 20% 尿素软膏、10% 水杨酸软膏及 20% 鱼肝油软膏等。对局限性角化过度上述方法治疗无效时，可试用 X 线照射。

思考题

【简答题】

1. 简述汗孔角化病的临床特点。
2. 简述掌跖角化病的临床类型及其特点。

（胡　珊）

第十六章

物理性皮肤病

学习目标

1. 了解常见的物理性皮肤病。
2. 熟悉物理性皮肤病的病因、临床表现及治疗。

物理性皮肤病是由于摩擦、压迫、光线照射或温度、湿度异常等物理因素刺激引起的皮肤损伤。长期的摩擦、压迫可使角质层逐渐增厚，形成鸡眼、胼胝；幼儿玩砂土或粗糙物摩擦可引起摩擦性苔藓样疹；寒冷使血管强烈收缩，血液供给不良，局部组织缺氧，可引起冻疮或冻伤；在高温或炎热的环境中作业，不利于散热，出汗不畅，可引起痱子；日光的照射可引起急性或慢性皮炎及皮肤老化，甚至引起皮肤癌前期病变及皮肤癌。

第一节 火激红斑

【病因及发病机制】

火激红斑（erythema ab igne）是长期温热刺激皮肤引起局部持久性红斑和色素沉着。冬季用热水袋、烤火炉、各种电热器取暖，北方农村用柴火烧炕防寒，或长期在高温环境工作的厨师、司炉工，使用笔记本电脑等致局部皮肤长期受低于烧伤温度的热刺激可发病。开始表现为毛细血管扩张、充血，如反复热刺激，可引起表浅小静脉扩张，皮肤转为网状紫红或紫褐色条纹和斑，而后发生色素沉着。

【临床表现】

皮损分布于受热辐射区域，其表现为局部皮肤暴露于热环境数小时后，呈现潮红或暂时性网状红斑，长时间温热刺激使皮肤转为紫红或紫褐色，并伴色素沉着。少数患者还可出现水疱或轻度表皮萎缩、角化过度，偶可发生大疱。当不再接触热源时，皮损可逐渐消退，但色素沉着可为持久性。若数十年热源反复刺激皮肤，可发生斑点状色素沉着和色素减退，网状毛细血管扩张，甚至发生皮肤增生性改变，如角化过度性丘疹、结节、热性弹力纤维病，偶可发生鲍恩病。

【诊断】

根据临床特点不难诊断，但需要与以下疾病鉴别：

1. **脂溢性皮炎、酒渣鼻血管扩张期** 常有皮脂分泌旺盛，皮肤油腻光亮。
2. **血管萎缩性皮肤异色病** 毛细血管扩张更为明显，有皮肤萎缩且与热刺激无关。

【治疗】

避免长期反复暴露于温热环境,在温热环境中工作者注意个人防护。早期损害,如不再受热刺激,可逐渐自愈。对持久性色素沉着,可用脱色剂,如3%～5%氢醌乳膏、0.05%维A酸软膏,必要时试用ND-YAG激光治疗。

第二节 日光性皮炎

【病因及发病机制】

日光性皮炎(solar dermatitis)又称日晒伤(sun burn),是由于日光中的中波紫外线过量照射引起的急性光毒性炎症反应。

【临床表现】

多见于夏季,可发生于任何人,妇女及儿童多见。多在日晒后数分钟至数小时发病。好发于暴露部位如面部、颈部、前臂、背部等处。皮损为边界清楚的水肿性红斑,常于曝光后24～48h症状达到高峰,自觉瘙痒或灼痛。严重者可发生水疱、大疱、糜烂,甚至发生结膜充血、发热、头昏、心悸、恶心及虚脱等。48～96h后逐渐缓解,部分患者可留有少许糠状脱屑或暂时性色素沉着。反应程度与光线强度、照射时间、照射范围及患者皮肤类型等有关。

【诊断】

根据日晒后局部皮肤出现红斑、水肿或水疱,自觉烧灼、疼痛,愈后留有色素沉着斑,诊断不难。

【治疗】

避免在强烈日光下工作太久,外出穿长袖衫、撑遮阳伞,暴露部位皮肤涂防晒剂如5%对氨基苯甲酸乳膏、5%二氧化钛乳膏可预防本病。另外,在不太强的阳光下逐渐延长照晒时间,增加皮肤对光的耐受性亦可预防本病。轻者无须处理,出现日光性皮炎时可外用粉剂或炉甘石洗剂,或用冰牛奶湿敷以减轻灼痛。皮损红肿严重出现水疱时可外用糖皮质激素制剂;口服抗组胺药物如氯苯那敏,每次4mg,每日3次。全身症状明显时,可系统应用糖皮质激素。

第三节 多形性日光疹

【病因及发病机制】

多形性日光疹(polymorphous light eruption)是一种原因不明的迟发型光变态反应性皮肤病,表现为暴露部位的多形态皮疹。致病的光线主要是中波紫外线。

【临床表现】

本病春末夏初开始发病。多见于青年女性,15%患者有光敏家族史。好发于额部、颊部、颈部、胸部"V"字区、前臂、手背、小腿、足背。一般于暴露日光后数小时至数日发生,皮肤瘙痒,随即出现红斑、丘疹、水疱或风团等多形态皮疹。日晒后,皮损明显加重,瘙痒加剧,阴天及适当避光后很快好转。皮疹常反复发作,日久后可发生苔藓样变,色素增加,伴有紫癜或毛细血管扩张。春夏季发作,可持续数年。临床上常根据皮疹形态将其分为斑块型、多形红斑型、湿疹型、痒疹型及荨麻疹型。自觉瘙痒明显。

【诊断】

诊断要点包括：①春夏季发作，日晒后发病或加重；②红斑、丘疹、水疱或风团等多形态皮疹；③好发于暴露部位。鉴别诊断包括光线性痒疹、盘状红斑狼疮、慢性光化性皮炎等。

【治疗】

局部治疗以遮光、止痒、消炎为主，可外用5%二氧化钛乳膏、5%对氨基苯甲酸乳膏、二羟基丙酮等遮光，或外用糖皮质激素制剂消炎止痒。病情较重者可给予抗组胺药物；或羟氯喹100mg，每日2次；或β-胡萝卜素150~180mg/d。严重者可短期使用泼尼松，口服，30~40mg/d，病情控制后递减。

第四节 慢性日光性皮肤损伤

【病因及发病机制】

慢性日光性皮肤损伤（chronic solar skin injury）是由于长期日晒引起皮肤退行性变的一组皮肤病。长期日光照射使皮肤呈现干燥萎缩、皱纹增多、弹性降低、毛细血管扩张、色素沉着斑或白色萎缩斑点等皮肤衰老表现。易发生基底细胞癌及鳞状细胞癌。

【临床表现】

常见于炎热季节，农民、渔民或船员等长期室外工作的人易罹患。包括海员及农民皮肤、光照性唇炎、光线性角化病、光线性肉芽肿4种类型。

1. 海员及农民皮肤　长期日晒部位，如颜面、颈部、胸部"V"区、肩部、四肢伸侧和手背及足背等处皮肤容易发生。表现为皮肤干燥、粗糙、发皱、萎缩、弹性明显降低、皮下脂肪减少。久之出现角质增殖，甚至发生癌变。

2. 光线性唇炎　多发生于下唇，局部干燥、脱屑、萎缩及毛细血管扩张，可引起黏膜白斑及癌变。

3. 光线性肉芽肿　多见于中年以上的农民。好发于额、颈、胸、背部及上肢。皮肤上出现单个或集群的小丘疹，正常皮肤颜色、淡红色或暗红色。丘疹逐渐扩大，形成斑块，中央凹陷呈环状或不整形，边缘光滑，呈堤状隆起，轻度浸润，表面无鳞屑，中央皮肤外观正常或轻度萎缩，但不发生溃疡。慢性病程，有时可自行缓解。

【诊断】

本病的诊断标准包括以下3条：①持久性皮炎或湿疹样皮损，位于曝光部位，也可扩展至非曝光部位；②患者对UVB异常敏感，光激发试验或光斑贴试验阳性；③组织病理无特异性。本病需与湿疹、多形日光疹、皮肤T细胞淋巴瘤鉴别。

【治疗】

尽量避免日晒，可外用5%二氧化钛乳膏、5%对氨基苯甲酸乳膏、二羟基丙酮等遮光剂。维生素E乳膏外用可防止皮肤老化。对于增殖性、角化性损害可外用0.1%维A酸乳膏，也可口服β-胡萝卜素，每次50mg，每日3次。

第五节 夏季皮炎

夏季皮炎（dermatitis aestivale）又称夏令苔藓，是夏季的一种常见病。由于夏季气温高，湿度大而发病。我国南方多于北方，成人多见。

【临床表现】

好发于颈部、躯干和四肢伸侧，尤以下肢多见。最初损害为成片的水肿性红斑，在红斑基础上出现密集的小丘疹或丘疱疹，瘙痒明显，由于搔抓可出现结痂或苔藓样变，无糜烂和渗液，有时可继发感染。皮损对称分布。病程长短与气温明显相关，气温升高、出汗增多时病情加重，气温下降时病情减轻或消失，但次年仍可复发。

【治疗】

本病应避免强光照射，夏季炎热保持室内通风，避免用热水烫洗，禁止搔抓。可口服羟氯喹，每次 100mg，每日 2 次；或口服维生素 E，每次 100mg，每日 3 次。局部外用炉甘石洗剂、爽身粉等。

第六节　痱　子

【病因及发病机制】

痱子（miliaria）也称粟粒疹，其原因是在湿热环境中，出汗过多，表皮细胞肿胀，将汗孔堵塞，汗液不能排出，由于汗管内压力增大使汗腺导管在表皮棘细胞层破裂，引起棘细胞层水肿而发生的小丘疹或小水疱损害。

【临床表现】

由于汗管破裂和汗液溢出的部位不同，可出现不同的临床类型。

1. 白痱（miliaria crystallina）　又称晶形粟粒疹，是汗液潴留于角质层内或角质层下。高热或过度衰弱而长期卧床的患者大量出汗时易发生白痱。主要发生于颈、胸背部皮肤，亦可发生于腹壁。为针尖或粟粒大小非炎性透明水疱，疱壁极薄，内容液清澈，轻擦易破。数日后水疱干涸，轻度脱屑而痊愈。无自觉症状。

2. 红痱（miliaria rubra）　又称红色粟粒疹，汗液溢出在表皮下部。夏季多见，突然发病。皮损为针头大小丘疹或丘疱疹，周围有轻度红晕，皮疹成批出现。好发于前额、颈部、胸部、背部、肘窝、腘窝、妇女的乳房下及小儿头面部。多对称分布，严重时融合成片，轻度瘙痒或灼热感，遇热后加重。有的因搔抓可继发湿疹样改变、汗管炎、毛囊炎等。

3. 脓痱（miliaria pustulosa）　又称脓疱性粟粒疹。红痱顶端出现针头大小浅表性脓疱，主要发生于皱褶部位，如四肢屈侧、阴部、小儿头部。脓疱细菌培养无菌或为非致病性球菌。

4. 深部痱子（miliaria profunda）　又称深部粟粒疹，多见于热带地区。常见于反复发生红痱的患者，肥胖型成年人易罹患。皮损好发于躯干、也可累及四肢，但头面、掌跖和腋窝不受累。汗液溢出的部位较深，汗管在真皮上部特别是表皮与真皮交界处破裂，形成密集的与汗孔一致的非炎症性丘疹及水疱，正常皮色，不出汗时皮疹不明显。本型患者可因全身汗腺导管堵塞、出汗减少或无汗而发生中暑。

【诊断】

根据皮疹在炎热环境中发病，好发皮肤皱褶部位，为密集分布的丘疹或非炎症性水疱，出汗后明显增多，自觉症状不明显，天气转凉后好转，诊断不难。

【治疗】

一般应注意通风，可外用清凉、收敛、止痒药物，保持皮肤清洁干燥。外用痱子粉或 1% 薄荷炉甘石洗剂。脓痱可应用抗生素。

第七节 冻 疮

【病因及发病机制】

冻疮（perniosis）是冬季常见的皮肤病，易复发。由于寒冷刺激使皮肤血管痉挛收缩，组织缺氧，久之血管麻痹，失去收缩能力而扩张，出现静脉淤血，毛细血管扩张，通透性增加，血浆渗入组织间隙，形成水肿性红斑或水疱。另外，手足多汗、缺乏运动更易遭受寒冷刺激，血液循环不良，可助长冻疮的发生。

【临床表现】

本病多见于儿童、妇女或周围血液循环不良者。好发于手指、手背、足部、耳郭及鼻背，也可累及股部、臀部等，常对称发生。一般受冷后 12～24h 出现皮损，1～3 周可自行消退。损害为局限性充血性红斑或斑块，境界不清，边缘呈鲜红色，较正常皮肤温度低，压之退色，瘙痒明显，受热后加剧。受冻较久，则局部组织受损明显，失去知觉，皮肤呈苍白色或蜡白色，也可出现皮肤及皮下组织坏死，损害表面发生水疱、溃疡。严重者肌肉、骨骼也可受累，形成冻伤。半数以上患者为原发性，20%～40% 的患者可能与一些疾病有关，如系统性红斑狼疮、冷球蛋白血症、抗磷脂综合征、巨球蛋白血症、慢性粒单核细胞白血病等。

【诊断】

根据冬季发生，好发肢端、耳郭等部位，典型皮损为局限性充血性红斑，伴有瘙痒，受热加剧，易于诊断。需要与多形红斑鉴别，后者春秋季好发，皮疹好发于手掌、手背、足跖及足背，可见虹膜样红斑。

【治疗】

注意保暖，改善血液循环、促进吸收和预防感染。烟酸，每次 50～100mg，每日 3 次。未破溃的红斑可外用辣椒酊、70% 蜂蜜软膏（蜂蜜 70%、猪油 30%）或硅油乳膏。已破溃者可外用抗生素软膏如 0.5% 新霉素软膏。

第八节 手足皲裂

【病因及发病机制】

手足皲裂（rhagadia manus and pedis）是手足发生深浅不一的裂纹。其原因一是掌跖部没有皮脂腺，不能形成乳化膜保持湿度，气候干燥、寒冷、风吹、出汗减少使皮肤干燥；二是各种机械性、化学性物质（酸、碱、有机溶媒）的刺激，更易使手足皮脂脱失，皮肤更加干燥。干燥的皮肤弹性差，活动或牵拉使皮肤超过正常的延伸限度时，即可发生皲裂。

【临床表现】

本病易发生于冬季，多见于搬运工人及农民。手掌、手背、指尖、指屈侧、足跟、足趾处易发。初为皮肤干燥，发生裂纹，继发皮肤粗糙、增厚、皲裂加深，可伴有出血及结痂。严重者疼痛，影响工作。病程较长，天气暖和后可自然缓解。

【诊断】

根据典型临床症状即可确诊，需要与手足湿疹、掌跖角化病、手足癣等鉴别。

【治疗】

宜用软化角质、润滑皮肤的软膏。如 5% 水杨酸软膏或 10% ~ 20% 尿素软膏，也可用 0.05% 维 A 酸软膏。裂口较深时，用 10% 硝酸银溶液涂于局部，可很快治愈，亦可外贴橡皮膏。口服维生素 A、维生素 E、维生素 B 可加速愈合。

第九节　鸡眼、胼胝

鸡眼和胼胝均为皮肤长期摩擦及受压引起的局限性角质增生性损害。

鸡眼（clavus）为嵌入皮内的圆锥形淡黄或深黄色角质栓。其尖端伸入皮内，呈楔状，底部露出皮外，呈鸡眼状，受压时自觉疼痛。鸡眼分为硬鸡眼和软鸡眼两种。硬鸡眼好发于足趾、足跖外侧缘及足跟等关节隆突部位，偶发生于手部，表面较硬。软鸡眼则发生于相邻两趾间的侧面，由于局部易出汗、潮湿，损害浸渍、变软呈白色。穿合适柔软的鞋袜，避免挤压，可以自愈。液氮冷冻效果较好。重者应手术剔除。

胼胝（callus）又称茧。是由摩擦、压迫引起的局限性皮肤过度角化，是一种保护性反应。好发于手掌、足跖前部、第一趾及第五趾屈侧面的后部。损害为黄色或黄褐色增厚的角质性斑块，扁平或微隆起，质硬、光滑、半透明、中央区厚边缘薄，边界不清楚、大小不等。小如指甲、大如钱币或更大。发病缓慢，一般无自觉症状，重者可有压痛，轻者一般不需治疗。有碍功能时可用热水浸泡，然后用刀削去增厚的角质。此外应消除致病因素，如改变着力点，减少局部的摩擦和压迫等。

第十节　摩擦性苔藓样疹

【病因及发病机制】

摩擦性苔藓样疹（frictional lichenoid eruption）又称儿童丘疹性皮炎。多见于 3 ~ 12 岁儿童，可能与接触砂土、青草、冷水、玩具及日晒等有关，或者婴幼儿睡粗糙的被褥及衣边的摩擦而发病，也有认为与病毒感染有关。

【临床表现】

多见于夏季。好发于手背、腕部、前臂，亦可发生于肘部、臀部、膝部。为针头至粟粒大小丘疹，淡红色或正常皮肤颜色，可呈轻度苔藓样，有时可见轻度脱屑，无水疱及渗出。皮损多对称，但分布疏密不均。一般无自觉症状或轻度瘙痒，病程 4 ~ 8 周。

【诊断】

根据本病发生于夏秋季节，男孩多见，好发手背、手腕等处，皮疹形态单一，多为散在性丘疹或呈苔藓样改变，自觉症状不明显，易于诊断。鉴别诊断包括虫咬皮炎、接触性皮炎、儿童丘疹性肢端皮炎等。

【治疗】

去除病因，避免不良的外界刺激。外用炉甘石洗剂及糖皮质激素制剂。瘙痒时可口服抗组胺药。

第十一节 擦 烂

擦烂（intertrigo）又称间擦疹，是由于皮肤皱褶处不易散热，出汗增多，局部潮湿且相互摩擦而引起的浸渍、潮红斑片和糜烂。

【临床表现】

本病多见于炎热季节，好发于婴儿及肥胖的妇女。多在皮肤相互接触的皱褶处如颈部、腋窝、乳房下、腹股沟、臀缝、四肢关节屈侧发生，有时也可发生于皮肤与黏膜交界处。其表现先是潮湿，而后出现充血性红斑或暗红斑，继而局部肿胀、浸渍发白、剥脱，露出糜烂面。由于局部分泌物被细菌分解，可发出臭味。有时可继发细菌或念珠菌感染，自觉瘙痒或灼热感。

【诊断】

根据在皱褶部位出现红斑，伴有糜烂、渗出或浅表性溃疡，可做出诊断。

【治疗】

局部保持清洁干燥通风，不能用热水及肥皂水清洗，不宜用软膏。红斑期外用炉甘石洗剂或爽身粉。有糜烂渗出时，用3%硼酸溶液冷敷，渗出停止后外涂氧化锌油。继发念珠菌感染时，可外用制霉菌素及咪唑类乳膏；继发细菌感染时，可外用抗菌药物。

思考题

1. 何谓火激红斑？应该与哪些疾病鉴别？如何鉴别？
2. 引起日光性皮炎的光线波长范围是多少？光线引起的急性和慢性皮肤损伤有哪些？
3. 痱子有几种临床类型？

（李保强）

第十七章

皮肤附属器疾病

 学习目标

1. 了解常见的皮肤附属器疾病。
2. 熟悉寻常痤疮的病因及发病机制,掌握寻常痤疮的临床表现及治疗原则。
3. 了解玫瑰痤疮、雄激素性脱发、斑秃的临床表现及治疗原则。

皮肤附属器包括毛(发)囊、指(趾)甲、汗腺、皮脂腺。它们在维持皮肤的正常结构和整个机体的生理功能方面都有重要作用。皮肤附属器疾病可以单独存在,也可合并发生。

第一节 寻常痤疮

寻常痤疮(acne vulgaris)俗称青春痘,是一种毛囊皮脂腺的慢性炎症性皮肤病。好发于青春期,男性较女性多见,青春期过后可自然减轻或痊愈。

【病因及发病机制】

痤疮是一种多因素的疾病,其发病主要与皮脂分泌增加、性激素水平变化、痤疮丙酸杆增殖、毛囊皮脂腺导管角化过度和炎症等因素有关。青春期性腺发育,体内雄激素水平增高,使皮脂分泌增加,导致毛囊皮脂腺导管角化过度,皮脂排出不畅,堵塞于毛囊中形成粉刺。其次毛囊内的痤疮丙酸杆菌分解皮脂,产生游离脂肪酸,刺激毛囊壁及其周围组织出现炎症反应,形成丘疹、脓疱、结节和囊肿等皮肤损害。此外部分患者发病还与遗传、饮食、药物、化妆品、卫生习惯不良及情绪等因素有关。

【临床表现】

多发于15~30岁的青年,皮疹好发于面颊、额部、胸部及肩背部。皮损包括黑头粉刺、白头粉刺、丘疹、脓疱、结节、囊肿及萎缩性瘢痕等(彩图17-1)。痤疮的早期损害为与毛囊一致的圆锥形丘疹,以黑头及白头粉刺为主,白头粉刺又称为闭合性粉刺,顶端呈黄白色,内容物为豆腐渣样物质,黑头粉刺又称为开放性粉刺,顶端呈黑色,系脂栓氧化所致。皮损加重时粉刺可形成米粒至绿豆大小的炎性丘疹,顶端可有小脓疱。脓疱破溃、炎症消退后,可遗留暗红色色素沉着斑或小凹坑状瘢痕。若炎症继续发展,则形成大小不等的暗红色结节或囊肿,触之有波动感,经久不愈,这两种皮损愈后多形成瘢痕。临床常以一两种损害为主。一般无自觉症状,炎症明显时可伴有疼痛。

痤疮的临床类型较多，其中寻常型痤疮最常见，病程慢性，在脂溢部位可出现粉刺、丘疹及脓疱，时轻时重，可留下色素沉着或萎缩性瘢痕；聚合型痤疮属较为严重的类型，多见于男性，损害以囊肿、结节为主，囊肿大而不规则、有波动性，呈紫红色，破溃后流出胶冻状脓性或黏液性浆液，形成瘘管。病程顽固，常持续数年，最后可形成凹陷性瘢痕。此外还有药物性痤疮、化妆品痤疮、月经前痤疮及婴儿痤疮等。

临床上根据病情轻重采用 Pillsbury 分类法将痤疮分为 Ⅰ～Ⅳ 度，见（表 17-1）

表 17-1 痤疮的严重程度分类

严重程度	临床表现
Ⅰ度（轻度）	散发或多发的粉刺，可伴散在分布的炎性丘疹
Ⅱ度（中度）	Ⅰ度+炎性丘疹数目增加，可出现脓疱，但局限于颜面
Ⅲ度（重度）	Ⅱ度+深在性脓疱，分布于颜面、胸背部
Ⅳ度（重度～集簇性）	Ⅲ度+结节、囊肿，伴瘢痕形成，分布于全身

知识链接

寻常痤疮

痤疮发生于 25 岁以上的患者相对较少，称为迟发型痤疮。迟发型痤疮一般较普通痤疮严重，皮损趋向于囊肿或结节，Ⅳ级所占比例较多。治疗首先要积极改善系统病变，对于以炎性丘疹和脓疱为皮损表现的患者，应口服抗生素（大环内酯类或四环素类），出现囊肿或结节，应口服异维 A 酸，伴有月经不调者需要服用调经药物，合并脓肿的患者可行切开引流术。除用药物治疗外，还可以用红蓝光理疗或者光动力治疗。

【鉴别诊断】

本病应与酒渣鼻鉴别，酒渣鼻好发于中年人，皮损为以面中部为主的毛细血管扩张性红斑、丘疹或脓疱，晚期形成鼻赘。

【治疗】

调节饮食，少食甜食、辛辣刺激性食物及多脂性食物，多吃蔬菜、水果。保持清洁，切勿强行捏挤，避免使用油性化妆品。调整胃肠功能，保持大便通畅。保持充足的睡眠、良好的情绪、乐观的态度。

1. 系统治疗

（1）抗生素：四环素口服每次 0.5g，每日 2 次。近年应用口服米诺环素 50mg，每日 2 次，有较好疗效。

（2）维 A 酸类：异维 A 酸 0.25～0.5mg/（kg·d），疗程 3～4 个月，对结节囊肿性皮损效果好，但有诱发唇炎、黏膜干燥、血脂高、致畸等副作用，孕妇禁用；用药期间应避孕。

（3）对严重病例或其他治疗效果不佳者可用抗雄激素药物：

1) 螺内酯 50mg，每日 1～2 次，连服 1 个月。

2) 达因-35 为环丙孕酮 2mg + 炔雄醇 0.035mg，只用于女性，月经来潮第 1 天开始，每天 1 片，连服 21 天，停药 7 天，然后开始下一周期，连续服用 6 个周期。

2．局部治疗

（1）常用抗生素（1% 氯柳酊、2% 红霉素酊）、0.025%～0.05% 全反式维 A 酸凝胶/霜、5%～10% 过氧化苯甲酰凝胶/霜。水杨酸制剂也有较好疗效。

（2）黑头粉刺可用 3% 硼酸液热敷后用粉刺挤压器挤出。结节囊肿性皮损可用曲安西龙混悬液 0.1ml 加少量 2% 利多卡因局部注射，每周 1 次，共 3～4 次。

（3）离子喷雾、倒膜面膜、紫外线理疗均有较好效果。痤疮瘢痕可用外科方法做磨削或光动力治疗，效果良好。

案例 17-1

患者，男，17 岁，因面颊部，胸背部粉刺、丘疹、脓疱及结节入院。患者半年前无明显诱因在面颊部、胸背部出现粉刺、丘疹、脓疱及结节，有触痛，时轻时重，逐渐增多，形成散在瘢痕。发病以来一般情况尚可，睡眠、饮食及大小便无特殊。既往无药物过敏史，无服用糖皮质激素、碘等药物史。家族史无特殊。

请分析可能诊断及鉴别诊断、治疗原则。

第二节　酒　渣　鼻

酒渣鼻（rosacea）也称为玫瑰痤疮，为一种发生于面部的慢性皮肤病，以毛细血管扩张性红斑、丘疹、脓疱等为主要表现。

【病因及发病机制】

尚不明确，可能与毛囊蠕形螨感染、胃肠功能紊乱、内分泌功能紊乱、精神因素、嗜酒、辛辣食物、冷热刺激等有关。

【临床表现】

多见于中年人，女性多于男性，但男性往往病情较重。病程缓慢，依病情轻重可分为三期（彩图 17-2），但各期无明显界限。

1．红斑期　鼻、两颊、下颌及额部出现红斑，初为情绪激动、进刺激性食物或遇冷热后一过性发作，反复发作后则持续不退，并在鼻尖及鼻翼出现毛细血管扩张，呈树枝状。

2．丘疹脓疱期　在红斑期的基础上出现散在的丘疹、脓疱甚至小结节，毛细血管扩张更为明显。

3．鼻赘期　主要发生于鼻部，多为男性；局部皮脂腺及结缔组织增生肥大，在鼻及两颊等处有大小不一的紫红色结节状或小叶状突起，称为鼻赘。此外有的患者可伴有睑缘炎、结膜炎、巩膜外层炎、虹膜炎和角膜炎等。

【诊断】

根据好发年龄、好发部位、皮疹特点，易于诊断。本病应与痤疮、脂溢性皮炎等相鉴别。

【治疗】

原则与痤疮基本相同。纠正胃肠道功能紊乱，禁酒及辛辣刺激性食物，避免烈日曝晒及骤冷和烘烤面部，防止便秘，调整内分泌。

1．系统治疗

（1）四环素：每次 0.5g，每日 2 次口服，2 周后减为每日 1 次，连服 1～2 个月。目前多应用米诺环素，疗效更好。

（2）甲硝唑：对蠕形螨感染者，每次 0.2g，每日 2 次，口服，连服 1 个月。

（3）维生素 B_2、B_6 或复合维生素 B 口服。

2．局部治疗 常用硫黄霜、1%～3% 甲硝唑霜。毛细血管扩张明显的可局部消毒后用五锋刀沿皮肤纵横划割，切断毛细血管，然后压迫止血，待结痂干燥后可愈；或采用激光治疗。针对鼻赘可用磨削术将病变组织磨除，用凡士林油纱包扎，待两周后创面愈合。亦可电解或冷冻治疗。

第三节　斑　秃

斑秃（alopecia areata）俗称"鬼剃头"，是一种突然发生的局限性斑片状脱发。

【病因及发病机制】

至今尚未完全清楚，目前认为与遗传因素自身免疫、精神因素、内分泌失调、血管功能紊乱等有关。

【临床表现】

多发于青壮年。常为突然发生的、圆形或椭圆形脱发区。单发或多发，大小不等，境界清楚，患处皮肤光滑、无炎症及鳞屑。此病多发生在头皮，也可发生在其他有毛处。整个头皮毛发全脱落者称为全秃，全身各处长毛、短毛及毳毛均脱落者称为普秃。病程数月或数年，轻症患者大多数能自愈，重症患者易反复发作。难以治愈（彩图 17-3）。

【诊断】

临床根据突然发生的局限性脱发，患处皮肤正常，无自觉症状，不难做出诊断。本病应与假性斑秃及头癣鉴别。假性斑秃与斑秃类似但患处头皮萎缩，并且毛发永久性脱落不再生长。头癣为不完全脱发，头发易折断，残留毛根，附着鳞屑或痂，真菌检查阳性。

【治疗】

因本病脱发为可逆性，且有自愈倾向，故应解除患者精神负担，坚定治疗信心。

1．系统治疗 对精神紧张及伴神经衰弱者给予镇静剂，如地西泮、谷维素等，对严重脱发、其他治疗效果不佳者，可试用糖皮质激素，泼尼松 15mg/d，见效后逐渐减量，维持数月。为预防复发减药过程应缓慢。

2．局部治疗 常用糖皮质激素制剂，1%～2% 米诺地尔溶液。对皮损局限、长期不愈的可用皮损内分点注射，糖皮质激素如复方倍他米松、曲安西龙等。每 4 周 1 次。

3．物理疗法 光化疗法，局部涂 8-甲氧沙林溶液，30min 后照射 UVA，每周 2～3 次。其他如头皮按摩、梅花针均可试用。

第四节　雄激素性秃发

雄激素性秃发（androgenetic alopecia）是临床上常见的脱发性疾病。男性多见，病因不甚清楚，常有家族史，发病可能与遗传因素和雄激素的影响有关。本病在青春期后发生，进展缓慢，自前额角开始，头发逐渐减少、细软、稀疏，渐延伸至头顶，但枕部及两颞部发缘毛发不受影响。数年或十数年以后头顶部头发可脱光，皮肤光滑，仅遗留少许毳毛，脱落的程度、范围和速度因人而异。女性患者少见，症状较轻，多发于头顶部，一般为弥漫性稀落，并且从不发生完全秃顶。一般无自觉症状，或仅微痒。本病目前尚无有效治疗方法，避免过多洗涤及外用刺激性药物，并对患者多做解释工作，必要时可戴假发以减轻患者心理压力。2%～5%米诺地尔溶液外涂部分有效。内服胱氨酸及维生素B_6，有条件时可行头发移植术。男性患者口服非那雄胺1mg/d，疗效好，应长期服用。

第五节　多　汗　症

多汗症（hyperhidrosis）是指皮肤出汗异常过多的现象。多汗症的原因一般可分为器质性疾病和功能性失调两种。前者主要见于内分泌失调，如甲状腺功能亢进症、糖尿病；神经系统疾患，如脑震荡和偏瘫；后者以精神性出汗较多，如紧张等造成交感神经失调而致多汗。另一种为味觉性多汗症，由食辛辣刺激食物引起，腮腺手术后亦可引起。临床一般将多汗症分为两型，一型为局限型多汗症，此型常始于儿童或青春期，男女均可发生，有的有家族史，可以持续多年，至25岁以后有自然减轻的倾向。局限型多汗症最常见的部位是掌跖和间擦部位，如腋下、腹股沟、会阴部。掌跖多汗最常见，情绪激动时尤为明显。患者手足皮肤湿冷、青紫或苍白，日久可伴手足角化。另一型为泛发型多汗症，主要由其他疾病引起，如感染性高热病，皮质及基底神经节、脊髓或周围神经的损害，表现为全身广泛性多汗。局限性多汗症的治疗首先应注意皮肤清洁，腋部可于清洁后扑粉以保持干燥。手足多汗可外用收敛剂，如5%甲醛溶液、5%明矾溶液或20%氯化铝乙醇溶液睡时搽于手或足上，盖上一层不通气的聚乙烯，手可戴上手套固定4～8h，次晨可以洗涤，连续两夜。以后可3～7天搽1次。腋窝用0.25%氯化铝，搽后盖上一层聚乙烯固定，疗效较好。内服镇静药如溴剂、苯巴比妥等对精神性多汗有效。

第六节　臭　汗　症

臭汗症（bromidrosis）是指所出汗液带有特殊的臭味或汗液被分解而释放出臭味。

顶泌汗腺只存在于腋窝、乳晕、肛门、外阴和外耳道，当顶泌汗腺的分泌功能异常时，该处细菌和顶泌汗腺分泌物中所含的有机物发生作用，产生不饱和脂肪酸和氨形成臭味，一般引起局部臭汗症。由于顶泌汗腺在青春期受内分泌的影响，故臭汗症多在青春期开始，至老年后减轻或消失。临床上有一些患者有家族史，因此臭汗症可能与遗传有关。

小泌汗腺分泌的汗液常常是无气味的，但是在多汗情况下，汗液被皮肤表面附生细菌分解释放脂肪酸等，产生特殊性气味。另有一些物质如大蒜、生葱（砷剂）可以通过小泌汗腺排泄造成臭味，一般引起全身臭汗症。

主要发生在腋下、足底、趾缝和会阴部，其次是腹股沟、肛周、脐窝和妇女的乳房下。以足部及腋部臭汗症最为常见。足部臭汗症表现为足底与趾缝间发出臭味，常与足部多汗症伴发；腋部臭汗症，为腋窝部发出刺鼻的臭味，于天热多汗或运动后最明显，因此夏季加重。以青春发育期臭味最浓，随年龄增长而减轻。另外，臭味可随个体和种族的差异而有显著的不同，有些患者有遗传性，家族中有同样患者。

本病对健康无影响，轻者可不必治疗。平时应注意清洁，经常沐浴，勤换衣服，保持干燥，平时穿透气的鞋。同时治疗多汗症是很重要的，因汗液减少可使细菌大大减少，局部外用3%～5%甲醛溶液、5%明矾溶液、0.1%苯扎溴铵溶液，每日2次，或西施兰夏露，每周1次。足臭用1∶8 000高锰酸钾溶液浸泡，每次30min，每日1次。腋臭重者可手术切除腋下部分皮肤。二氧化碳激光或电离子手术治疗仪沿毛根破坏毛囊和顶泌汗腺，减少顶泌汗腺的分泌，亦可达到根治的目的。

 思考题

【名词解释】
1．斑秃
2．普秃
3．雄激素性秃发

【简答题】
1．简述痤疮的病因、临床表现及治疗。
2．简述酒渣鼻临床分期及各期特点。
3．简述斑秃的诊断特点。
4．简述臭汗症的临床表现和主要发病部位。

（胡　珊）

第十八章

色素性皮肤病

学习目标

1. 了解常见色素性皮肤病。
2. 熟悉白癜风的病因及发病机制,掌握白癜风的临床表现及治疗原则。
3. 熟悉先天性色素减退性皮肤病的临床表现,知道这些疾病与白癜风的鉴别要点。
4. 了解色素增加性皮肤病的病因、临床表现及治疗原则。

正常人肤色由多种因素决定,主要由皮肤内黑色素、氧合血红素、还原血红素和胡萝卜素的含量所决定;此外,皮肤的厚薄,特别是角质层和颗粒层的厚薄也影响肤色。黑色素是决定肤色的主要色素。色素障碍性皮肤病是指全身或局部的皮肤色素减少、脱失或增多所致的皮肤病。根据临床表现一般分为色素增加和色素减少两大类。引起色素障碍的疾病很多,本章主要介绍由于黑色素细胞、黑色素生成异常导致的皮肤病。

第一节 白癜风

白癜风(vitiligo)是一种由于黑色素细胞特发性损害而致色素脱失的常见获得性皮肤病。一般肤色深的人群比肤色浅的患病率高。我国人口总发病率为 0.57%。

【病因及发病机制】

病因复杂,有遗传学说、自身免疫学说、神经学说、黑色素细胞自毁学说等。目前研究多认为该病是一种多基因遗传的自身免疫性疾病。流行病学调查提示白癜风的发生有一定家族聚集现象。细胞免疫及体液免疫异常,如 T 细胞亚群的变化。患者血清中可测到多种自身抗体及抗黑色素细胞抗体,其滴度与疾病程度成正比,白癜风患者发生其他自身免疫性疾病及其他自身免疫性疾病患者发生白癜风的概率较一般人明显增高。免疫抑制疗法有效。

【临床表现】

白癜风为后天发生,男女发病无显著差异。可发生于任何年龄,但以青壮年多见,约 50% 患者在 20 岁以前发病。全身各处皮肤、口腔及外生殖器黏膜均可累及,但好发于面、颈、手背、前臂及腰腹部。皮损初为境界不清的色素减退斑,逐步扩大为境界清楚、大小不等、形状不一、数目不定的乳白色斑。按病期一般分为两期:进展期和稳定期。进展期白斑扩大或融合,边缘清楚,此期正常皮肤在受到机械性刺激(压力、摩擦、烧伤、外伤等)可

产生新的皮损，即同形反应；稳定期皮损停止发展，周边色素增加。有时白斑内可见正常肤色呈色素岛。白斑处毛发可正常或变白，皮肤无萎缩、硬化及脱屑现象，无自觉症状。病情反复迁延，有时可自行好转或消退，有的患者可长期局限在某些部位，部分患者有明显季节性加重，一般春末夏初病情发展迅速，冬季缓慢。临床上根据白斑的形态、部位、范围可分为局部型、泛发型和全身型。局部型皮损局限于某一个部位，又可分为节段型（皮损按皮节分布）、黏膜型（仅累及黏膜）；泛发型最常见，表现为皮损广泛分布于体表；全身型是指全身皮肤完全或几乎完全受累，亦可有毛发变白。

【诊断】

白癜风根据临床症状即可诊断，但应与下列疾病进行鉴别：

1. 白化病　是一种先天性疾病，系隐性遗传。由于酪氨酸酶活性缺乏导致患者毛发、皮肤、眼均脱色素。大多数患者体力及智力发育较差。

2. 贫血痣　先天性减色斑，多单侧分布，系由血管功能异常造成局部色素减退。以玻片压迫病变部位，贫血痣病变与周边皮肤颜色一致，而白癜风皮损处仍为白色，周边仍为正常皮色。

3. 无色素痣　生后即有，为局限性浅色斑、单侧、沿神经节段分布、境界模糊、形状终生不变。

【治疗】

本病有多种疗法，但有效率有限。一般皮损面积小，发生在曝光部位，病期短者治疗效果较好。

1. 系统治疗　对于急性泛发型、进展期患者，可给予复方倍他米松注射液肌内注射，每月一次，连用3～4次；或泼尼松15mg/d，连服1.5～2个月，见效后减量。

2. 局部治疗　外用糖皮质激素、钙调神经磷酸酶抑制剂对于白癜风的治疗有效，但应注意长期外用糖皮质激素可引起局部皮肤萎缩、毛细血管扩张等不良反应；对于不宜长期使用糖皮质激素的特殊部位，可以选用钙调神经磷酸酶抑制剂，目前认为在头颈部位该类药物对白癜风的治疗有良好疗效。临床上常用的药物包括卤米松软膏、糠酸莫米松乳膏、他克莫司软膏、吡美莫司软膏等。

3. 紫外线疗法　窄波紫外线（NB-UVB），为波长311nm的紫外线，简单、方便、安全。通常每周2～3次，需持续治疗3～6个月，副作用为轻微的红斑和瘙痒。PUVA为内服或外用8-甲氧补骨脂素后照射长波紫外线（UVA）。

4. 手术疗法　适用于稳定期，皮损数目不多，且无瘢痕体质者。

自体表皮移植术：包括钻孔移植、小片移植、负压起疱法、薄片移植、自体表皮培养移植以及自体黑色素细胞移植等。

1）负压起疱法：选择色素正常的非暴露处皮肤作为供皮区，用负压抽吸机在白斑区与供皮区分别抽吸相同大小与数量的水疱（表皮下水疱），剪去白斑区疱壁，将供皮区疱壁移植于白斑区创面，加压包扎固定一周后移除敷料，两周时肉眼可见移植皮片内色素再生，色素充分恢复一般要3～6个月。此法简单易行，术后不留瘢痕。

2）自体皮肤小片移植：采用1～2mm环钻打孔法，间距4～5mm，钻深1mm，将自身色素正常皮肤小片状移植到白斑区，加压包扎，10天左右成活后复色可从供皮区组织扩散融合，修复皮损。本法成功率也很高，与起疱法相比，简单且易操作，无需特殊设备。

5. 中药治疗　常用的中成药包括白癜风胶囊等，其中含有补骨脂等光敏剂对于白癜风治疗有效。

案例 18-1

（一）病史

患者女，42岁。手臂白斑4年，不消退。现病史：患者4年前原因不明出现双手指白斑，无不适感。白斑不消退，并逐渐扩大，向手背方向发展。用多种口服中药和外用药物治疗，效果不明显。近一年皮疹稳定，无明显发展。

（二）体格检查

一般情况好，浅表淋巴结未及，系统检查无异常。

（三）皮肤科情况

双手指和手背对称分布的多发性乳白色斑片，边缘不规则，境界清楚。

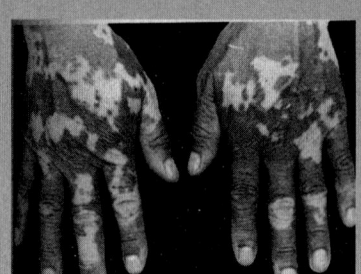

案例分析：

（一）诊断

（二）诊断依据

第二节 无色素痣

无色素痣（achromic naevus）也称先天性色素减退痣，多数在出生时或出生后不久即有，持续终生不变。皮损常为单个圆形或矩形、边缘清楚的色素减退斑。白斑没有白癜风明显，边缘也无色素加深现象。好发于躯干一侧，亦可沿神经节段分布。位于三叉神经部位者可伴神经症状及癫痫。病理可见黑色素细胞萎缩呈类圆形，黑色素减少，多巴反应减弱或阴性。临床上应与贫血痣鉴别，后者皮损为浅色斑，3～4cm大小。由于患处血管异常，摩擦时周围皮肤充血发红而白斑更趋明显。玻片压之，使周围皮肤处于缺血状态，病变部位则与周围正常皮肤不易区分。本病无任何自觉症状，一般无需治疗。

第三节 贫血痣

贫血痣（nevus anemicus）为一种先天局限性色素减退斑。本病因血管对儿茶酚胺敏感性增高，而局部的血管始终处于收缩状态，使局部皮肤缺血而发生白色斑片。神经纤维瘤患者并发此病比正常人要多。在生后或儿童时期发生，也可晚发，男女发病率相当。好发于面部、颈部或臀部等处。单侧发生，皮损为境界不清、形态很不规则的浅白色斑片，皮肤质地无改变。为单个或多个圆形、卵圆形或不规则形状的浅色斑。以玻片压之，则与周围变白的皮肤不易区分；或以手掌擦局部，则周围的皮肤发红，而浅色斑不红。本病可发生在任何部位，但以躯干多见，终生不消退。贫血痣冬季重、明显，夏季轻、不明显。贫血痣与白癜风和无色素痣相似应加以鉴别。治疗上可外用使血管扩张的药，如5%辣椒素软膏等。

第四节 黄褐斑

黄褐斑（chloasma）是一种常见的获得性对称发生于面部的淡褐色或深褐色斑。好发于具有遗传易感性的中青年妇女面部。病因尚未完全明了，一般认为与内分泌紊乱有关，多见于妊娠期及口服避孕药者。某些慢性疾病如结核病、慢性肝病、妇科疾病、甲状腺疾病等也可引起本病。其中妊娠引起者又称妊娠斑，分娩后可自行消失。典型皮损为不规则形褐色斑片，边缘清楚，大小不等。多对称分布于颜面颧部、鼻部、额部及颊部，呈蝴蝶形，亦可发生于前额、鼻和口周。无自觉症状，日晒后色素加深。春夏加重，冬季减轻。治疗宜口服或静注维生素C，每日1～2g。也可谷胱甘肽40mg与维生素C 1g混合静注，每周2次。外用3%氢醌霜、3%过氧化氢、0.025%～0.1%维A酸霜、20%壬二酸霜、1%曲酸霜，配成含维A酸0.05%、氢醌3%、地塞米松0.1%的霜疗效较好，患者应防晒，如外用防晒霜。激光及光子嫩肤治疗黄褐斑疗效反应不一，应慎用。

第五节 雀 斑

雀斑（freckles）是好发于颜面部的黄褐色点状色素沉着斑。常有家族史，属常染色体显性遗传病。皮损为针头至芝麻大小，淡褐色、黄褐色或褐色点状斑，常十几个至上百个散在对称分布于鼻部、颧部、颊部，偶可累及颈、肩、手背部。日晒后色素加深，以致春夏明显，秋冬色变淡。皮损多在儿童期出现，青春期增多。女性多于男性，无自觉症状。雀斑仅有碍美容，余无影响。应减少日晒，夏季用防晒剂如5%二氧化钛霜。治疗宜用脱色剂，可使皮损颜色变淡，如3%氢醌霜、3%过氧化氢、0.025%～0.1%维A酸霜等。也可用液氮冷冻疗法，可使表皮坏死脱落、颜色变淡，但可形成瘢痕或色素沉着等。目前激光是治疗雀斑的最好方法，多选用Q开关激光，光子嫩肤也有明显疗效。

第六节 黑 变 病

黑变病（melanosis）是一组以面颈部为主出现弥漫性色素沉着为特点的皮肤病。病因与发病机制尚不明确。多数患者有光敏感性物质接触史。可因接触焦油、沥青及其他石油制品，其中所含蒽、萘类光敏性化合物所致；也可因外用粗制、劣质化妆品引起，有些抗疟药、化疗药物等也可引起黑变病。皮损初起为淡红色或淡褐色斑，大小不一，分布对称，渐扩大成灰褐色或棕褐色斑片，有时伴轻度瘙痒。好发于面部，常开始于颧部、颞部并逐渐波及前额、颊、耳后与颈部，亦可累及头皮、前胸、臂部，日晒后加重，发展缓慢，可达数月或数年。好发于成年人，女性多于男性。典型皮损可分3期。①炎症期：局部轻度潮红肿胀，少量糠皮样鳞屑，轻痒。②色素沉着期：炎症渐退后，出现网点状色素沉着斑，渐融合成淡褐色、灰褐色或棕褐色斑片，覆有少量粉末状鳞屑，为特征性"粉尘"外观。数年后色沉斑逐渐变淡消退，或转入萎缩期。③萎缩期：此时皮损呈异色样改变，可出现轻度萎缩，毛细血管扩张。治疗应仔细寻找病因，避免接触可疑致敏物及采取避光等措施。由药物引起者应停药。可口服维生素A、B、C。静脉注射维生素C或硫代硫酸钠。局部外用3%～5%氢醌霜、1%曲酸霜、超氧化物歧化酶霜。春夏季外出宜用防晒剂，如5%二氧化钛霜。中成药可口服六味地黄丸。

 思考题

【简答题】
1. 叙述白癜风的临床表现及诊断依据。
2. 简述白癜风的治疗方法。
3. 说出黑变病的临床表现。

(常明亮)

第十九章

皮肤良性增生及肿瘤

学习目标

1. 了解皮肤良性增生及肿瘤的临床表现、治疗及预后。
2. 熟悉常见皮肤良性增生及肿瘤的皮疹特点。

皮肤良性增生及肿瘤十分常见。由于肿瘤发生在体表，易被察觉，可造成患者心理上的疑虑，因此必须给予正确诊断及处理。诊断主要根据临床表现及组织病理学检查。临床上，良性肿瘤一般发生较缓慢，限于局部，形态较规则，与周围组织不粘连，界限较清楚。为了确定肿瘤的性质，需做组织病理检查。皮肤良性肿瘤不发生转移，不易恶变，可不必治疗。如发生在外露部位，影响容貌，或怀疑有恶变可能，可采用手术切除、冷冻、激光、电灼等，也可采用外用药治疗。

第一节 表 皮 痣

表皮痣（epidermal naevi）是表皮的一种增生性疾患，因其不同形态，又可称为疣状表皮痣或线状表皮痣。多在出生时或幼年期发病，偶尔也可在青少年期发病。临床表现为淡黄色至棕褐色的疣状损害。随年龄增长皮损可渐增大，但一般于成年期停止生长。

本病按皮损分布的不同分为①线状痣：常为单侧分布，排列成线条状、带状或连续性条状。发生于四肢者多沿肢体长轴分布，发生于躯干者，则呈横行排列。②泛发型：可双侧分布或泛发全身，皮损可为密集丘疹、疣状增生或乳头状隆起。有时可排列成涡纹状或弧形。此型可伴有其他先天畸形。本病也可发生于黏膜，如口腔黏膜。组织病理示表皮角化过度、乳头瘤样增生、棘层肥厚，基底色素增加，无痣细胞。

本病目前尚无理想治疗方法，小面积或发生于露出部位者可用二氧化碳激光、液氮冷冻，亦可手术切除。

色素性毛痣（pigmented hairy nevus）又称色素性毛表皮痣。皮损为不规则形褐色、黑褐色斑，手掌大小或更大，界限清楚，周围常散在小的黑色素斑，可互相融合。表面光滑，中央有粗细不等的毛发。皮损常在发育年龄出现，渐扩大，至25岁左右停止发展。好发于肩、胸或肩胛区。无自觉症状，一般不需治疗。激光治疗效果欠佳。

第二节 色素痣

1. 色素痣（nevus pigmentosus）又称黑素细胞痣（melanocytic nevus），由黑色素性痣细胞组成，是最常见的一种良性肿瘤。可发生于不同年龄，但多在少儿时发生。

色素痣分先天性和后天性两类。前者出生时即有，皮损小者直径数毫米，大者波及整个背部、头皮或某个肢体，呈褐色或棕褐色。可高出皮面，边缘清楚，有浸润感，随年龄增加而增大。直径大于 10cm 者称先天性巨痣，伴多毛者称兽皮痣；表面呈疣状者称疣状色素痣，此类痣约有 10% 的恶变率，应予注意。较大的痣若位于脊柱部位时，可并发脊柱裂等。后天性色素痣为生后出现，直径一般不超过 8mm。根据痣细胞在组织中的位置，临床上分交界痣、混合痣、皮内痣 3 种（图 19-1）。

（1）交界痣：多在儿童及青年时发生。直径 0.3～0.6cm，界限清楚，淡棕色至黑褐色，不高出或稍隆起皮肤，表面光滑无毛，可发生于身体任何部位，位于掌跖及外生殖器者大多为交界痣。组织病理见表皮与真皮交界处，痣细胞呈巢状。

（2）混合痣：又称复合痣，多见于中青年。外观似交界痣，但稍隆起，呈棕色或褐色，表面光滑。组织病理见表皮与真皮交界处及真皮浅层均有痣细胞巢。

（3）皮内痣：多见于中老年人。皮损为半球形隆起或乳头瘤状，淡褐色至黑褐色，表面可有毛发。常见于头面部。组织病理见真皮内有痣细胞巢。

色素痣均无自觉症状。色素痣发生恶变的可能性极小。如果不断增大，边缘变为不整或有卫星状皮损，色素深浅不一，破溃伴痛痒，应考虑恶变。

一般不需治疗。位于面部影响美容者，或位于掌跖易受摩擦恐恶变者，可采用手术切除治疗。巨大的先天性色素痣恶变的可能性大，应予手术切除并植皮。激光、冷冻治疗后复发率高，一般不采用。

2. 蓝痣

蓝痣（blue naevus）系由黑色素细胞组成。皮疹常为单个圆形丘疹或小结节，表面光滑，

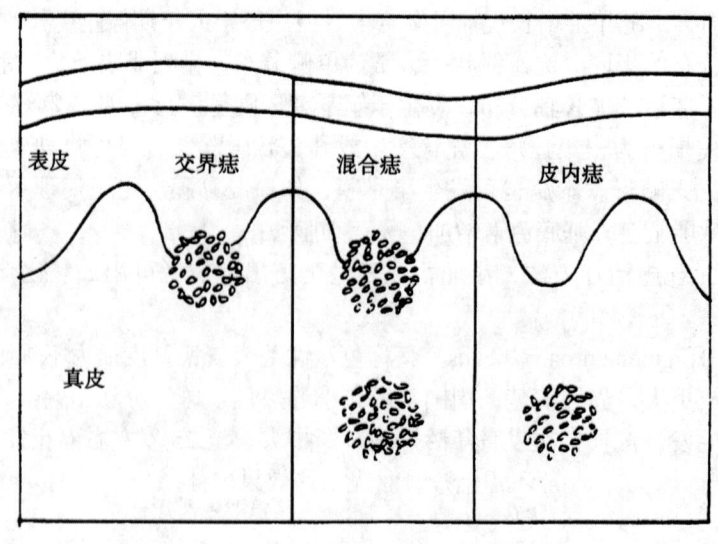

图 19-1　色素痣病理模式图

呈灰蓝或蓝黑色。好发于面部、四肢及腰臀部。无自觉症状。组织病理见树枝状黑色素细胞散在或群集于真皮中下部。一般无需治疗，若蓝痣结节直径大于1cm者，应手术切除。

3．眼上腭褐青色痣

眼上腭褐青色痣（naevus-fuscoceruleus ophthalmo maxillaris）又称太田痣（naevus of Ota），是一种可累及巩膜及同侧面部的灰蓝色斑状皮损，约50%为先天性，其余多在20岁前发生。皮损为灰蓝色、褐色、青灰色斑，呈片状、网状或地图状，表面光滑，偶有小结节。主要分布于三叉神经节1、2支支配区，即上下眼睑、颞部和颧部，约2/3的患者同侧巩膜蓝染。少数患者可累及上腭及颊黏膜。皮损为单侧，偶见双侧。无自觉症状。多见于女性，部分患者有家族史。组织病理见真皮上、中部胶原纤维束间有树枝状、星状或梭形黑色素细胞。本病有碍美容，目前多用Q开关脉冲式激光治疗。

第三节　表皮样囊肿

表皮样囊肿（epidermoid cyst）又名毛囊漏斗部囊肿。好发于青壮年的头面部及躯干部，损害多单发，直径0.5～2cm大小，圆形，可轻度隆起皮肤表面。正常皮色，表面光滑，生长缓慢。组织病理示真皮内单发性囊肿，囊壁为表皮各层组织，囊腔内充满角质物，呈板层状排列。囊壁破裂后可引起真皮内异物巨细胞反应。

治疗可手术切除，应注意将囊肿及囊壁完整切除，否则易复发。

第四节　粟　丘　疹

粟丘疹（milium）实质为小的表皮样囊肿，可在外伤或大疱病愈后出现。任何年龄、任何部位均可发生。最常见于面部，尤其是眼睑周围及颊部，还常见于手背及其他外露部位。典型损害为1～2mm粟粒大小的乳白色或黄白色坚硬的丘疹，表面呈圆顶状。无自觉症状。以针挑破为乳白色的粉刺状内容物。组织病理示真皮浅层小的表皮样囊肿。

治疗以局部消毒后用针尖或刀尖轻轻拨开表皮，挑出其内容物即可。

第五节　角化棘皮瘤

角化棘皮瘤（keratoacanthoma）是一种表皮的良性肿瘤。一般生长迅速，不侵犯周围组织，多在半年到一年内自行消退。典型损害为隆起皮肤表面的半球形坚实肿物，直径一般1～2cm，边缘光滑，皮色或淡红色，中央为一大的角栓，剥除后呈火山口状。好发于面、颈部、手背、前臂，一般单发，但亦可多发。皮损初期发展较快，数月内发展到最大限度，以后可逐渐消退，遗留萎缩瘢痕。组织病理示表皮中央凹陷内充以大的角质栓，形似火山口状。表皮围绕角质栓呈抱球状增生，细胞有异形性及核分裂，有时可见角珠，真皮内有明显的淋巴细胞为主的炎细胞浸润。

尽管本病有自愈的可能，但鉴于其与鳞癌的关系仍未完全明了，故主张手术切除治疗。对多发者可口服异维A酸、阿维A酯和甲氨蝶呤。

第六节　皮脂腺痣

皮脂腺痣（sebaceous naevus）是先天发育异常。典型损害为境界清楚的淡黄色或黄褐色较柔软的扁平隆起性斑块，表面可平滑有光泽，也可呈疣状或分瓣状，有时宽大呈条形或带状，表面无毛发生长。好发于头皮、额角及面部。多为单侧，表面可继发新生物或大汗腺囊腺瘤等，偶尔继发基底细胞癌。本病多在出生时或幼年期发病，为淡黄色斑，以后随年龄增长和皮脂腺的发育而渐增大，青春期发展较快，皮损渐隆起成斑块，到成年以后停止生长。无自觉症状。组织病理示儿童期损害内可见幼稚的皮脂腺增生，青春期真皮内可见大量增生成熟的皮脂腺，直接开口于表皮，表皮呈乳头瘤样增生。由于少数病例可发生恶性变，如成年后在皮脂腺痣表面出现增生性损害，应及早手术切除，并做组织病理检查。

案例 19-1

患儿男，12岁，右前臂屈侧线状淡黄色皮疹9年就诊，家长诉皮疹渐增大增厚。皮肤科检查：右前臂屈侧可见一线状淡黄色的丘疹，部分融合成乳头瘤样斑块，界清，约0.5cm×5cm。组织病理示表皮角化过度、乳头瘤样增生、棘层肥厚，无痣细胞。请分析该患儿可能的诊断及治疗原则。

第七节　脂溢性角化

脂溢性角化（seborrheic keratosis）又称老年疣、基底细胞乳头瘤，是中老年人常见的一种良性疣状增生，极少发生癌变。

主要见于40岁以上的中老年人，男女均可患病。早期损害为皮色或褐色斑片，表面光滑，称为老年性雀斑样痣，俗称"寿斑"。皮损缓慢增大，高出皮面，成为境界清楚的痣状或乳头瘤状损害，其上附有油脂性痂，颜色渐加深呈褐色或黑色。皮损数毫米至数厘米。皮损常多发。好发于皮脂溢出区，如面颊部、头皮、额部、胸背部，也可发生于其他部位，如手背、前臂，但掌跖不发生（彩图19-1）。随年龄增加皮损逐渐增多，无自觉症状，无自愈倾向，但极少癌变。当成年人突然出现多数脂溢性角化的皮损，自觉瘙痒时，称 Leser-Trélat 征，又称多发性发疹性脂溢性角化，此征可提示患者并发了内脏恶性肿瘤，应引起注意，应对患者进行详细的系统检查。组织病理显示表皮角化亢进，以基底样细胞为主的乳头瘤样增生及假性角囊肿，肿瘤向上生长，其基底部与两侧正常表皮在同一水平线上。

需与本病鉴别的病有①日光性角化病：这是一种癌前期病变。发生于曝光部位，为淡红或淡褐色轻度隆起皮面的斑丘疹，直径约1cm，表面粗糙，有少许鳞屑但不易被刮去。②色素性基底细胞癌：易发于面颈部，有蜡样光泽，易破溃，并向四周侵蚀性扩大，边缘呈珍珠样隆起。临床鉴别有困难时应做病理检查来鉴别。

一般不需治疗。若有碍美容或患者要求治疗时，对早期色素性损害可局部外用0.1%维A酸霜、2.5%的5-氟尿嘧啶（5-Fu）软膏，每日2次，也可做光子嫩肤或脉冲激光；对较大损害可用二氧化碳激光、电灼、液氮冷冻治疗。较大的或疑有癌变的应彻底切除并做病理检查。对于 Leser-Trélat 征应及时全面系统检查，发现有内脏恶性肿瘤者，需给予相应治疗。

第八节　多发性脂囊瘤

多发性脂囊瘤（steatocystoma multiplex）为发生于皮脂腺的错构瘤。多有家族发病史，可为常染色体显性遗传。病变在青春期出现，典型损害为直径数毫米、绿豆至黄豆大小、隆起皮面的半球形结节或囊肿，呈淡黄色或略带淡紫色，将皮肤绷紧时更加明显可见。好发于富含皮脂腺的部位，如前胸中部、腋窝、腹股沟、阴囊及女性外阴，也见于颈部、四肢屈侧等。皮疹数目可由几个至数百个不等。病变长期不消退，无自觉症状。组织病理示真皮内囊肿，囊肿由数层上皮细胞组成。囊壁上常可见到被囊腔挤压的皮脂腺小叶，囊腔内为残存的脂质。本病病变良性，不会恶变，一般无需治疗，对个别皮损可手术切除。但应注意不能用手挤压，以免造成感染。

第九节　汗　管　瘤

汗管瘤（syringoma）是来自外泌汗腺的一种错构瘤，可有家族史，较常见。以中青年女性多见。在妊娠期、月经期或使用女性激素时皮疹可增大。好发于眼睑，特别是双下眼睑、颊部；有时可泛发，皮疹还可见于前胸、腰部及生殖器部位。典型损害为 1～3mm 直径的正常皮色或淡棕色、扁平或半球形丘疹，常多发，散在或密集分布，但不融合。如果用手指轻压触摸，更为明显。病程慢性，皮疹可陆续出现，渐渐增多，不会自然消退。无自觉症状，不发生恶变。组织病理示真皮浅层多数由双层嗜碱性上皮细胞形成的囊腔样结构和逗号状上皮细胞索。囊腔内充以嗜伊红胶样物。治疗可采用激光、液氮冷冻、电解术等破坏每个瘤体。应注意破坏的深度，以避免瘢痕形成。

第十节　血　管　瘤

血管瘤（hemangioma）是一类由新生血管组成的良性肿瘤。本病多在出生时或婴儿期发生。临床上可分为毛细血管痣、单纯性血管瘤、海绵状血管瘤、老年性血管瘤、血管角皮瘤等。

1．毛细血管痣（capillary nevus）　又称鲜红斑痣（naevus flammeus）。多在出生时或出生后不久发生。随年龄增长而扩大，到成年后停止发展，终身不消退。少数发生于后枕部的可消退。皮损为淡红色至深红色斑片，边缘不规则，但境界清楚，表面光滑，压之可退色（彩图 19-2）。有时表面出现小结节状增生。皮损的颜色常随温度、情绪激动、婴儿哭闹发生变化。好发于枕、颈、额、颊部及肢体一侧。发生于面颊及眼睑时，可累及黏膜。组织病理示真皮内毛细血管数目增多、扩张，无明显内皮细胞增生。

2．单纯性血管瘤（hemangioma simplex）　又称草莓状血管瘤。初发为粟粒大至绿豆大的半球形丘疹或小结节，呈鲜红色至紫红色，境界清楚，质地柔软，表面光滑，渐渐增大呈分叶状，形似草莓。挤压可缩小，但不退色。皮损以头面部最常见，可单发也可多发，一般在生后数周内出现，增大较快，到 1～2 岁时长到最大，90% 以上的患儿可在 10 岁之前自行消退，消退后不留痕迹或遗留轻度萎缩（彩图19-3）。组织病理示真皮内毛细血管扩张增生，伴血管内皮细胞增多。

3. 海绵状血管瘤（hemangioma cavernosum）　损害为暗红色至青紫色隆起性柔软肿块，形似海绵，表面呈半球形或分叶状，挤压可缩小。大小不等，多发于头面、四肢；口腔、鼻腔黏膜及外阴黏膜均可发生，并可累及骨、肝、肌肉等脏器。皮疹持续存在，部分可呈巨大形。多于出生后不久出现，无自觉症状，组织病理示真皮及皮下组织内多数高度扩张的不规则血管腔，腔内充满血液，血管外膜细胞增生。

4. 老年性血管瘤（hemangioma senile）　又称樱桃样血管瘤。多见于中年及老年人，是一种皮肤的老年性改变。损害为直径1～5mm大小的鲜红色丘疹，呈圆形或半球形，数目常随年龄增长而增多，好发于躯干及四肢近端。无自觉症状，不发生恶变。

5. 血管角皮瘤（angiokeratoma）　系血管瘤的表皮过度角化型。临床上以发生在外阴、阴囊及肢端的血管角皮瘤较为常见。

（1）外阴血管角皮瘤：多见于中年和老年人的外阴及阴囊。为针帽至粟粒大的深红色或紫红色丘疹，表面疣状角化，触之粗糙硬感。常散在分布。一般无自觉症状，碰破后易出血。

（2）肢端血管角皮瘤：可有家族发病史，为常染色体显性遗传，寒冷和外伤可诱发。女性多见，好发于指（趾）及手足背侧。典型损害为1～5mm的深红色至紫红色丘疹或斑丘疹，表面粗糙、角化，呈疣状增生。可单发、多发或呈群集分布。常伴发肢端发绀或冻疮。

血管瘤的治疗　需根据其性质、部位及年龄等具体情况而定。鲜红斑痣激光可采用脉冲染料激光，通过557nm或585nm的激光用热量破坏扩张的血管。也可采用光动力学治疗。单纯性血管瘤由于绝大多数均可自行消退，需向患儿的家长做解释，不必治疗。只有生长较快且皮损较大者，易受外伤出血或长在重要的组织器官附近如眼周、口周，可在损害内注射类固醇或口服泼尼松，剂量为2～3mg/（kg·d）。海绵状血管瘤采用硬化剂局部注射，如鱼肝油酸钠、尿素、平阳霉素、高渗氯化钠，剂量要适当，以免造成局部坏死。对于体积较小的血管瘤或血管角皮瘤，可采用手术切除、二氧化碳激光、氩离子激光、电解术及液氮冷冻疗法。

第十一节　血管球瘤

血管球瘤（glomus tumor）是一种血管性错构瘤，起源于正常血管球细胞。为紫红色或紫蓝色小结节，直径数毫米，常伴有阵发性刺痛或剧痛。遇冷或受挤压时疼痛加重。大多单发，好发于四肢远端，最常见于甲床，可使甲板发生纵嵴，以青年女性多见。组织病理示真皮内瘤体主要由数层嗜碱性球体细胞组成，细胞核圆形，大小一致，并可见多数衬以一层内皮细胞的小血管腔。发生在甲下的血管球瘤疼痛较著，可在局麻下拔掉甲板，将甲床上的瘤体手术切除。其他部位的可用手术切除、二氧化碳激光等进行治疗。

第十二节　化脓性肉芽肿

化脓性肉芽肿（granuloma pyogenicum）是由新生血管组成的良性增生，常在皮肤外伤或虫咬后发生。多见于儿童或青年人皮肤易受损伤的暴露部位，如头面、手指、前臂。典型皮疹为带短蒂或无蒂的鲜红色或棕红色隆起性肿物，表面光滑易形成糜烂、结痂，直径

5~10mm，亦有达数厘米者，质地较软，轻度外伤后易出血，且不易止住。无自觉疼痛及压痛。本病容易误诊为血管瘤，但组织病理检查不难鉴别，低倍镜下为有蒂的隆起肿物，其上方为扁平表皮，皮突向内增生。增生的血管间有疏松结缔组织的间隔及多数组织细胞，有时可见表皮破溃，真皮内炎症细胞浸润。本病并非化脓菌感染，故抗生素无效。治疗可用二氧化碳激光、液氮冷冻、电凝固术、局部注射皮质激素等方法，对有蒂的损害可用硝酸银棒从根部烧灼；较大的瘤体需手术切除，做活检。

第十三节 淋巴管瘤

淋巴管瘤（lymphangioma）多见于出生时，男女均可发病，生长缓慢，不能自行消退。典型损害为厚壁、群集的小水疱，内含较为黏稠的淋巴液，表面皮肤颜色正常。常见于躯干如肩胛部位、前胸、四肢。应避免外伤，一般不必治疗。

第十四节 瘢痕疙瘩

瘢痕疙瘩（keloid）系结缔组织的良性过度增生，多与机体的特异性素质、家族遗传、种族等有关，皮肤轻度损伤常为诱发因素。本病好发于前胸，特别是胸骨部，其次为肩胛、背部。多由青春期开始发病，典型损害为隆起性的坚实斑块，边缘清楚，呈圆形、椭圆形、不规则形，有时呈蟹足状或蝶形。表面光滑或凹凸不平，周围可见有树枝状毛细血管扩张。自觉瘙痒或刺疼感。皮疹单发或多发，病程慢性，可持续不退。

本病需与肥厚性瘢痕鉴别：后者皮损范围一般不超过外伤或手术切口部位，且在1~2年渐变软变平，常无自觉症状。

患者应尽量避免外伤，对毛囊炎等皮损应及时外搽消炎药；对瘢痕疙瘩皮损不能施行单纯手术切除，因切除后会很快复发，而且会造成更严重的瘢痕形成。对早期较小的损害，可用复方倍他米松或曲安西龙和2%利多卡因等量混合后于皮损基底部注射，每周1次，连续3~4次。对皮损较大不宜局部封闭治疗者，可手术切除配合放射治疗，方法是手术切除皮损后立即（24~48h）开始放疗。

第十五节 皮肤纤维瘤

皮肤纤维瘤（dermatofibroma）是一种结缔组织增生性疾病，又称组织细胞瘤。部分患者发病前有局部外伤史或虫咬史。本病较常见，男女均可发病。好发于中青年，多见于四肢、臀部，单发或多发。初起为浅褐色斑丘疹，渐渐增生成质地坚实性结节，直径0.5~2cm，与表面粘连。生长缓慢，常有压痛。组织病理示真皮层成纤维细胞和胶原纤维增生而形成肿瘤团块，无包膜，境界不清，表皮基底层黑色素增加，常伴皮突伸长。本病为良性肿瘤，不会发生癌变，一般不需治疗。如有症状可以手术切除损害。因本病损害较深，二氧化碳激光、液氮冷冻等治疗不满意，且易复发并形成瘢痕，故不宜采用。

第十六节 皮赘

皮赘又称软纤维瘤（soft fibroma），俗称"软猴"，好发于中老年人，特别是更年期妇女及较胖者。好发于颈部、腋部，为针尖到米粒大或数毫米大的柔软、皮色或浅褐色小丘疹，有蒂或丝状增生，常多发。单发者多为有蒂的柔软袋状物，直径1～2cm或更大，好发于胸背、腹、腋等处。组织病理示肿瘤由疏松结缔组织构成，其中有很多血管。多发较小的损害，可用电解术、二氧化碳激光、电灼或用弯手术剪刀剪除。单发型可从蒂部电灼或激光。

第十七节 脂 肪 瘤

脂肪瘤（lipoma）是成熟脂肪细胞构成的良性肿瘤。可发生于任何年龄，但以成人居多，男女均可发生。可单发，但常多发。可有家族发病史。好发于臂、肩、腰腹及四肢。肿瘤多为质地柔软、隆起皮面、圆形或分叶状、可移动性肿块，大小不一，大者直径可达数十厘米，正常皮色，一般无自觉症状。个别有触痛者，多为血管脂肪瘤，偶可发生恶变。组织病理示皮下成熟的脂肪细胞群集成小叶状，周边有完整的包膜。瘤体较大影响美容或功能、有疼痛者，应手术切除，疑有恶变者应手术切除后做组织病理检查。

思考题

【名词解释】
1. 瘢痕疙瘩
2. 化脓性肉芽肿

【简答题】
1. 何谓Leser-Trélat征？
2. 血管瘤临床分哪几型？
3. 血管瘤有哪些治疗方法？

（吕新翔）

第二十章

皮肤癌前期病变及恶性肿瘤

学习目标

1. 了解皮肤癌前期病变及恶性肿瘤的种类、治疗及预后。
2. 掌握典型的基底细胞癌皮疹，并应用到临床，能通过肉眼识别这种常见的皮肤肿瘤。
3. 掌握鲍恩病的临床表现，认识鲍恩病的典型皮损。

皮肤癌前期病变是指有一些具有癌变可能的良性病变，广义的皮肤癌前期病变还包括比其他皮肤病有更多癌变机会的病变（放射性皮炎、寻常狼疮、烧伤后瘢痕等）要引起高度重视，需积极治疗，防止向恶性肿瘤发展。皮肤恶性肿瘤对人类健康危害很大且发病率有逐年增高的趋势。在我国以鳞癌、基底细胞癌、恶性黑色素癌及皮肤淋巴网状系统肿瘤多见。

第一节　日光性角化

【病因及发病机制】

日光性角化（actinic keratosis）又称老年性角化，主要是由于日光中紫外线长期照晒损伤皮肤引发的癌前期角化性病变。其他如放射性辐射、热等也可以引发本病。

【临床表现】

患者多为老年，男性居多（彩图20-1）。好发于光暴露部位如面颊、头皮、手背和前臂，初起为皮色或淡红色扁平丘疹或鳞屑性红斑，周围毛细血管扩张。皮疹可渐渐增大，呈圆形或不规则形，表面粗糙角化或呈疣状增生，附以黏着性鳞屑。皮疹多为单发，也可散在多发。无自觉症状，病程慢性。如果皮损增长快，炎症明显，并发生糜烂、溃疡、触之有疼痛及浸润感，可怀疑癌变。

【组织病理】表皮角化不全及角化亢进，表皮萎缩，表皮下方有不典型的角质形成细胞，棘细胞排列紊乱，核大染色深，有丝状核分裂，可见不典型细胞呈芽蕾状向下侵入真皮乳头层。真皮浅层胶原呈日光弹力变性，中等密度淋巴细胞浸润。异常表皮与邻近表皮相互交替存在，界限清楚，为本病的组织病理特点。

【诊断】

根据好发头面部光暴露部位，临床表现为红斑角化性损害附黏着鳞屑，结合病理改变即可确诊。

【治疗】

本病虽为癌前期病变,但如不治疗,大约 12% 可能发展成侵袭性鳞癌,应予以重视并积极预防和治疗。

1. 避免长期日晒,外用防晒霜,如 5% 二氧化钛软膏、5% 对氨基苯甲酸霜,应戴宽边帽,着长袖衣。

2. 局部治疗

(1) 液氮冷冻,可用喷雾法或接触法冻融损害。

(2) 二氧化碳激光、电离子术、电灼均可早期使用。

(3) 5% 5-氟尿嘧啶(5-Fu)软膏、5% 咪喹莫特凝胶或 0.1% 维 A 酸霜外擦,适用于多发性或大面积较浅的损害。

(4) 调 Q 激光治疗。

(5) 疑有癌变或疣状增生较显著者,宜手术切除。此外,也可应用局部光动力治疗。

第二节　黏膜白斑

【病因及发病机制】

黏膜白斑(leukoplakia)是发生于口腔、外阴黏膜的局限性白色增厚性角化性斑片,较少见,病因不明,与局部刺激等有关,也有人提出与病毒感染有关。女阴白斑与阴道分泌物刺激、雌激素水平降低、维生素 A 及营养物质缺乏有关。确诊主要依据组织病理检查。长期不愈的黏膜白斑,口腔约有 5%,外阴约有 20%,最后可发展为浸润性鳞癌。

【临床表现】

1. 口腔黏膜白斑　多发于 40 岁以上的男性,好发于唇红、颊黏膜、上腭、舌面及牙龈等处。初起为形态不规则的白斑或乳白斑,边缘清楚,表面可有少许鳞屑,无自觉症状。损害可逐渐增厚、变硬,表面粗糙,如果发生明显增生、易出血及溃疡时,应怀疑有发生癌变的可能。

2. 外阴白斑　多发生于绝经期或绝经后的妇女,好发于阴蒂、大小阴唇、前庭、阴道口及尿道口,偶可发生于男性龟头、包皮内侧黏膜。为局限性白斑或灰白色角化性斑片,大小不等,形态不一,边缘不规则。早期可角化过度,增生肥厚,甚至可疣状增生。晚期可萎缩、变硬,并可引起外阴狭窄。往往伴有不同程度的瘙痒。由于长期搔抓,可继发湿疹样变、苔藓样变、溃疡及感染,可发生癌变。

【组织病理】

表皮角化过度或角化不全,棘层肥厚,上皮脚延长,但表皮细胞大小、形态及排列正常,真皮内以淋巴细胞为主的炎症细胞浸润。若表皮向真皮呈芽蕾样增生,并有细胞排列紊乱、出现异型性、核大、染色质深,甚至出现角化不良细胞,提示为癌前期病变。

【诊断】

根据发生在黏膜,临床表现为不规则白色或灰白色境界清楚斑片,结合组织病理上皮细胞呈异形性改变即可确诊。需要与以下疾病鉴别:

1. 口腔黏膜白斑应与扁平苔藓及硬化性苔藓鉴别。后者颊黏膜可见多角形丘疹或呈网状灰白斑,身体其他部位可有典型皮疹,组织病理可鉴别。

2. 外阴白斑应和外阴部白癜风鉴别。白癜风为发生于外阴黏膜和皮肤的边缘清楚的白斑，表面光滑，无自觉症状，病理见基底层内黑色素缺乏或消失。硬化性苔藓有局部黏膜干燥，萎缩等表现。

3. 外阴部黏膜白斑应与硬化性苔藓鉴别。后者为扁平、象牙色的丘疹、斑片、羊皮纸样萎缩硬化，如发生在龟头部称为干燥闭塞性龟头炎。

【治疗】

首先应去除局部刺激因素，保持黏膜清洁，积极治疗各种诱发疾病。

1. 局部治疗　①局部瘙痒明显时，可外用皮质类固醇制剂。②角化增生时，外用0.025%～0.1%维A酸霜。③局部有疣状增生或组织学上有早期不典型增生，可外用5% 5-Fu软膏。④手术切除：组织病理证实有非典型细胞增生时，应及时进行手术根治切除，术后定期复查。

2. 物理疗法　局部可用冷冻、激光、电凝等。

3. 系统疗法　可口服维生素A 5万单位，每日3次。维生素E 0.1g，每日3次。更年期女性患者可适当口服雌激素治疗。

第三节　基底细胞癌

基底细胞癌（basal cell carcinoma）又称为基底细胞上皮癌、基底细胞上皮瘤，为发生于皮肤基底细胞层的肿瘤。分化较好，生长缓慢，有局部破坏性，可侵袭性生长，但不易发生转移，是一种低度恶性肿瘤。

【病因及发病机制】

病因不明，可能与日晒、皮肤损伤如烧伤、瘢痕、砷中毒有关。

【临床表现】

好发于50岁以上老年人，男女发病相当（彩图20-2）。好发于鼻、鼻唇沟、额、颊及上唇等暴露部位，常单发。典型损害为具有珍珠样边缘的隆起性圆形或椭圆形斑块或结节，伴有毛细血管扩张，逐渐发展扩大，表面出现角化、糜烂、溃疡、结痂。根据临床特点分为以下4型。

1. 结节溃疡型　最常见，好发于颜面部。皮损初起为灰白色或蜡样光泽的小结节，质硬，表面有毛细血管扩张，逐渐增大呈半球形结节，中央易形成溃疡、结痂，周边绕以珍珠样隆起边缘。

2. 浅表型　常发生于躯干部，特别是背部及胸部。皮损为一个或数个轻度浅红色至黄褐色斑片，有浸润感，境界清楚，边缘呈连续性线样或坝样光泽性隆起，表面有少许鳞屑或形成浅在性溃疡结痂。可单发或多发。

3. 色素型　与结节溃疡型相似，皮损为黑褐色或黑色，边缘部分色泽较深，中央呈点状或网状，易误诊为恶性黑素瘤。

4. 硬斑病样型　罕见，常单发于颜面部。皮损为扁平或轻度凹陷的淡红色或黄红色硬性斑块，边缘不清，似硬斑病或瘢痕样斑块。发展缓慢，后期可发生溃疡。本型病变侵犯较深。

5. 纤维上皮瘤型　好发于背部。为一个或数个高起性结节，中等硬度，表面光滑，类似纤维瘤。

> **知识链接**
>
> **基底细胞癌**
>
> 美国国家综合癌症网（National Comprehensive Cancer Network, NCCN）作为美国21家顶尖肿瘤中心组成的非营利性学术组织，任务之一即《NCCN肿瘤学临床实践指南》的制定及更新，这些指南已经成为全球肿瘤临床实践中应用最为广泛的指南。2014年10月24日，NCCN发布了皮肤基底细胞癌临床实践指南2015年第一版（http://guide.medlive.cn/guideline/7178），使得这种皮肤科常见恶性肿瘤的治疗也有了指南可循。

【组织病理】

瘤体由基底样细胞组成，细胞核大，卵圆形，胞质少，界限不清。瘤体边缘细胞排列成栅栏状。肿瘤周围的结缔组织间质增生，肿瘤与周围结缔组织形成裂隙。

【诊断】

根据临床及病理改变不难诊断，但应与其他皮肤恶性肿瘤相鉴别。

【治疗】

应根据肿瘤的类型、大小、部位及患者的身体状况适当选择下列疗法：

1. 首选手术切除。应包括肿瘤边缘以外0.5～1cm的正常皮肤，且深达皮下脂肪层。对硬斑病样型需要广泛切除，可采用Moh's手术。
2. 放射治疗适用于不适宜手术者或不愿接受手术治疗的老年患者。
3. 二氧化碳激光、液氮冷冻等，适用于瘤体较小的患者。
4. 光动力治疗适用于浅表性基底细胞癌。

第四节 鳞状细胞癌

【病因及发病机制】

鳞状细胞癌（squamous cell carcinoma）又称表皮细胞癌，简称鳞癌，是起源于表皮或附属器角质形成细胞的一种常见的恶性肿瘤。常发生于某些皮肤病变的基础上，如日光性角化病、慢性放射性皮炎、烧伤瘢痕、慢性溃疡、黏膜白斑等。此外长期接触某些致癌物质，如无机砷等也可诱发鳞癌。本病的恶性程度较高，易发生转移。

【临床表现】

本病多见于老年人，男性多于女性（彩图20-3）。好发于头、面、颈部以及手等曝光部位的皮肤。通常发生在皮肤损伤或某些病变如瘢痕疙瘩、慢性溃疡、盘状红斑狼疮、光化性角化病等基础上。皮损初起为一个或数个轻度浸润性红色鳞屑性斑片，以后逐渐发展成斑块、疣状损害或呈菜花状结节，表面有溃疡，基底坚硬易出血。溃疡可逐渐扩大，并向深部组织破溃，底部有坏死组织，边缘可高起呈外翻状。常因继发感染而出现脓性分泌物及恶臭。好发于头部、面部、下唇黏膜以及瘢痕等处。鳞癌组织破坏性较大，易发生转移，如发生于黏膜部位的鳞癌转移率可高达40%。相应淋巴结转移时，淋巴结肿大、变硬、活动度差。

【组织病理】

真皮内侵袭性生长的鳞状细胞团块，瘤细胞呈不同程度的异型性及角化不良，出现角化珠。异形性鳞状细胞数目越多，肿瘤的分化越差，恶性程度越高。异型性表现为细胞形态、大小不一，核染色质多，出现病理核分裂，细胞间桥可消失。

【诊断】

根据临床及病理改变不难诊断，但应与其他皮肤恶性肿瘤相鉴别。

【治疗】

1. 首选手术切除，切除要有足够的范围和深度，必要时做Moh's手术。要查看附近淋巴结，有肿大者应及时切除，定期复查。
2. 放射治疗　对于头面部损害较大、老年体弱、不适宜手术的，应采用X线放射治疗。
3. 二氧化碳激光、液氮冷冻等可适用于较小、较浅表的肿瘤。

鳞癌如果分化良好，早期手术治疗预后较好，但如果分化不好或已出现转移，则预后不佳。

鳞癌的预防很重要，应避免过度日晒、从事放射工作要注意防护，避免接触砷剂及焦油物质，对于慢性溃疡和皮肤癌前期病变要定期检查。

案例20-1

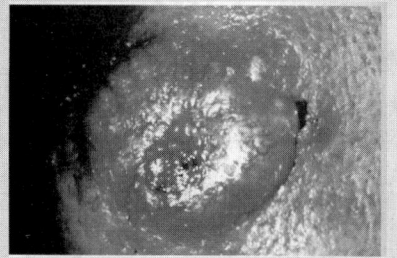

患者男，68岁。发现鼻部皮疹4年。现病史：4年前，患者发现鼻尖处有一小皮疹，无症状。之后皮疹逐渐增大，近2年皮疹表面破溃，有时溢液。基本无不适感。体格检查：一般情况好，浅表淋巴结未及，系统检查无异常。皮肤科情况：鼻尖左侧见一个直径约1.8cm的结节，淡红色，境界清楚，中央溃疡，边缘有小结节融合形成堤状隆起，表面光滑，有毛细血管扩张。

第五节　鲍恩病

【病因及发病机制】

鲍恩病（Bowen's disease）也称原位鳞状细胞癌，为发生于皮肤或黏膜的表皮内鳞状细胞癌。病变仅局限于皮肤表皮层，属于早期鳞癌，预后好。病因尚不明了，可能与长期外界刺激、接触砷剂或慢性日光损伤等有关。

【临床表现】

本病多发于中老年人，以躯干、四肢多见。皮损初起为圆形或椭圆形片状浸润性暗红斑，边缘清楚，但呈不规则形，逐渐增大，轻度隆起皮肤表面，颜色逐渐加深呈灰褐色，表面有角化性鳞屑，结痂，一般不易出血（彩图20-4）。多无自觉症状或有轻度痒感。病程慢性，进展缓慢，有时可迁延数年不变化。如果表面发生溃疡，表明肿瘤常已呈侵袭性生长，此时易发生转移，恶性程度较高，应尽早治疗。本病多为单发，若多发应注意查血砷及尿砷含量。此外有报道，多发性鲍恩病患者可合并内脏或皮肤其他肿瘤，应进行详细系统检查，定期随访。

【组织病理】角化过度伴角化不全，表皮细胞有异型性，细胞大而不规则，核大小不等，深嗜碱性染色，排列紊乱，常有病理核分裂。异型细胞未突破基底膜，真皮中有中等量淋巴细胞浸润。如果瘤细胞破坏基底膜带，向真皮呈侵袭性生长，即为侵袭性鳞癌。

【诊断】

根据临床及病理改变不难诊断，但应与其他皮肤恶性肿瘤相鉴别。

【治疗】

首先应仔细检查有无接触砷化合物或其他化学致癌物，长期饮用含砷水或含砷制剂的药物常引起多发性鲍恩病。要系统检查体内有无其他恶性肿瘤。

1．手术切除　本病是皮肤原位癌，极少发生转移，最适宜早期手术切除。切除范围应包括周围正常组织0.5～1cm，深达真皮深层。

2．较小的单发损害可用二氧化碳激光、液氮冷冻，但应注意掌握好深浅度，以免复发或形成瘢痕。

3．对于体质衰弱的老年人或不适宜应用上述治疗的部位，可外用5% 5-Fu软膏或5%咪喹莫特凝胶，连续2～3个月，应当注意随访。局部光动力治疗也可采用。

案例20-2

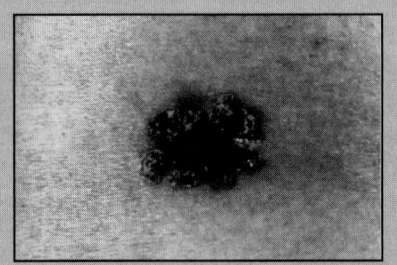

患者男，53岁。面部皮疹4年，逐渐发展。现病史：4年前，患者发现腹部肚脐左侧一暗红色皮疹，表面有白屑。自行将表面痂屑剥除后，无出血及渗液。无症状，皮疹逐渐增大，持续不消退。体格检查：一般情况好，浅表淋巴结未及，系统检查无异常。皮肤科情况：肚脐左侧一个暗红色角化性斑块，约5.0cm×4.0cm大小，稍浸润，表面角化，有褐色厚痂屑，皮损边缘呈花边状。

第六节　佩吉特病

【病因及发病机制】

佩吉特病（Paget disease）又名湿疹样癌，病因不明，目前为起源于乳腺导管及顶泌汗腺导管开口部，最终可侵入结缔组织，亦可向上发展到表皮内而形成Paget病皮损。

佩吉特病临床上表现为湿疹样皮损，病理上可见表皮内大而淡染的异常细胞（Paget细胞），多发生于女性乳房，也可发生于外生殖器、肛门周围、脐部、腋窝等处，此时称为乳房外 Paget 病。

【临床表现】

根据发病部位分为乳房 Paget 病和乳房外 Paget 病（彩图 20-5，20-6）。乳房 Paget 病几乎均累及女性乳房，极少数见于男性乳房。好发于单侧乳房和乳晕部，平均发病年龄为 55 岁。皮损外观呈湿疹样改变，易误诊为湿疹。初起为一侧乳头部出现淡红色斑片，表面有渗出、结痂，境界清楚，逐渐扩大到乳晕及周围皮肤，呈鲜红色的浸润斑，上附以鳞屑、结痂，剥去痂皮呈红色粒状小突起，可形成糜烂、溃疡及乳头回缩。皮损长期不愈，缓慢扩大，自觉有不同程度的瘙痒或灼痛感。常伴发乳腺癌，可伴腋窝淋巴结转移。

乳房外 Paget 病男女均可发病，但以女性为多。多发生于男性阴囊、阴茎，女性外阴部、肛门周围皮肤。皮损和乳房 Paget 病相似，一般较乳房 Paget 病预后好，但可伴发真皮内侵袭性癌。由直肠癌扩散到肛周皮肤，或由分泌黏液的宫颈癌扩散到外阴部者，则称为继发性乳房外 Paget 病，预后差。

【组织病理】

特征性改变为表皮内、毛囊上皮内有单个或呈巢状排列的 Paget 细胞，此细胞呈圆形或椭圆形，大而透明，胞质丰富淡红染、空泡状，核大而圆，染色较淡，无细胞间桥，基底细胞被挤压呈扁平状。PAS 染色阳性，耐淀粉酶。真皮内伴有慢性炎症细胞浸润。

【诊断】

中老年人单侧乳房或顶泌汗腺分布区发生湿疹样浸润性斑片，长期存在不消退，按湿疹治疗无效均应考虑本病。病理检查可以确诊。

本病需与乳房湿疹、外阴湿疹鉴别：乳房湿疹、外阴湿疹皮疹多形性，常对称分布，边缘不清楚，激素治疗可明显缓解，但易反复发作，伴剧烈瘙痒。而湿疹样癌多为单侧性，皮损局限，自觉症状不明显。年龄大多在 40 岁以上。病理检查可鉴别。

【治疗】

本病为恶性肿瘤，一经确诊，尽快手术切除。

1. 乳房 Paget 病　应尽早进行一侧乳房切除，如伴发乳房内肿块，应进行乳房根治术。定期复查。

2. 乳房外 Paget 病　首先应局部手术深切除，范围包括周边正常皮肤 1～2cm，深达皮下脂肪层，对切除组织及时病理检查，未完全切除时，应再做扩大切除。定期复查。

3. 对年老体弱及不适宜手术的部位，可采用放射治疗、光动力治疗。

4. 关于本病预后，如果不伴有乳腺癌或直肠癌，早期切除预后良好。即使局部复发，再次切除后仍有较高的存活率。

第七节　恶性黑素瘤

恶性黑素瘤（malignant melanoma）是一种起源于黑色素细胞的高度恶性肿瘤，为皮肤恶性肿瘤第三位，容易早期发生淋巴结及血道转移，死亡率高，应高度重视。

【病因及发病机制】

本病病因尚不明了，可能与种族及遗传、创伤、刺激、病毒感染、长期日光照射以及机体的免疫功能有关。

【临床表现】

恶性黑素瘤发病常与种族有关,白种人高发,我国相对少见(彩图20-7)。好发于容易受压及摩擦部位,如手掌、足底及末节指趾。成人好发,偶见于儿童。根据临床特点恶性黑素瘤分4型:

1. 浅表播散型黑素瘤　好发于面部、小腿,初为色素性丘疹,渐呈隆起性斑块,可表现为褐色、棕色、黑色等多种颜色。皮损发展较快,先向水平方向生长,后呈垂直方向生长,表现为结节、溃疡、出血。需要早期发现、早期治疗。

2. 恶性雀斑样痣型黑素瘤　多发生于老年人暴露部位,面部多见,也常见于末节指趾。初为黑色斑片,边界不规则,发展缓慢,可出现结节、溃疡等。

3. 结节型黑素瘤　男性多于女性,本型呈垂直生长,损害初期即为隆起性斑块,迅速增大并形成溃疡。好发于足底、外阴、头颈等处,预后差。

4. 肢端黑素瘤　本型在我国较多见。常发生在手足掌及指趾,呈不规则性色素性斑片,缓慢生长,渐出现结节、溃疡、出血。甲下黑素瘤属于此型。

此外恶性黑素瘤也可发生在眼、阴道、口腔黏膜、肛门等处,不易被发现,易发生转移,应予以高度重视。

知识链接

恶性黑素瘤

一部《非诚勿扰2》让观众知道了恶性黑素瘤之可怕性,使得很长一段时间皮科门诊因"黑色皮疹"就医的患者激增。实际上,恶性黑素瘤并非如电影中所讲均为不治之症,目前国内已经发布了《2013版中国黑色素瘤诊治指南》,http://guide.medlive.cn/guideline/4894,使得这种疾病有了规范化的治疗。

【组织病理】

恶性黑素瘤源自表皮基底层的黑色素细胞,继而侵袭至真皮。早期表皮内有单个或成巢的异型黑色素细胞,侵入真皮,瘤细胞核大且不典型,见核分裂象,瘤细胞巢大小形态不一,可融合成片。

【诊断】

本病根据临床表现,结合病理改变可以确诊,但应与很多疾病进行鉴别,特别是交界痣、混合痣,还有色素性基底细胞癌、脂溢性角化症、Kaposi肉瘤等。

【治疗】

恶性黑素瘤在早期手术彻底切除,5年存活率较高,晚期一旦发生转移,则预后很差。可采用化疗、生物治疗、免疫治疗。

1. 手术切除　为首选疗法,切除范围应包括周围正常皮肤3cm,必要时需切除周围淋巴结。

2. 生物治疗　通过增强机体的免疫反应,达到控制肿瘤生长、杀灭体内残存的瘤细胞和防止肿瘤复发的目的。目前常用的有:

（1）用自身肿瘤制成的疫苗，进行皮内注射，每周1~2次。

（2）卡介苗：在尽可能将原发病灶切除的基础上，将卡介苗注入病灶周围新出现的卫星结节内，若原发病灶已无法彻底切除，亦可注入原发病灶或转移病灶内。

（3）干扰素：近年来临床实践证明，干扰素对转移性恶性黑素瘤有较好的抗癌性，少数患者可获得完全缓解。

（4）转移因子和提高免疫的中草药等亦可使用。

3．联合化疗　用于已经发生转移者。①环磷酰胺、长春新碱、甲氨蝶呤、5-Fu联合。②放线菌素D、长春新碱联合等。如病变在肢体可动脉灌注给药，疗效更好。

4．综合治疗　以手术治疗为基础，结合放疗、化疗等，有可能效提高疗效。

第八节　蕈样肉芽肿

蕈样肉芽肿（granuloma fungoides）是一种原发于皮肤的T细胞淋巴瘤，又称蕈样霉菌病（mycosis fungoides，MF）。属皮肤T细胞淋巴瘤（CTCL）。本病病程慢性，可迁延数年至数十年。少数可快速进展。晚期可侵犯淋巴结及内脏组织。

【病因及发病机制】

本病病因不明，遗传、感染和环境因素可能与本病发生发展相关。

【临床表现】

根据临床特点可分3期：

1．斑片期　此期皮疹为多形性，可同时或相继出现红斑、斑片、脱屑、皮肤干燥、灰暗，以红斑或红褐色斑片最常见。表面附以鳞屑，界限较清楚。皮疹局限，也可泛发全身。自觉症状较轻，可有程度不等的瘙痒。本期病程可长达数年或十余年，其间皮疹时轻时重。

2．浸润期　为大小不等、形态不规则的浸润性斑块，有时呈结节状或疣状，表面光滑或高低不平，呈红色、紫红色、暗红色，质坚实而有弹性。可在红斑期皮损的基础上发展而来，也可开始即为浸润性斑块。有的可自行消退，有的可持续数月不变。浸润处毛发脱落。此期浅表淋巴结肿大。

3．肿瘤期　可由斑块期发展而来（彩图20-8），也可在正常皮肤上出现（暴发型）。好发于头、面、四肢、臀部等。肿瘤隆起呈半球状、蕈状或马蹄状，也可向皮下组织增生呈结节状、分叶状，约蚕豆大、核桃大，甚至直径数厘米大，红色、紫红色、褐红色，常破溃呈"烂番茄"状，基底有坏死组织，合并感染时有疼痛及恶臭。

以上3期不易严格分开，有时可同时存在。约10%的患者出现红皮病，部分患者可伴有发热、关节痛。少数黏膜受累，晚期可多脏器受累，出现贫血、恶病质、继发感染、败血症死亡。

【组织病理】

1．斑片期　早期为非特异性炎症，可见淋巴细胞侵入表皮，并有聚集倾向，真皮浅层有中等密度淋巴细胞、组织细胞、嗜酸性粒细胞浸润。

2．浸润期　此期较有特征性，表皮内异型淋巴细胞及组织细胞聚集成Pautrier脓肿，脓肿周围有晕样透亮区。真皮内异型性细胞弥漫浸润，并可见肿瘤细胞即MF细胞。此细胞核大，呈肾形或不规则形，有切迹，核深染，丝状分裂。

3．肿瘤期　真皮全层及皮下组织内大量异型淋巴细胞及较多MF细胞浸润，核分裂更明显。表皮内或毛囊内 Pautrier 脓肿中有较多的 MF 细胞。

【诊断】

斑片期皮疹及病理改变均无特异性,往往难以做出诊断。临床上对拟诊其他慢性瘙痒性皮肤病但常规治疗无效者,应考虑本病,必要时多次取材、连续切片。浸润期及肿瘤期根据临床表现结合组织病理学改变可做出诊断。

【治疗】

治疗目的在于控制或减轻症状,延缓发展,增强机体的免疫功能。

1. 局部治疗

(1) 斑片期常以对症治疗为主。如止痒、润肤,瘙痒剧烈时可用糖皮质激素软膏等。

(2) 窄波 UVB 或 PUVA 治疗:适用于早期和斑块期的患者。

(3) 氮芥酒精局部外用适用于早期和浸润不深的损害,浓度从氮芥 10mg/60ml 酒精增到 10mg/40ml,每日 1 次。注意需新鲜配制并避光保存。

(4) 电子束治疗:适用于大面积斑块损害,最佳剂量 3 000～3 600rad,一般 200rad 为一周期,在 3 个月内完成疗程。

2. 全身治疗　适用于肿瘤期患者。

(1) 联合化疗:如 COPP(环磷酰胺、长春新碱、泼尼松、丙卡巴肼)、MOPP(氮芥、长春新碱、泼尼松、丙卡巴肼)可获缓解,应注意副作用。对化疗无效的患者可选用博来霉素、放线菌素 D、苯丁酸氮芥等,可单独应用,也可和皮质类固醇合用,有一定疗效。

(2) 免疫疗法:提高机体免疫功能,增强对肿瘤的杀伤能力。①α-干扰素(interferon-α)6×10^6～9×10^6IU/d,或 6×10^6～9×10^6IU,每周 2 次,肌内注射,连续 3 个月,缓解后维持。②白介素-2 可以增强机体免疫力。③芳香维 A 酸 50mg/d,口服。亦可与干扰素联合应用。④转移因子、左旋咪唑等均可改善免疫状况。

(3) 支持疗法:对于体质衰弱及晚期患者应给予高蛋白维生素饮食、能量合剂,输血补液,注意水电解质平衡。

思考题

【简答题】

1. 基底细胞癌临床分几型?
2. 鳞状细胞癌常继发于哪些皮肤病?
3. 佩吉特病有哪些治疗方法?
4. 蕈样肉芽肿临床如何分期?

(常明亮)

第二十一章 营养及代谢性皮肤病

学习目标

了解常见营养代谢性皮肤病的病因、临床表现及治疗。

第一节 烟酸缺乏症

【病因及发病机制】

烟酸缺乏症（nicotinic acid deficiency）又称为糙皮病、陪拉格（pellagra），是由于烟酸缺乏引起的以皮肤黏膜、胃肠道和神经系统症状为主的慢性全身性疾病。人体所需的烟酸主要由食物提供，也可由色氨酸转化。引起烟酸缺乏的原因包括：摄入量不足；严重的嗜酒、偏食和慢性消化系统疾病；服用某些药物，如大量或长期服异烟肼后在体内与烟酸发生竞争也可造成烟酸不足或缺乏。

【临床表现】

主要为皮炎、胃肠道、神经系统三大症状，三者可同时或单独出现。常见于中、老年。一般在春夏季发病。

1. 皮肤黏膜损害　发生于暴露部位，手背、颜面、前臂、小腿伸侧、足背。皮疹初为边缘清楚酷似晒斑的鲜红色斑，后变为暗红色或褐色，重者出现红肿和水疱。反复发作后，皮肤增厚、粗糙、无弹性、皲裂。自觉瘙痒。也可出现口腔溃疡、舌炎、口角炎、咽喉炎和食管炎等。

2. 消化系统损害　早期出现食欲缺乏、恶心、呕吐、消化不良，可伴有腹痛、腹泻或黏液便、血便。

3. 神经系统损害　表现为神经衰弱，如头晕、失眠、眼花、乏力或精神萎靡等。少数人有周围神经炎表现，如手套、袜套样感觉麻木及肢端肌力减退；或有慢性器质性精神病表现，如痴呆、幻觉、妄想等。

【诊断】

本病易于诊断，诊断要点如下：

1. 典型的皮肤黏膜损害。
2. 腹泻。
3. 神经、精神症状。
4. 烟酸治疗有效。

【治疗】

去除病因，避免日晒，口服烟酸或烟酰胺 200～500mg/d，同时补充 B 族维生素。

第二节　肠病性肢端皮炎

【病因及发病机制】

肠病性肢端皮炎（acrodermatitis enteropathica）是一种与锌缺乏有关的常染色体隐性遗传代谢性疾病。婴儿期发病，表现为肢端和腔口周围皮炎、脱发、腹泻和情感淡漠。

【临床表现】

最早在生后 3 周即可发病，最迟 10 岁发病。

1．腹泻　见于 90% 的患者。表现为水样便、恶臭，可伴有厌食、腹胀、呕吐。

2．皮损损害　发生最早，片状紫红色的鳞屑斑，有时在红斑的边缘出现小水疱、脓疱。皮损常见于四肢远端及肘、膝伸侧、臀部、会阴区、肛周、口、眼、鼻等腔口周围和骨突起部位的皮肤。头发弥漫性稀少，细软无光泽，重者全秃，眉毛、睫毛脱落，甲肥厚变形或萎缩。

3．病变的皮肤黏膜可并发念珠菌感染。

4．由于慢性腹泻致进行性营养不良、消瘦、发育迟缓，两眼畏光，不能凝视，可伴有抑郁、反应迟钝等精神症状。

【实验室检查】

血清锌水平明显降低。

【诊断】

本病的诊断要点包括：

1．婴幼儿发病。

2．皮损为分布于四肢远端及腔口周围的红斑鳞屑。

3．消化道症状，如腹泻等，结合血清锌水平明显降低可确诊。

【治疗】

母乳喂养，补充维生素，纠正腹泻引起的水、电解质紊乱。

1．全身治疗

（1）口服硫酸锌每日 20mg/kg，分 3 次口服。患者在服药 24h 内神情淡漠症状即消失，食欲改善，皮损和腹泻在 7～14 天内缓解，畏光、秃发和生长迟缓在几个月内得到控制。葡萄糖酸锌、枸橼酸锌，4 个月以上儿童，50mg，一日 3 次，4 个月以下减半。

（2）支持疗法：合理喂养，补充维生素，重者输血、输液。

2．局部治疗　皮肤损害对症处理。

第三节　卟啉症

【病因及发病机制】

卟啉症（porphyria）亦称血紫质症，是血红蛋白合成过程中卟啉和卟啉前体积聚而产生的以光敏性皮肤损害为主要表现的一组疾病，为遗传性或后天获得性所致。卟啉和卟啉前体是血色素生物合成的中间产物，因先天或后天因素使某些代谢酶类缺陷，造成这些代谢产物在体内增多，且吸收波长 400nm 左右的光，释放主要为 600nm 和 650nm 左右的激发光，产生光化学反应，在光暴露部位出现皮肤损害等症状。

【临床表现】

卟啉病的临床表现多种多样，其共同特点是日光照射后在光暴露部位皮肤发生红斑、水疱或血疱。本节重点介绍红细胞生成性原卟啉病（erythropoietic protoporphyria）和迟发性皮肤卟啉病（porphyria cutanea tarda）。

1. 红细胞生成性原卟啉病（EPP）　常染色体显性遗传，男性多见，3～5 岁内发病。表现为曝光 5～30min 后，曝光部位烧灼感、针刺感或痒感，数小时后出现红斑、水肿，继之出现丘疹、水疱和血疱，愈后有萎缩性瘢痕，口周出现放射性萎缩性纹理（假性皲裂）。一般无全身症状，当原卟啉形成过多时，沉积于肝和胆囊，引起胆石症和不同程度的肝损伤。

2. 迟发性皮肤卟啉病（PCT）　是卟啉症中最常见的一种。常见于 40 岁左右的中年人。好发于光暴露部位如面颈、手背等处。特征性皮损为皮肤脆性增加，表皮下水疱、多毛和色素沉着，稍受摩擦或轻微外伤就出现水疱、糜烂、结痂及浅疤。本病与肝受各种药物和化学物质损害、肝病、遗传因素及机械损伤等有关。

【实验室检查】

EPP 患者血浆、红细胞及粪中原卟啉增加，尿卟啉正常。PCT 患者尿液卟啉增加，尿置于 Woods 灯下显示珊瑚样荧光，血清铁水平上升，可有肝功能异常。

【诊断】

根据典型皮损，结合实验室检查结果可确诊。

【治疗】

1. 红细胞生成性原卟啉病　首选 β- 胡萝卜素，成人剂量为 3mg/（kg·d），连服 4～6 周，待出现掌跖黄染后渐至维持量，治疗 2～3 个月。

2. 迟发性皮肤卟啉病　去除各种诱因，忌酒，避免日晒和外伤，外用遮光剂。

（1）口服羟氯喹 100mg，每日 2 次，疗程需 10 个月以上。

（2）静脉放血疗法：每 2 周放血 500ml，直至症状缓解或血红蛋白小于 120g/L。

第四节　黑棘皮病

黑棘皮病（acanthosis nigricans）以皮肤色素沉着及绒毛状或乳头瘤样增殖为特征，对称分布于皮肤皱褶处。本病的发病原因有先天性或伴有内脏恶性肿瘤、内分泌异常等。临床分为遗传型、恶性型、内分泌型和特发型，其基本损害相同，表现为皮肤色素沉着，逐渐增厚，呈细小的乳头瘤样丘疹，如绒毛状，触之柔软，多发生于皮肤间擦部位，如颈侧及颈后一圈、腋窝、乳房下、腹股沟、外生殖器及肛门处，有时可见于肘窝及腘窝。手掌、足底往往发生角化过度。此外，在很多综合征中可有黑棘皮病样表现，特别是与多囊卵巢综合征关系密切。本病应区分良性和恶性，良性起病早，皮损轻，较少累及黏膜和四肢，病情发展到一定阶段较稳定或逐渐消退。恶性黑棘皮病起于中年以后，损害严重伴有恶性内脏肿瘤，皮损逐渐加重并伴瘙痒。治疗主要查找发病原因，进行对因治疗。局部可外用水杨酸软膏和维 A 酸软膏等，若有乳头瘤样或疣状增殖皮损可用激光或液氮冷冻。

第五节 黏液性水肿

黏液性水肿（myxedema）是一组以皮肤内黏蛋白沉积和显微镜下胶原破碎为特征的代谢障碍性疾病。黏液水肿临床可分三型，即：全身性黏液水肿、胫前黏液水肿及苔藓状黏液水肿。本节重点介绍胫前黏液水肿（pretibial myxedema），亦称甲状腺毒性黏蛋白沉积症，为黏蛋白沉积于胫前引起的水肿性结节状黄色蜡样斑块。本病属自身免疫性疾病的一种表现，由长效甲状腺刺激因子作用所致。皮损表现为圆形、椭圆形或不规则形肿胀性斑块或结节，压之无凹陷，表面皮肤紧张菲薄，呈正常肤色、淡红色或棕色，蜡样光泽。毛囊口扩大，呈橘皮状外观，伴有多汗和多毛。皮损多见小腿伸侧，可扩展至足背大腿。患者常伴有甲状腺功能亢进，或发生于甲状腺切除、服用治疗甲状腺功能亢进药物及放疗以后。治疗主要是积极治疗原发的甲状腺疾病，调整内分泌功能。可给予皮质类固醇。局限性皮损可用糖皮质激素皮损内注射或外用等。

第六节 黄瘤病

黄瘤病（xanthomatosis）是由于含有脂质的组织细胞和巨噬细胞局限性聚集于皮肤或肌腱，形成黄色斑片、丘疹或结节的一组皮肤病，常伴有脂质代谢紊乱。有原发性代谢性黄瘤病和继发性黄瘤病。前者为家族性高脂蛋白血症的常见症状，后者继发于某些血清脂蛋白升高的疾病。亦有不伴有血脂异常及其他疾病的黄瘤病。

【临床表现】

因脂质代谢性质不同，临床表现不同。

1. 睑黄瘤（xanthelasma palpebrarum） 亦称睑黄疣，好发于中年女性。本型在黄瘤中最常见，皮疹在上眼睑内眦处多见，对称分布，为柔软的黄色或橘黄色不规则斑疹、斑块，单个或多个存在，少数融合成片，常呈马蹄状，很少自行消退，自觉症状不明显。部分患者伴高脂血症。

2. 结节性黄瘤（xanthoma tuberosum） 常与其他型黄瘤同时存在。多伴有高脂蛋白血症。早期皮损为粟粒大丘疹、淡黄色或橘黄色结节，质软，孤立或数个聚集存在，随着纤维增生，逐渐变硬，部分可融合成斑块，直径达5cm。好发于肘、膝、指关节伸侧面、臀和足跟等易受摩擦部位，如发生于肌腱称为腱黄瘤。损害持久存在，伴有高脂血症。

3. 发疹性黄瘤（eruptive xanthoma） 皮疹为1~4mm大小的橘黄色或黄色丘疹，迅速分批发生，皮疹呈痤疮样外观，急性期炎症明显，数周后皮疹消退，留色素性瘢痕。好发于手、膝、臀、臂等处。此型好发高乳糜血症。

【治疗】

1. 应控制饮食，低脂肪、低胆固醇及糖类。忌酒，应增加蛋白摄入量。寻找原发病并积极治疗，血脂高者服用降血脂药。

2. 全身治疗

（1）影响胆固醇和胆盐吸收的药物，如考来烯胺。

（2）改变脂蛋白合成和分解代谢的药物，如安妥明胶丸每次1g，一日2次。另外，右旋甲状腺素、烟酸、吉非贝齐（gemfibrozil，900mg/d，分3次口服）和普罗布考（probucol），1000mg/d，分2次口服，餐后服。

（3）影响内源性胆固醇合成的药物，如洛伐他汀（lovastatin），20~80mg/d，每日1～2次。

（4）中医中药：杜仲、首乌、虎杖、丹参、山楂等除降血脂外，对心血管也有良好作用。

3．局部治疗　对局限性数目少而小的损害可用激光、冷冻或手术治疗。

第七节　皮肤淀粉样变性

【病因及发病机制】

皮肤淀粉样变性（amyloidosis）是淀粉样蛋白沉积在组织中引起的疾病。淀粉样蛋白是一种球蛋白和黏多糖复合物，淀粉样蛋白可沉积在内脏器官，引起系统性淀粉样变。沉积在皮肤组织，引起皮肤淀粉样变。

【临床表现】

根据其皮损特点分为两型：

1．苔藓样型淀粉样变　多发于中年，常见双侧胫前，皮损早期为针头大小的褐色斑疹，渐增大成半球形、圆形或多角形的丘疹，直径2～3mm，质硬，肤色淡红色、褐红色或褐色，表面有较薄鳞屑，角化过度或粗糙，丘疹密集而不融合，呈苔藓状。自觉剧烈瘙痒。病程缓慢，可迁延数年至数十年。偶有自行消退，但易复发。

2．斑状淀粉样变　中年以上妇女发病多，好发于上背部、肩胛区，少数累及躯干、四肢。皮损为褐色、紫褐色、点状色素沉着斑，典型为网状或波纹状，表面粗糙。自觉瘙痒。

【组织病理】

真皮乳头处及真皮上部局灶性无定形淀粉样蛋白团块沉积，大小不等，呈半球形、圆锥形或带状。

【诊断】

根据发病部位、典型皮疹伴剧痒即可诊断，组织病理学对诊断有帮助。

【治疗】

尚无满意疗法，主要对症处理。

1．全身治疗

（1）瘙痒者口服抗组胺药。

（2）对皮损严重、瘙痒明显者可静脉封闭，用0.25%奴夫卡因100～200ml加入5%葡萄糖液250ml及维生素C 3.0g，静脉滴注，一日1次，10日为一疗程。维A酸对个别患者可获得暂时性疗效。

2．局部治疗　糖皮质激素霜封包患处或皮损内注射可起到软化组织及止痒作用。0.1%维A酸软膏对一些病例有效。

第八节　糖尿病性皮肤病

糖尿病是一种因胰岛素绝对或相对不足引起代谢异常、小血管损害、神经病性改变的全身性疾病。皮肤参与并依赖机体的全部代谢过程，胰岛素影响皮肤组织中的所有成分，糖尿病患者可产生一系列皮肤病理变化。

糖尿病性皮肤病的临床表现（diabetic dermatosis）主要有以下几种：

1. 皮肤感染　是最常见的皮肤损害，可发生细菌、真菌、病毒等病原体的感染，其发病率显著高于正常人。其中细菌感染发病率最高，且病情严重，常见为多发性疖肿、痈、脓疱疮和睑板腺炎等，阴股部、腋窝趾间可引起红癣。真菌感染常见于毛癣菌病、白念珠菌病、花斑癣等。病毒感染主要为带状疱疹、单纯疱疹和尖锐湿疣。

2. 皮肤瘙痒症　是糖尿病的起病症状之一，可以是全身泛发性瘙痒，也可以是局限性瘙痒，后者尤其好发于外阴部位。

3. 糖尿病性类脂质渐进性坏死　皮损常发生于胫前，初起为红色丘疹，逐渐发展为硬皮病样的黄色斑块，边缘清楚，表面光滑，常有鳞屑和结痂。

4. 糖尿病性微血管病　皮损开始为圆形或椭圆形暗红色丘疹、水疱。疾病发展缓慢，可产生鳞屑，最后遗留小的可有色素的凹陷性瘢痕。组织病理真皮上部血管内可见PAS阳性物质使管壁增厚。

5. 糖尿病性大疱　糖尿病者在足部和手部常出现烫伤样水疱和大疱。组织学上大疱发生在表皮内，但无棘层松解现象。

主要在于治疗糖尿病。

对症治疗：外用止痒药物，破溃的皮肤预防和治疗感染等。

案例 21-1

患者男，66岁，主因躯干红疹、瘙痒反复10余年，加重3个月入院。10余年前无明显诱因躯干出现红疹、脱屑、瘙痒，随搔抓皮疹增多，曾经做病理诊断"银屑病"，采用过多种治疗手段，效果不佳。近3个月可能因吃"偏方"，皮损加重，泛发全身，伴有发热、全身乏力及食欲缺乏入院。专科检查：全身潮红、肿胀，糠样、叶片状脱屑，四肢皮肤轻微渗出，伴有较多抓痕及血痂，躯干可见弥漫分布的甲盖至钱币大红色斑丘疹，刮蜡、薄膜及点状出血阳性。掌跖角化、皲裂。化验血象：白细胞及分叶核比例增高，肝功转氨酶值升高，血糖升高，白蛋白比例下降。

请分析可能的诊断及鉴别诊断、治疗原则。

思考题

【名词解释】

1. 皮肤淀粉样变性
2. 黄色瘤
3. 黏液水肿

【简答题】

1．肠病性肢端皮炎的临床特点是什么?
2．糖尿病性皮肤病常见的临床表现有哪些?
3．睑黄瘤的诊断要点?

（王晓彦）

中英文专业词汇索引

A

艾滋病（获得性免疫缺陷综合征）（acquired immunodeficiency syndrome，AIDS） 40

B

白癜风（vitiligo） 164
白痱（miliaria crystallina） 154
白塞综合征（Behcet's disease） 111
白色糠疹（pityriasis alba） 126
白癣（tinea alba） 57
斑片（patch） 11
斑秃（alopecia areata） 161
斑疹（macule） 11
瘢痕（scar） 12
瘢痕疙瘩（keloid） 175
孢子丝菌病（sporotrichosis） 63
鲍恩病（Bowen's disease） 181
扁平苔藓（lichen planus） 128
扁平疣（verruca plana） 38
变应性皮肤血管炎（allergic cutaneous vasculitis） 137
表皮（epidermis） 2
表皮剥脱（excoriation） 12
表皮样囊肿（epidermoid cyst） 171
表皮痣（epidermal naevi） 169
卟啉症（porphyria） 188

C

擦烂（intertrigo） 157
肠病性肢端皮炎（acrodermatitis enteropathica） 188
臭汗症（bromidrosis） 162
传染性软疣（molluscum contagiosum） 39

D

大疱（bulla） 12
大疱性表皮松解症（epidermolysis bullosa，EB） 146
大疱性类天疱疮（bullous pemphigoid，BP） 116
带状疱疹（herpes zoster） 35
丹毒（erysipelas） 47
单纯疱疹（herpes simplex） 33
淀粉样变（amyloidosis） 191
酊剂（tincture） 28
顶泌汗腺（apocrine glands） 5
冻疮（perniosis） 155
毒蛇咬伤（thanatophidia bite） 78
对称性进行性红斑角化病（keratosis erythematosa symmetrica progressive） 150
多发性脂囊瘤（steatocystoma multiplex） 173
多汗症（hyperhidrosis） 162
多形性红斑（erythema multiforme） 126
多形性日光疹（polymorphous light eruption） 152

E

恶性黑素瘤（malignant melanoma） 183

F

非结核性分枝杆菌（non-tuberculous mycobacteria，NTM） 52
痱子（miliaria） 154
粉剂（powder） 28
风团（wheal） 12
蜂蜇伤（bee sting） 77
副银屑病（parapsoriasis） 123

G

股癣（tinea cruris） 59
关节病型银屑病（psoriasis arthropathia） 121
光动力治疗（photodynamic therapy，PDT） 30
光泽苔藓（lichen nitidus） 130
过敏性紫癜（anaphylactoid purpura） 135

H

汗管瘤（syringoma） 173

汗孔角化病（porokeratosis） 149
汗疱疹（pompholyx） 91
黑变病（melanosis） 167
黑点癣（tinea nigra） 58
黑棘皮病（acanthosis nigricans） 189
黑素细胞（melanocyte） 3
红斑（erythema） 11
红斑狼疮（lupus erythematosus） 105
红痱（miliaria rubra） 154
红皮病（erythroderma） 133
红皮病型银屑病（psoriasis erythroderma） 121
糊剂（paste） 28
花斑糠疹（pityriasis versicolor） 62
花斑癣（tinea versicolor） 62
化脓性肉芽肿（granuloma pyogenicum） 174
坏疽性脓皮病（pyoderma gangrenosum） 139
坏死（necrosis） 13
黄褐斑（chloasma） 167
黄瘤病（xanthomatosis） 190
黄癣（tinea favosa） 58
火激红斑（erythema ab igne） 151

J

鸡眼（clavus） 156
基底膜带（basement membrane zone） 3
基底细胞癌（basal cell carcinoma） 179
基底细胞层（stratum basal） 2
棘细胞层（stratum spinosum） 2
痂（crust） 12
家族性良性慢性天疱疮（familial benign chronic pemphigus） 147
甲癣（tinea unguium） 61
甲癣（onychomycosis） 61
尖锐湿疣（condyloma acuminatum） 38
角化棘皮瘤（keratoacanthoma） 171
角质层（stratum corneum） 3
角质形成细胞（keratinocyte） 2
疖（furuncle） 46
接触性皮炎（contact dermatitis） 81
结核菌纯蛋白衍生物（purified protein derivative，PPD） 51
结节（nodule） 12
结节性红斑（erythema nodosum） 138
结节性硬化（tuberous sclerosis） 146
疥疮（scabies） 74

金黄色葡萄球菌性烫伤样皮肤综合征（staphylococcal scalded skin syndrome，SSSS） 45
酒渣鼻（rosacea） 160
皲裂（fissure） 12

K

抗组胺药（antihistamines） 17
颗粒层（stratum granulosum） 3
溃疡（ulcer） 12

L

蓝痣（blue naevus） 170
朗格汉斯细胞（langerhans cell） 3
类丹毒（erysipeloid） 49
淋巴管瘤（lymphangioma） 175
淋病（gonorrhea） 47
鳞屑（scale） 12
鳞状细胞癌（squamous cell carcinoma） 180

M

麻风（leprosy） 53
慢性日光性皮肤损伤（chronic solar skin injury） 153
毛发（hair） 5
毛发红糠疹（pityriasis rubra pilaris） 125
毛发苔藓（lichen pilaris） 132
毛囊（hair follicle） 5
毛囊炎（folliculitis） 46
玫瑰糠疹（pityriasis rosea） 124
梅毒（syphilis） 66
糜烂（erosion） 12
摩擦性苔藓样疹（frictional lichenoid eruption） 156

N

囊肿（cyst） 12
黏膜白斑（leukoplakia） 178
黏液性水肿（myxedema） 190
念珠菌病（candidiasis） 62
凝胶（gel） 28
脓痱（miliaria pustulosa） 154
脓疱（pustule） 12
脓疱疮（impetigo） 44
脓疱型银屑病（psoriasis pustulosa） 120
脓癣（kerion） 58

P

盘状红斑狼疮（discoid lupus erythematosus，DLE）105
培拉格（pellagra）187
佩吉特病（Paget disease）182
皮肤（skin）1
皮肤划痕症（dermatographism）97
皮肤结核（tuberculosis cutis）50
皮肤瘙痒症（pruritus）103
皮肤纤维瘤（dermatofibroma）175
皮肌炎（dermatomyositis）110
皮脂腺（sebaceous glands）4
皮脂腺痣（sebaceous naevus）172
皮赘（skin tag）
胼胝（callus）156
贫血痣（nevus anemicus）166
匐行疹（creeping eruption）76

Q

气雾剂（aerosol）29
丘疹（papule）12
丘疹性荨麻疹（papular urticaria）73
雀斑（freckles）167

R

日光性角化（actinic keratosis）177
日光性皮炎（solar dermatitis）152
日晒伤（sun burn）152
溶液（solution）28
乳剂（emulsion）28
软膏（ointment）28
软纤维瘤（soft fibroma）175

S

色素失禁症（incontinentia pigmenti，IP）144
色素性紫癜性皮肤病（pigmented purpuric dermatosis）140
深部痱子（miliaria profunda）154
神经纤维瘤病（neurofibromatosis）145
神经性皮炎（neurodermatitis）101
生殖道沙眼衣原体感染（genital chlamydial infection）71
虱病（pediculosis）75
湿疹（eczema）84
手癣（tinea manus）60
手足皲裂（rhagadia manus and pedis）155
手足口病（hand-foot-mouth disease）36
水痘（varicella）34
水疱（vesicle）12
粟丘疹（milium）171

T

苔藓样变（lichenification）13
特应性皮炎（atopic dermatitis，AD）87
体癣（tinea corporis）59
天疱疮（pemphigus）114
头癣（tinea capitis）57
透明板（lamina lucida）3
涂膜剂（plastics）28

W

外泌汗腺（eccrine glands）5
萎缩（atrophy）13
无色素痣（achromic naevus）166

X

洗剂（lotion）28
系统性红斑狼疮（systemic lupus erythematosus，SLE）106
夏季皮炎（dermatitis aestivale）153
线状IgA大疱性皮肤病（linear IgA bullous dermatosis，LABD）116
线状苔藓（lichen striatus）129
蝎蜇伤（scorpion sting）78
雄激素性秃发（androgenetic alopecia）162
醑剂（spiritus）28
血管瘤（hemangioma）173
血管球瘤（glomus tumor）174
血管性水肿（angioedema）96，98
荨麻疹（urticaria）96
寻常痤疮（acne vulgaris）158
寻常狼疮（lupus vulgaris）50
寻常型银屑病（psoriasis vulgaris）120
寻常疣（verruca vulgaris）37
蕈样霉菌病（mycosis fungoides，MF）185
蕈样肉芽肿（granuloma fungoides）185

Y

亚急性皮肤红斑狼疮（subacute cutaneous lupus erythematosus，SCLE）105

颜面播散性粟粒狼疮（lupus miliaris disseminatus
　　faciei） 50
痒疹（prurigo） 102
药物性皮炎（dermatitis medicamentosa） 91
药疹（drug eruption） 91
移植物抗宿主病（graft versus host disease，
　　GVHD） 113
银屑病（psoriasis） 119
隐翅虫皮炎（paederus dermatitis） 77
硬膏（plaster） 28
硬红斑（erythema induratum） 51
硬化性苔藓（lichen sclerosus） 130
硬皮病（scleroderma） 108
油剂（oil） 28
疣状皮肤结核（tuberculosis verrucosa cutis） 50
鱼鳞病（ichthyosis） 142

Z

掌跖角化病（keratosis palmoplantaris） 150
真菌病（mycosis） 57
真皮（dermis） 4
脂肪瘤（lipoma） 176
脂溢性角化（seborrheic keratosis） 172
脂溢性皮炎（seborrhoic dermatitis） 90
跖疣（verruca plantaris） 37
致密板（lamina densa） 3
致密板下带（sublamina densa zone） 3
着色性干皮病（xeroderma pigmentosum，
　　XP） 143
着色芽生菌病（chromoblastomycosis） 64
自体敏感性皮炎（autosensitization dermatitis） 89
足癣（tinea pedis） 60

主要参考文献

1. 朱学骏. 皮肤病学与性病学. 北京：北京大学医学出版社，2003
2. 赵辨. 中国临床皮肤病学. 南京：江苏科学技术出版社，2010
3. 张学军，陆洪光，高兴华. 皮肤性病学. 8 版. 北京：人民卫生出版社，2013
4. Lebwohl, M. G. 著；张建中主译. 皮肤病治疗学：最新循症治疗策略. 北京：人民卫生出版社，2011
5. 张建中. 中外皮肤病诊疗指南——专家解读. 北京：中华医学电子音像出版社，2014
6. Richard B. Odom, William D. James, Timothy G. Berger 著；徐市正主译. 安德鲁斯临床皮肤病学. 北京：科学出版社，2004

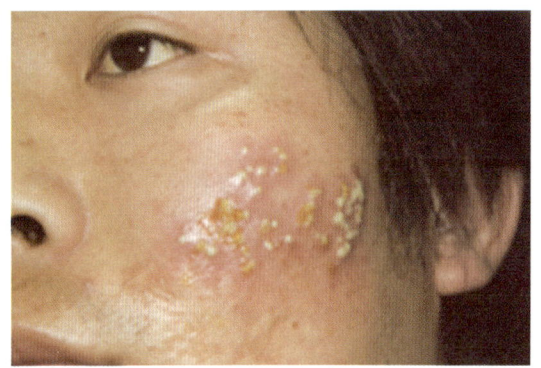

彩图 4-1　单纯疱疹

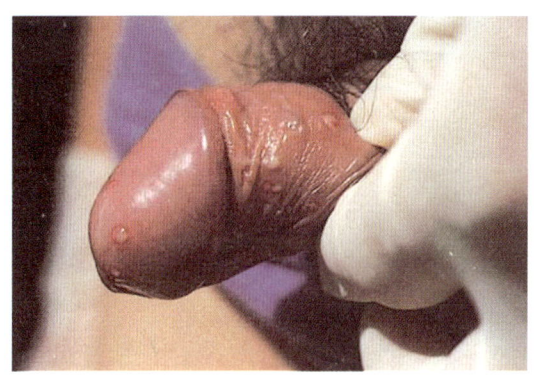

彩图 4-2　生殖器疱疹

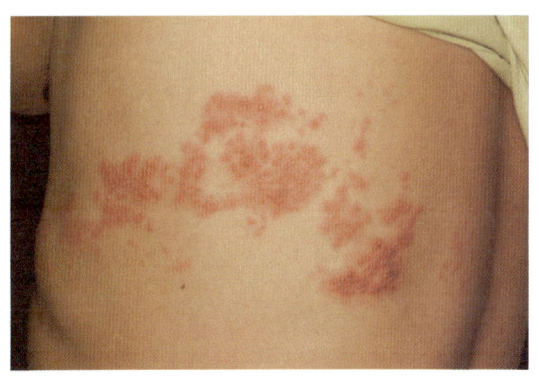

彩图 4-3　带状疱疹

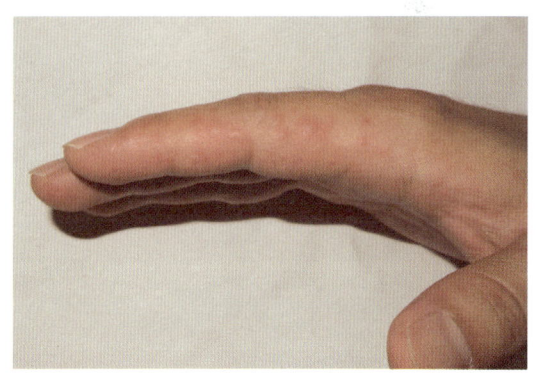

彩图 4-4　成人手足口病

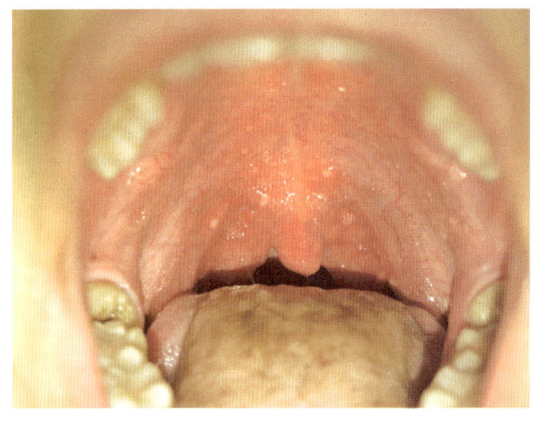

彩图 4-5　成人手足口病

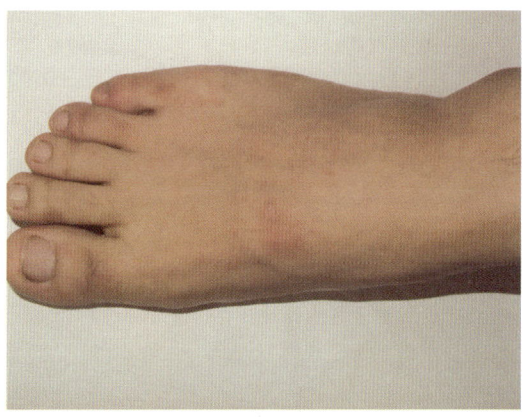

彩图 4-6　成人手足口病

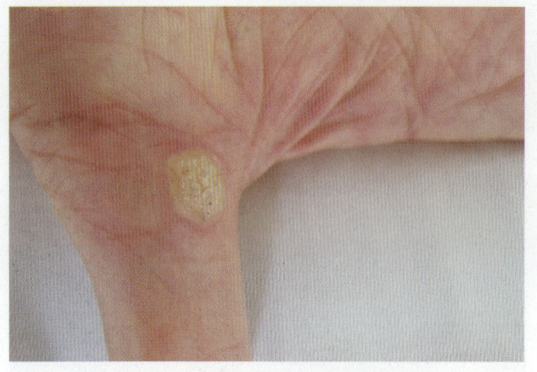

彩图 4-7　寻常疣

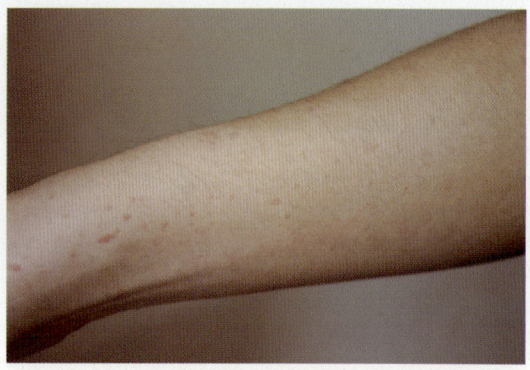

彩图 4-8　扁平疣

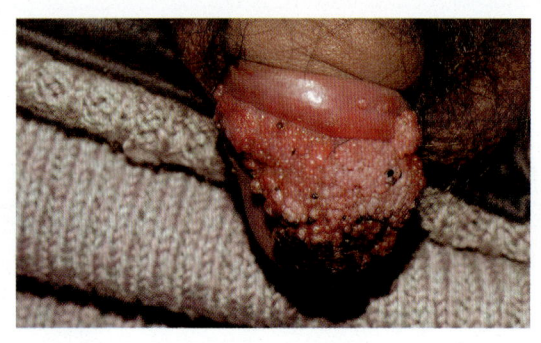

彩图 4-9　尖锐湿疣

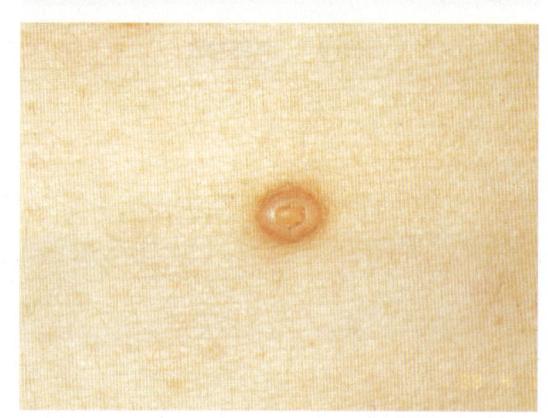

彩图 4-10　传染性软疣

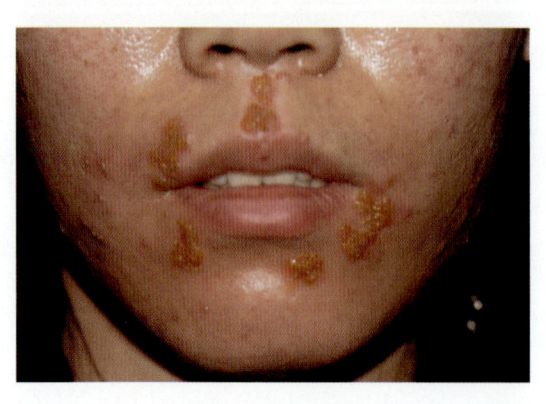

彩图 5-1　脓疱疮

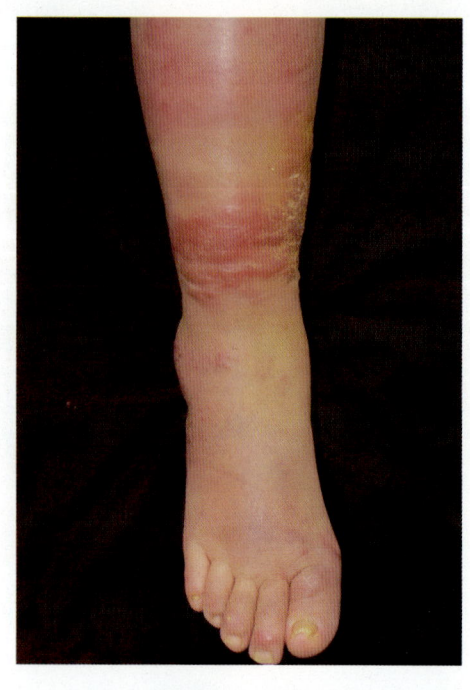

彩图 5-2　丹毒

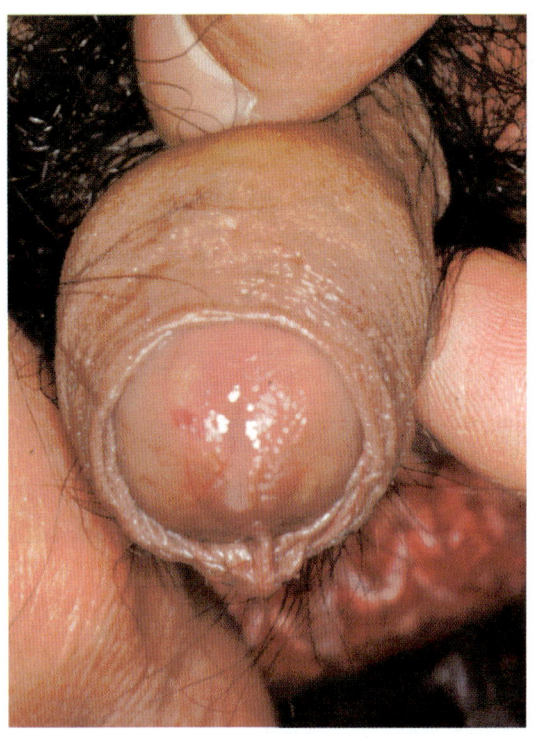

彩图 5-3　淋病

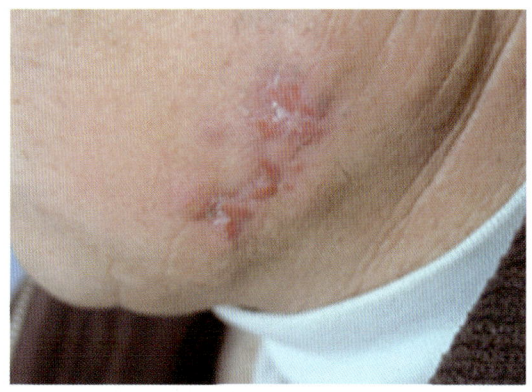

彩图 5-4　寻常狼疮

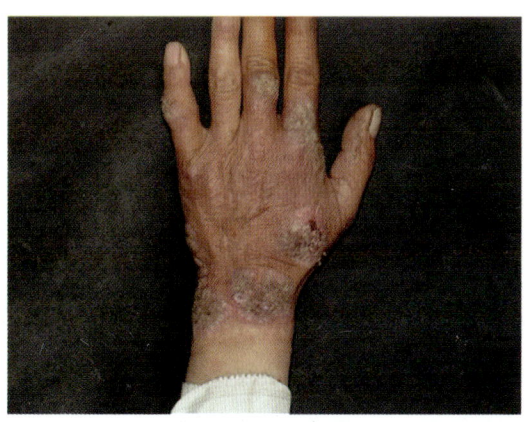

彩图 5-5　疣状皮肤结核

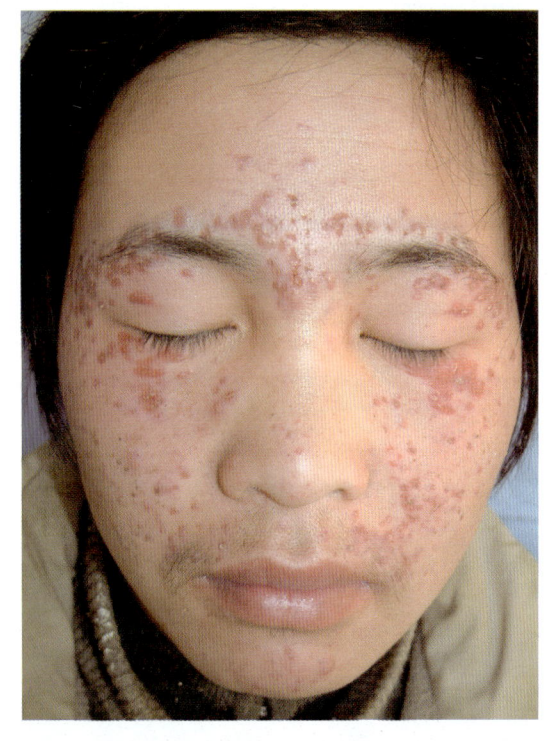

彩图 5-6　颜面播散性粟粒狼疮

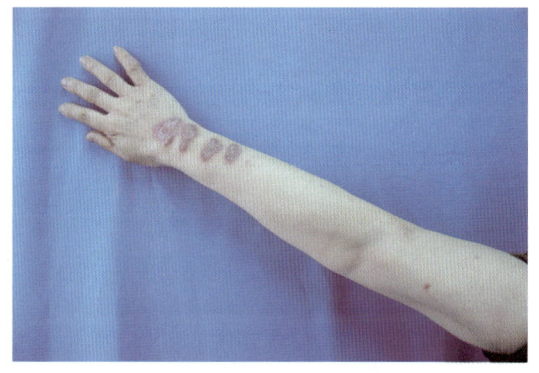

彩图 5-7　游泳池肉芽肿

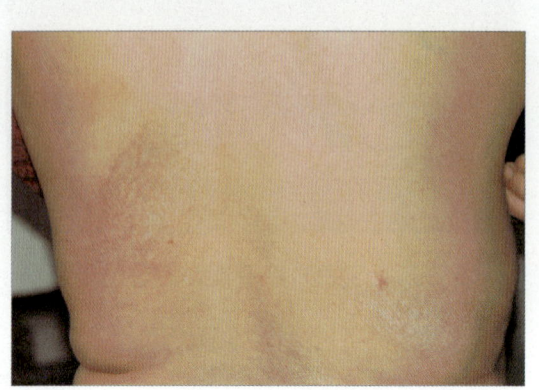

彩图 5-8　结核样型麻风

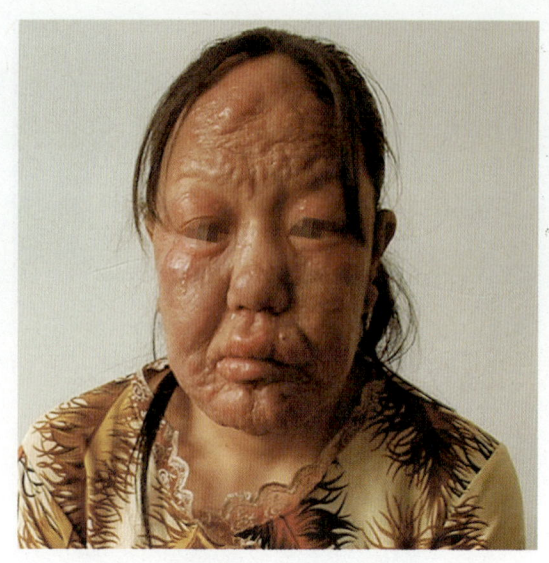

彩图 5-9　瘤型麻风

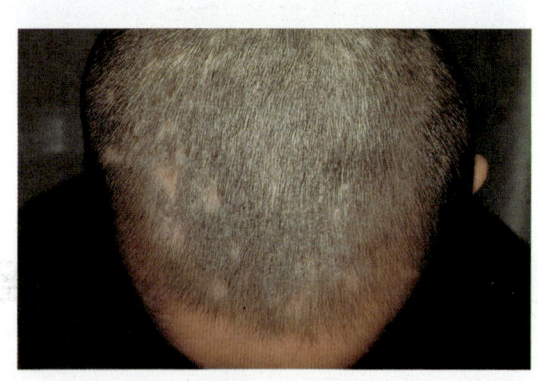

彩图 6-1　白癣

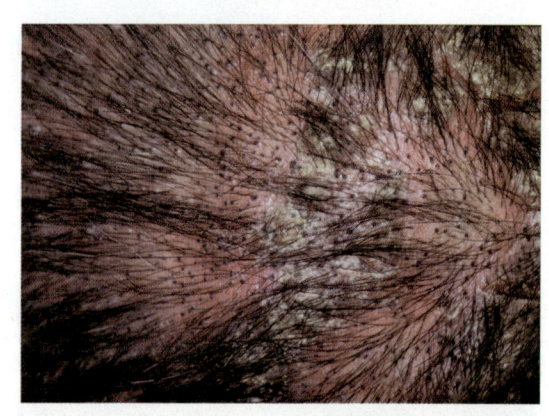

彩图 6-2　黑点癣

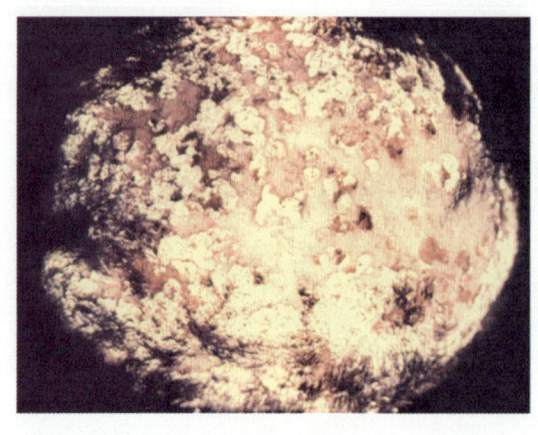

彩图 6-3　黄癣

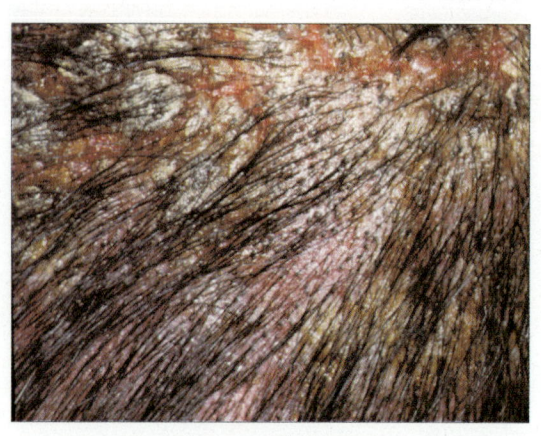

彩图 6-4　脓癣

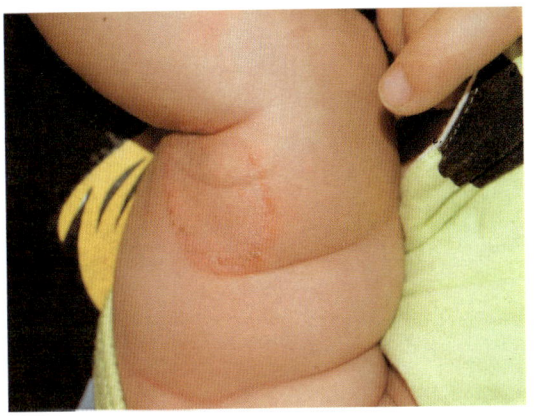

彩图 6-5　体癣

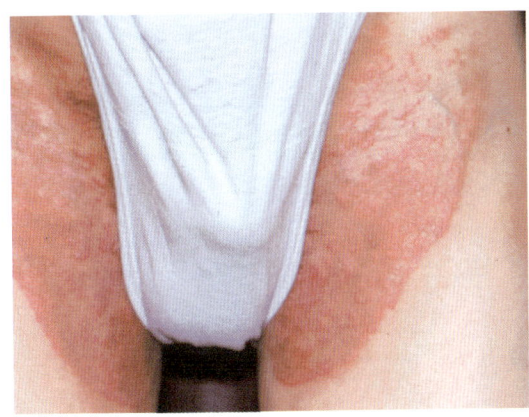

彩图 6-6　股癣

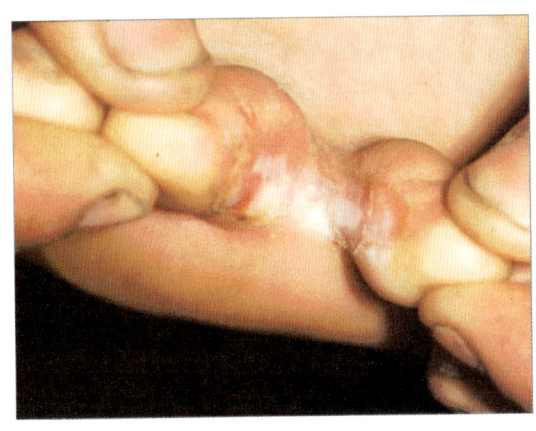

彩图 6-7　足癣

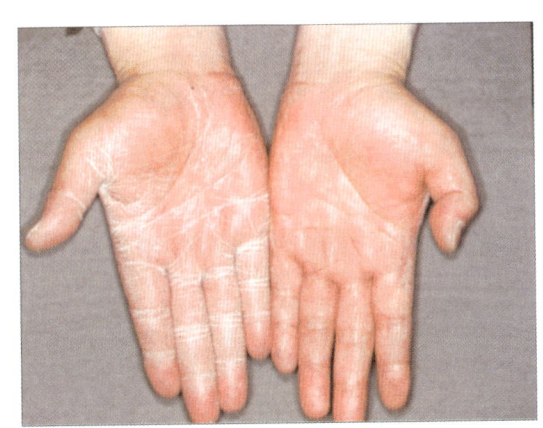

彩图 6-8　手癣

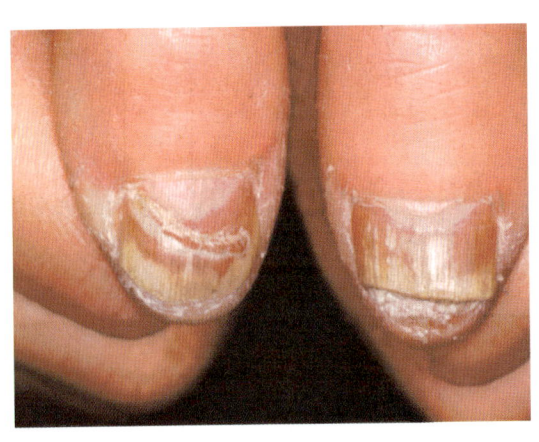

彩图 6-9　甲真菌病

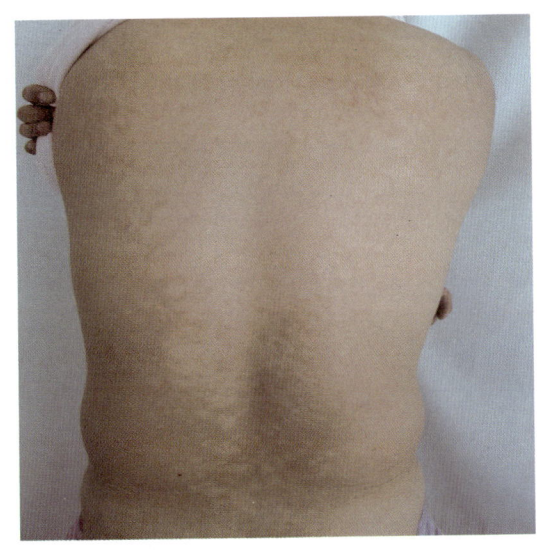

彩图 6-10　花斑癣

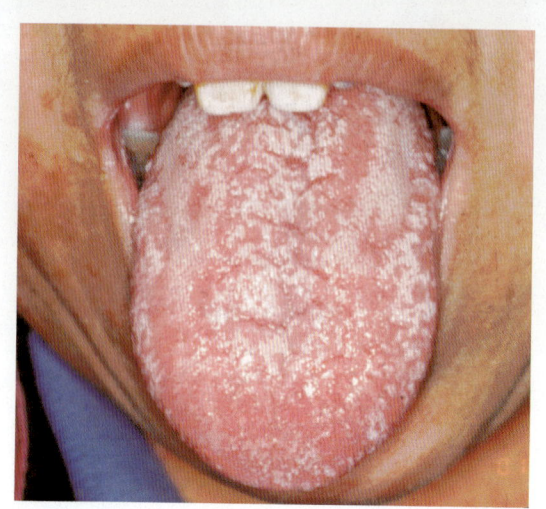

彩图 6-11 鹅口疮

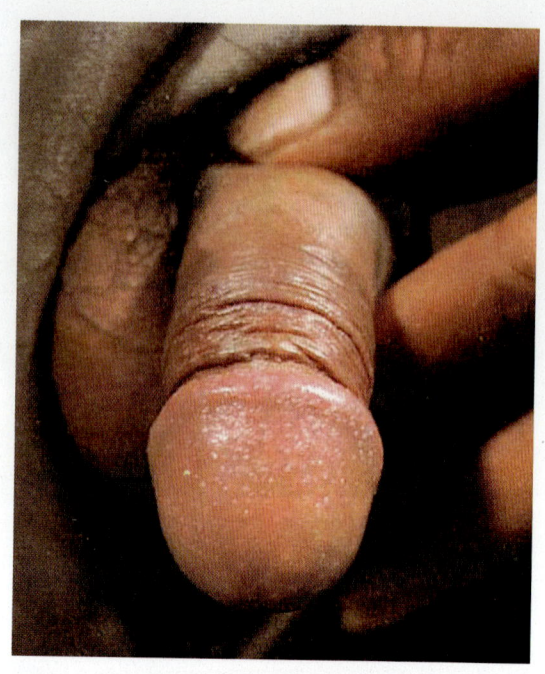

彩图 6-12 生殖器念珠菌病

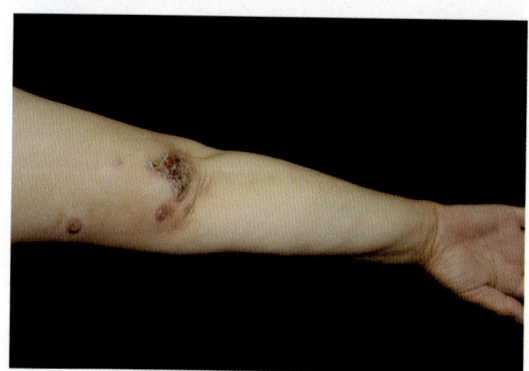

彩图 6-13 孢子丝菌病

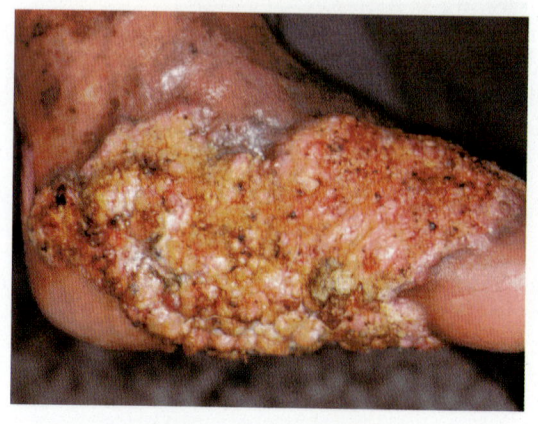

彩图 6-14 着色芽生菌病

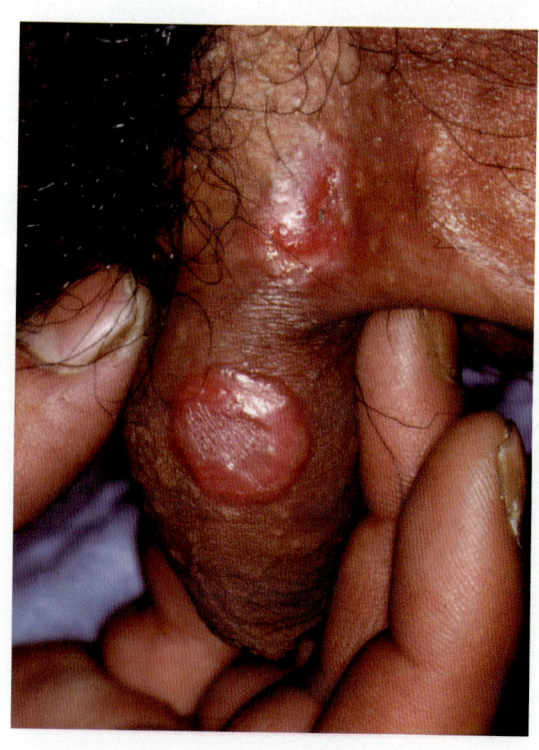

彩图 7-1 硬下疳

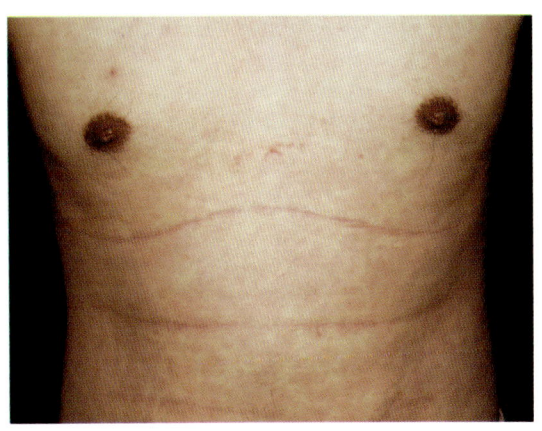

彩图 7-2　二期梅毒疹

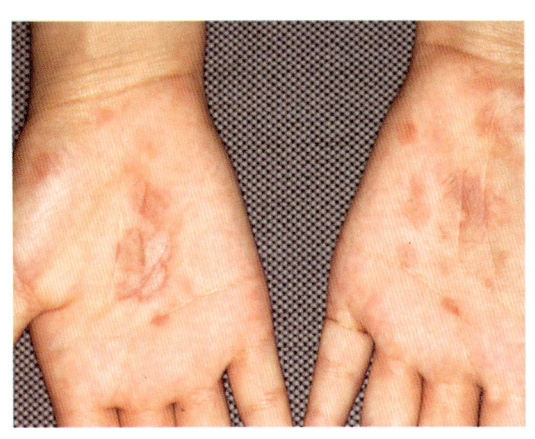

彩图 7-3　二期梅毒疹

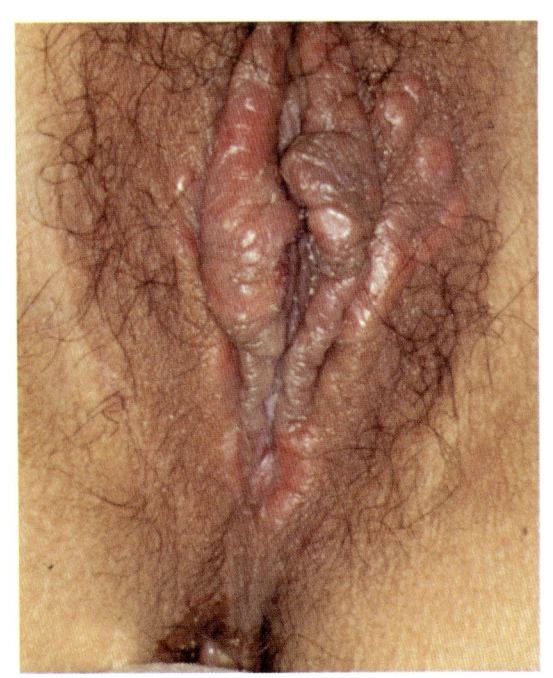

彩图 7-4　扁平湿疣

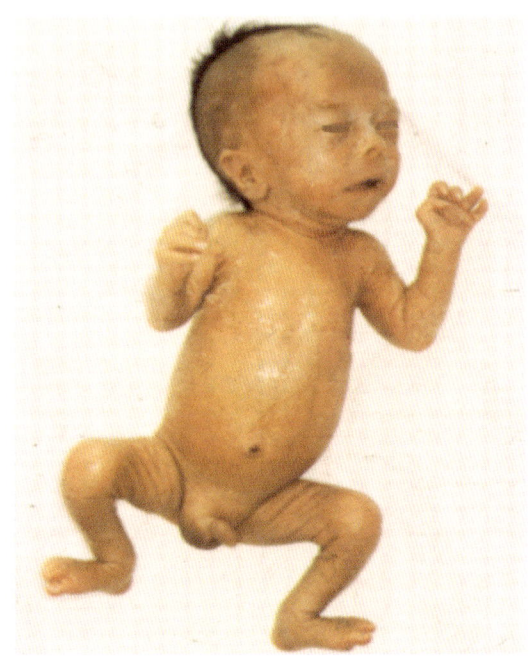

彩图 7-5　早期胎传梅毒

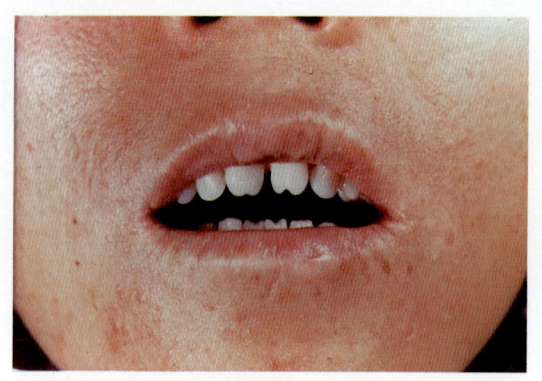
彩图 7-6　晚期胎传梅毒

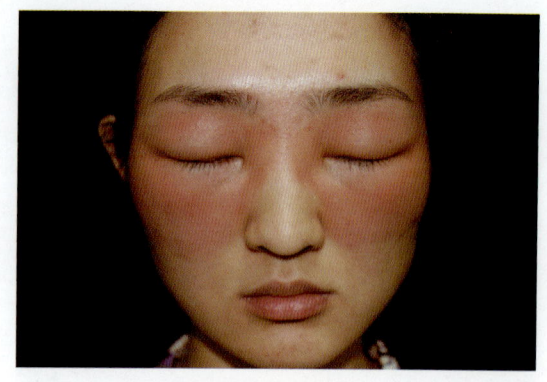
彩图 9-1　接触性皮炎

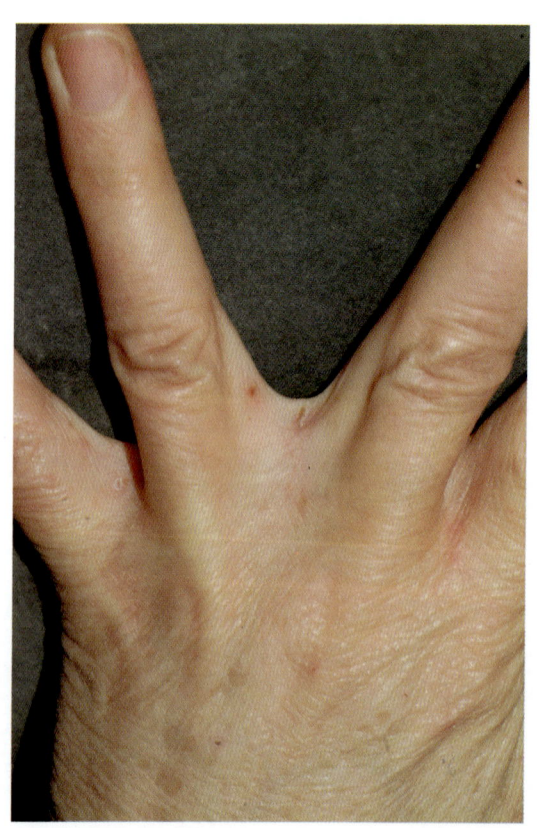
彩图 8-1　疥疮

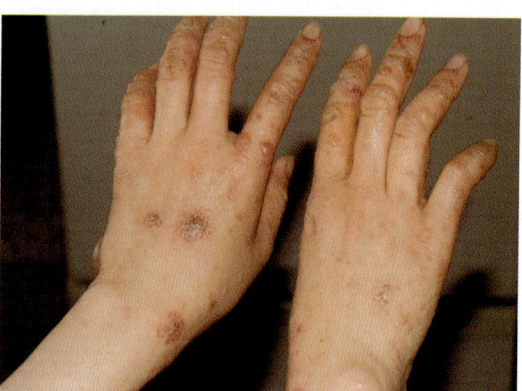
彩图 9-2　急性湿疹

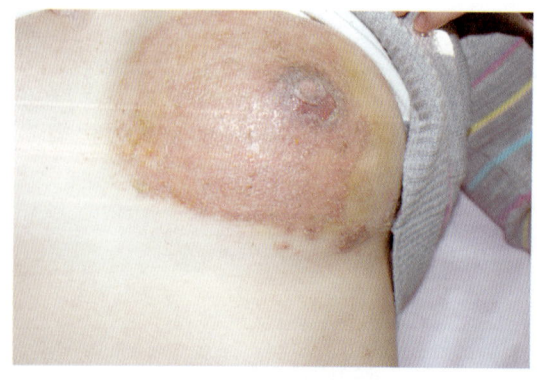
彩图 9-3　亚急性湿疹

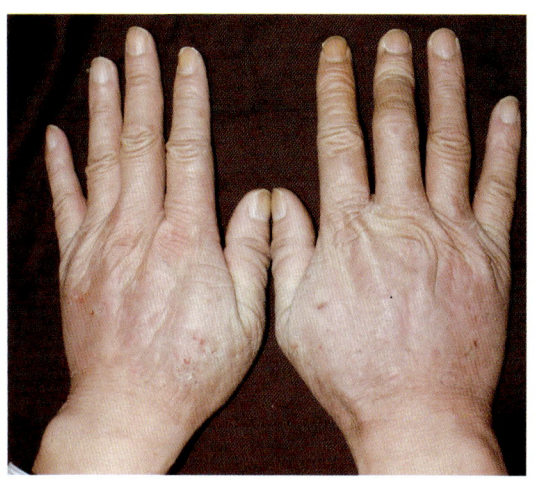

彩图 9-4 慢性湿疹

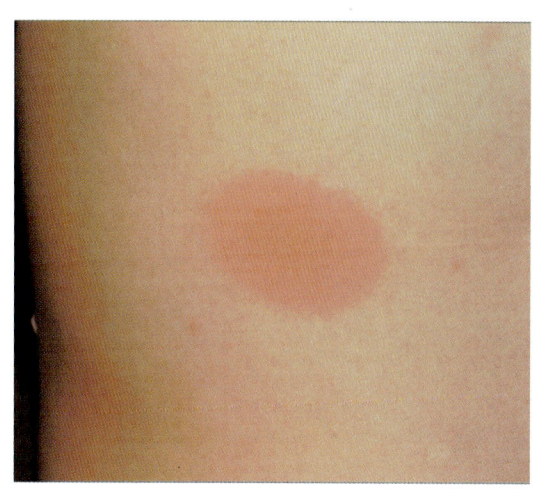

彩图 9-5 固定型药疹

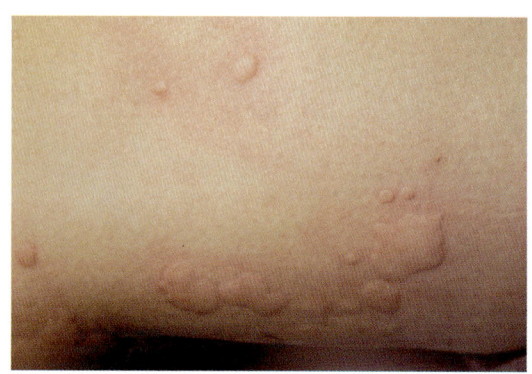

彩图 9-7 荨麻疹

彩图 9-6 大疱性表皮松解型药疹

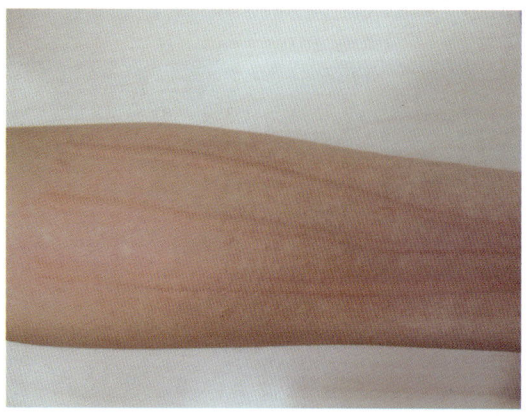

彩图 9-8 人工荨麻疹

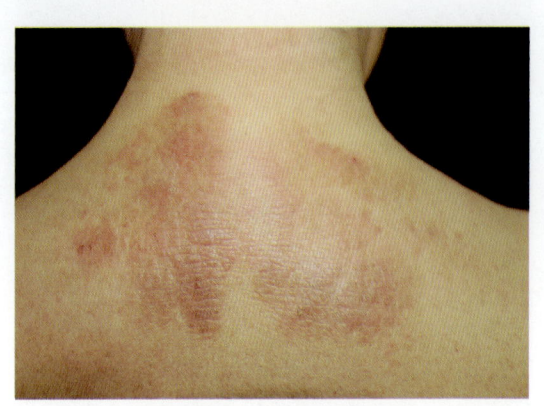
彩图 10-1　神经性皮炎

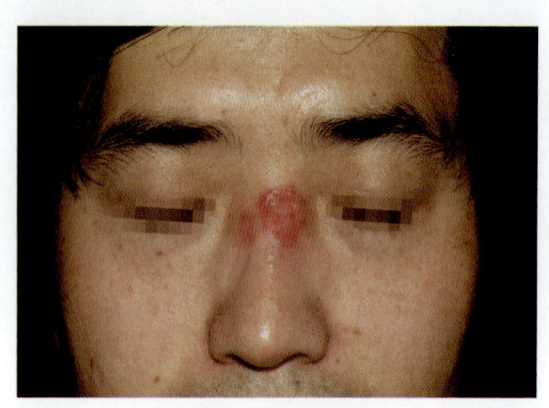
彩图 11-1　盘状红斑狼疮

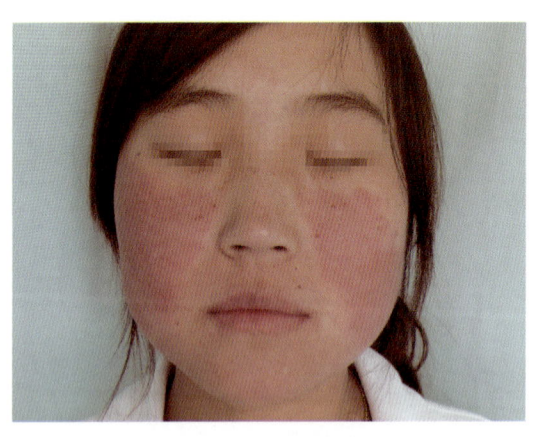
彩图 11-2　系统性红斑狼疮

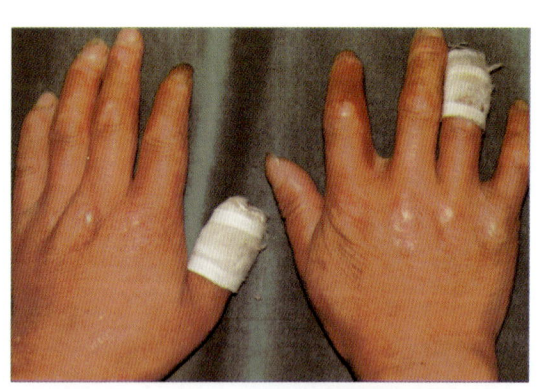
彩图 11-3　系统性硬皮病

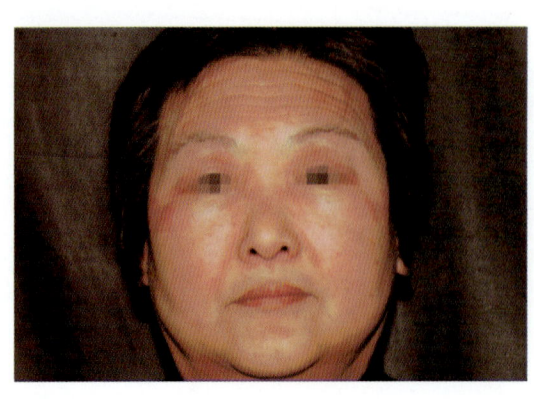
彩图 11-4　皮肌炎

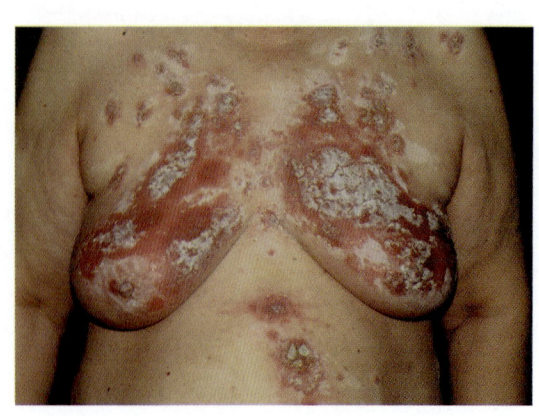
彩图 11-5　天疱疮

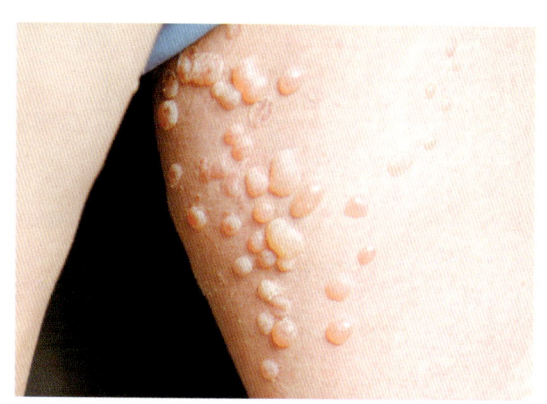

彩图 11-6　大疱性类天疱疮

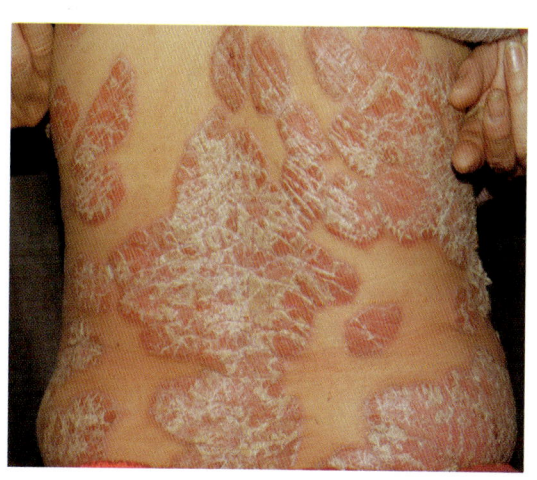

彩图 12-1　寻常型银屑病

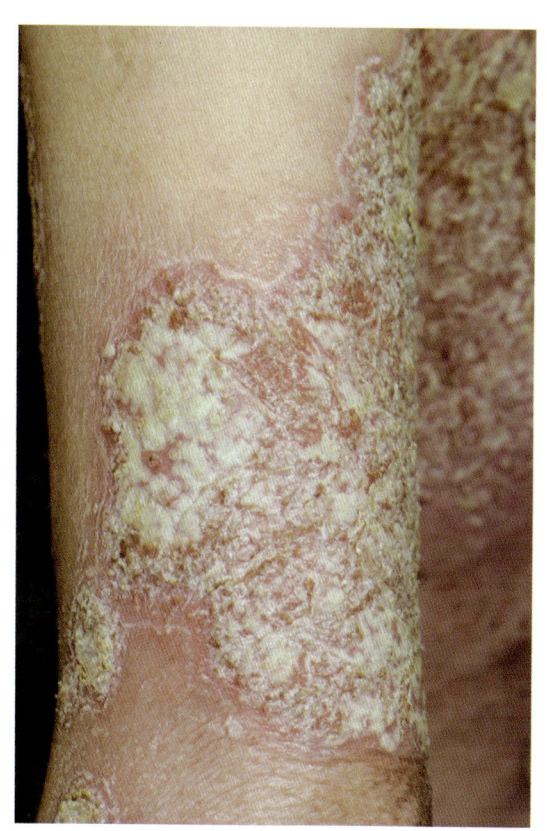

彩图 12-2　脓疱型银屑病

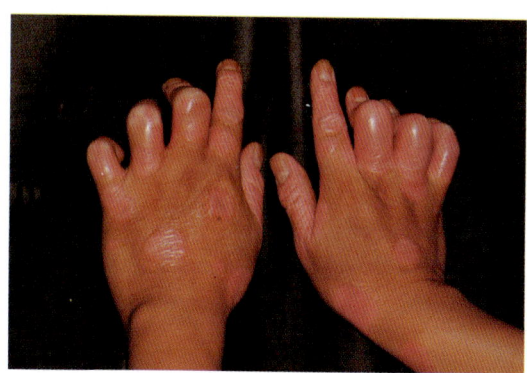

彩图 12-3　关节病型银屑病

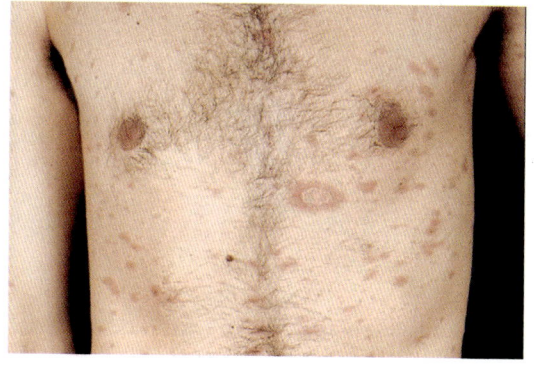

彩图 12-4　玫瑰糠疹

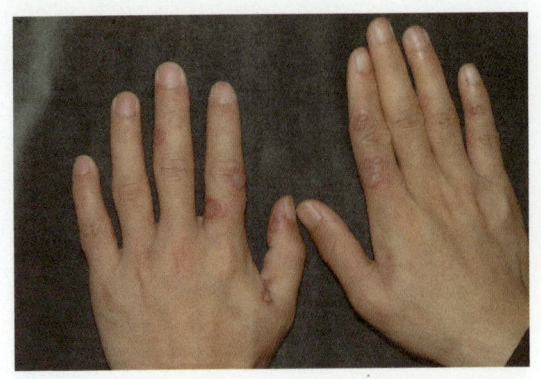

彩图 12-5　多形红斑

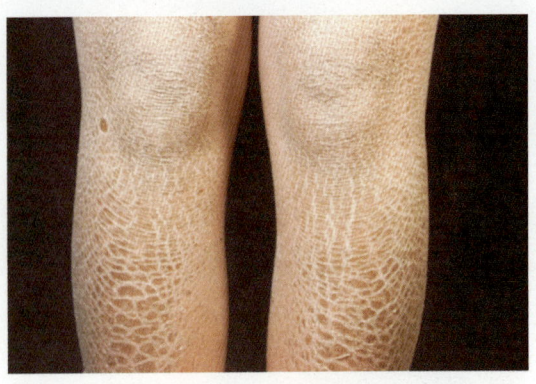

彩图 14-1　鱼鳞病

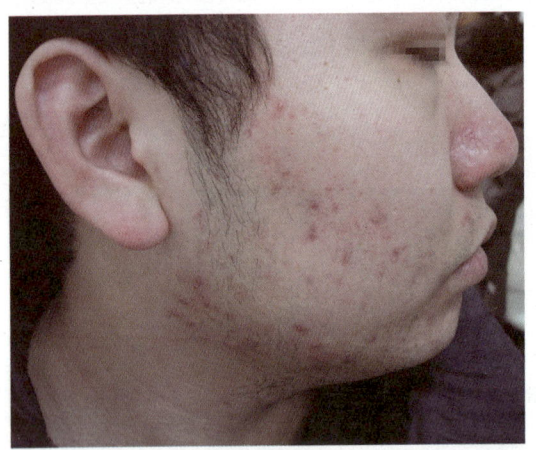

彩图 17-1　寻常痤疮

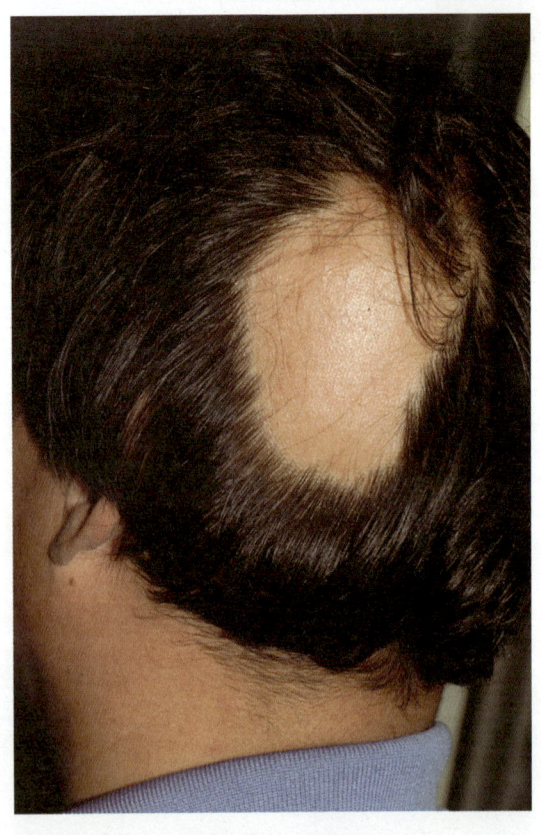

彩图 17-3　斑秃

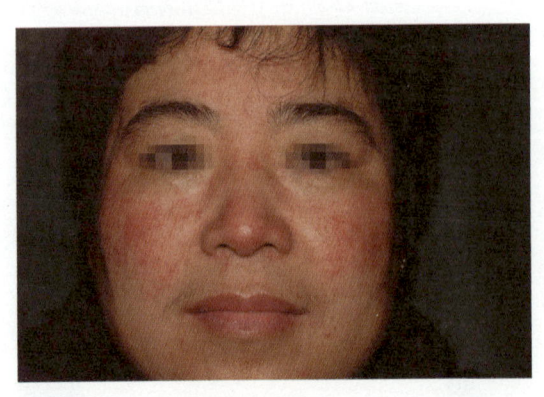

彩图 17-2　酒渣鼻

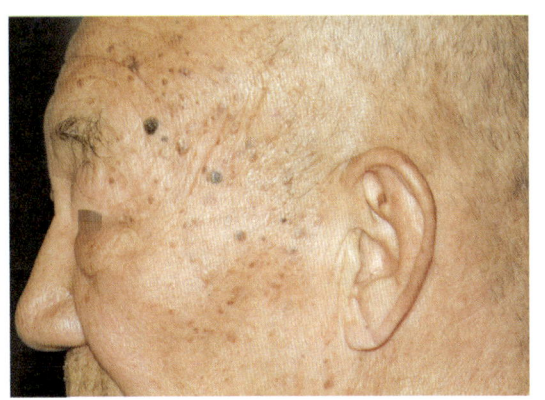

彩图 19-1 脂溢性角化

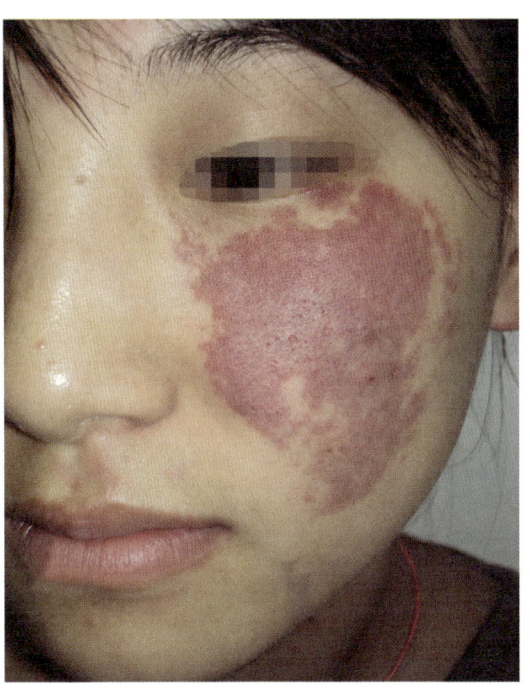

彩图 19-2 鲜红斑痣

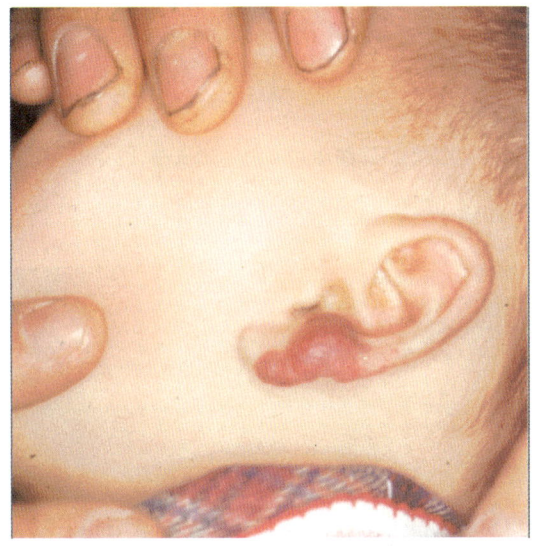

彩图 19-3 草莓状血管瘤

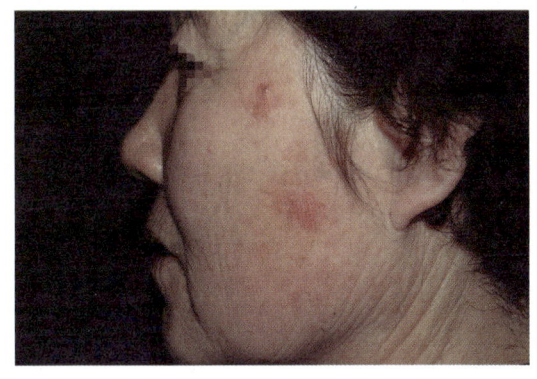

彩图 20-1 日光性角化

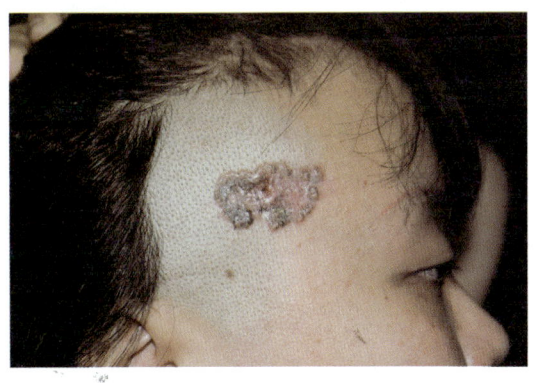

彩图 20-2 基底细胞癌 结节溃疡型

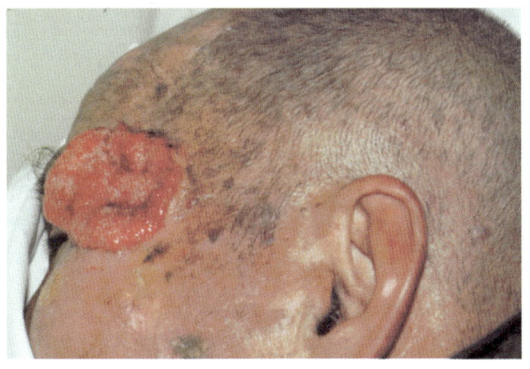

彩图 20-3 鳞状细胞癌

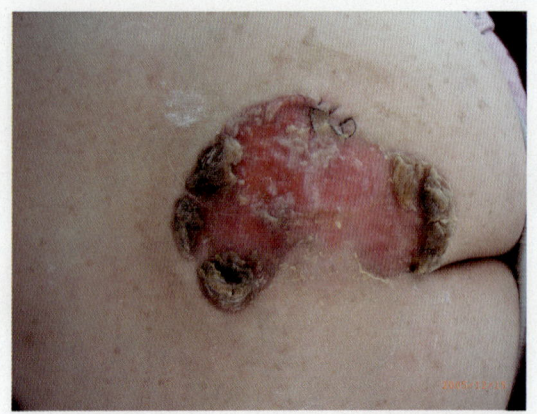

彩图 20-4　鲍恩病

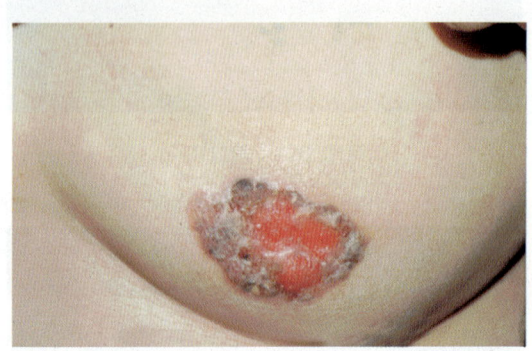

彩图 20-5　佩吉特病

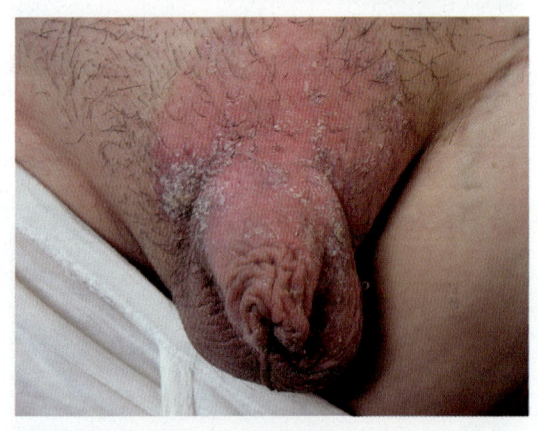

彩图 20-6　乳房外佩吉特病

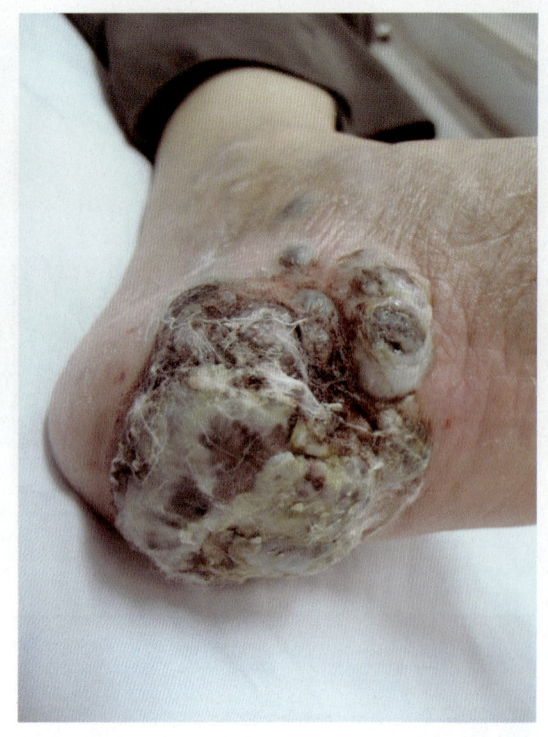

彩图 20-7　恶性黑素瘤

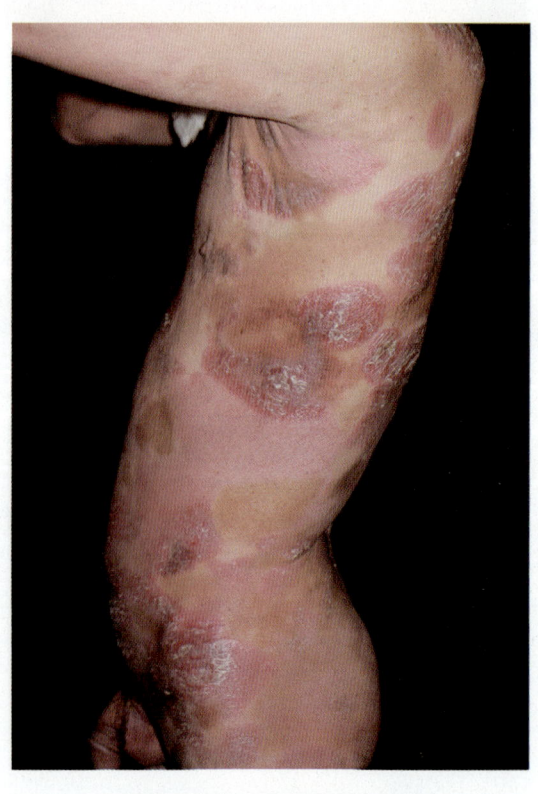

彩图 20-8　蕈样霉菌病肿瘤期